全国高等教育自学考试公安管理学专业推荐教材

第二版

公安机关舆情分析与舆论引导

魏永忠 /主编

苏 娜 /副主编

U0824590

编写人员（按撰写章节先后排序）

魏永忠　苏　娜　王海宁　聂国丽

冯　威　安　瑛　韩春梅　张福松

张　玲　邓雁玲

中国法制出版社

CHINA LEGAL PUBLISHING HOUSE

序　言

（第二版）

舆情是舆论情况的简称，它作为人类社会的一种特有现象，反映着一定社会人们对事物价值的判断及其表达。舆论传播的传统手段是口耳相传，到工业时代，报刊、广播、电视等大众媒体日渐成熟并成为舆论传播的主渠道，且对人类政治和社会生活的影响更加深远。进入新时代，伴随着互联网的蓬勃发展、日益普及和网民数量的不断增长，通过互联网获取舆情信息或表达诉求已经成为人们的首选渠道。当代中国，新媒体技术发展迅速，仅互联网就已经有一批影响力显著的门户网站、论坛、博客等，它们逐渐成为网民最常使用的互联网服务站点。毋庸讳言的是，现代社会新媒体技术在给人们带来快捷、便利的海量舆情信息的同时，舆论传播也产生了一些消极影响，甚至出现少数不法分子借助互联网开放自由的特点，传播暴力、色情等内容，更有甚者把互联网作为反动、邪教活动的工具，散布谣言、蛊惑民心，公然与政府为敌，对国家安全、社会稳定、民族团结造成极大的危害。

显而易见，信息时代的舆情信息、舆论传播途径越来越呈现出多样化、多元化特征，公安工作的特殊性也决定了公安机关成为媒体关注和“炒作”的重点。如果媒体的关注和“炒作”导向正确则可以弘扬正气、震慑犯罪、凝聚警心、振奋精神，提高人民群众对公安机关的认知度、理解度、支持度，有利于促进警民关系的和谐发展；反之，则可能误导公众、混淆视听，损坏公安队伍的形象，降低公安机关的公信力、执行力，涣散民警斗志，影响警民关系的和谐构建，影响公安工作的开展，影响公安队伍的建设，进而影响社会和谐稳定的大局。

互联网等新媒体的兴起，使社会舆论环境发生了重大而深刻的变化，积极分析、回应舆情，提高与社会公众沟通的能力，已经成为加强公安机关能力建设的重要任务。党的二十大报告明确指出，要建设具有强大凝聚力和引领力的社会主义意识形态。意识形态工作是为国家立心、为民族立魂的工作。牢牢掌握党对意识形态工作领导权，全面落实意识形态工作责任制，巩固壮大奋进新时代的主流思想舆论。健全用党的创新理论武装全党、教育人民、指导实践工作体系。深入实施马克思主义理论研究和建设工程，加快构建中国特色哲学社会科学学科体系、学术体系、话语体系，培育壮大哲学社会科学人才队伍。加强全媒体传播体系建设，塑造主流舆论新格局。健全网络综合治理体系，推动形成良好网络生态。各级公安机关要做好舆情分析与舆论引导工作，就要善于站在时代的高度，从我国当前所面临的国内国际形势和舆论环境出发，全面认识舆情分析与舆论引导工作的重要作用及重大意义；要善于从经济社会快速发展和科技不断进步，信息传递和获取越来越快捷的时代特征出发；要积极应用网络平台，建立完善的与人民群众信息沟通渠道，及时做好舆论引导，特别是公安机关的领导干部要把舆情分析与舆论引导放在更加突出的位置，努力拓宽信息化条件下加强和改进公安机关舆论引导工作的新路子。各级公安机关和领导干部要全面深刻领会《中华人民共和国政府信息公开条例》《信息网络传播权保护条例》《网络安全审查办法》《互联网新闻信息服务管理规定》《关于加强党政机关网站安全管理的通知》等有关文件精神，还要学会通过舆情分析和舆论引导对社会精神生活、人们思想意识产生积极的影响，要把舆情分析与舆论引导工作视为关系党和国家工作全局，关系改革和经济社会发展大局，关系国家长治久安的大事抓好、抓实。

实践证明，各级公安机关及其人民警察只要充分认识舆论引导的重要性，主动适应新媒体时代的形势发展，不断强化舆情分析与舆论引导意识，增强舆情分析与舆论引导能力，及时了解社情民意，准确把握舆情动向，适时进行有力的舆论引导，就一定能够为公安工作提供良好的社会舆情与舆论支持，保证各项公安工作任务的顺利完成，促进社会信息化的健康发展，保障党和政府各项决策的有力实施，为国家安全和社会和谐稳定创造良好的舆论环境。

鉴于此，中国人民公安大学部分专家、学者于2011年编写了本书。为适应形势需要和读者需求，作者结合最新政策精神以及近年来的相关科研课题研究成果，于2023年5月对本书作出修订。本书由中国人民公安大学魏永忠教授担任主编并提出写作大纲、编写体例和各个章节内容等，全书各章节完稿后由主编负责统稿；中国人民公安大学苏娜副教授担任本书副主编并协助统稿工作；全书完稿后由中国人民公安大学杜晋丰教授负责通审。参加本书写作的人员和分工如下（按写作章节先后排序）：魏永忠编写导论、第一章、第三章、第九章；苏娜编写第二章、第六章；王海宁编写第四章；聂国丽编写第五章；冯威编写第七章；安瑛编写第八章；韩春梅编写第十章；张福松、苏娜编写第十一章；张玲编写第十二章；邓雁玲编写第十三章。

本书在概念诠释、理论提炼、实证分析、材料运用、方法归纳、体例建构等诸多方面还有不够全面、精准之处，许多理论与实践问题尚需进一步研究和探讨，我们真诚希望读者朋友批评指正。

本书编写参考了相关著作、教材、论文，限于篇幅未能逐一列出，在此向所有编著者表示谢忱！

本书编写和出版始终得到中国法制出版社领导的大力支持，责任编辑悉心指导、精心审读，借此机会对他们的辛勤付出也表示衷心感谢！

魏永忠

2023年7月

目　录

导　论

在新的时代条件下，党的新闻舆论工作的职责和使命是：高举旗帜、引领导向，围绕中心、服务大局，团结人民、鼓舞士气，成风化人、凝心聚力，澄清谬误、明辨是非，联接中外、沟通世界。要承担起这个职责和使命，必须把政治方向摆在第一位，牢牢坚持党性原则，牢牢坚持马克思主义新闻观，牢牢坚持正确舆论导向，牢牢坚持正面宣传为主。

——2016年2月19日，习近平在党的新闻舆论工作座谈会上强调：坚持正确方向创新方法手段　提高新闻舆论传播力引导力

坚持正确舆论导向，高度重视传播手段建设和创新，提高新闻舆论传播力、引导力、影响力、公信力。加强互联网内容建设，建立网络综合治理体系，营造清朗的网络空间。

——2017年10月18日，习近平：决胜全面建成小康社会　夺取新时代中国特色社会主义伟大胜利——在中国共产党第十九次全国代表大会上的报告

进入21世纪以来，伴随着人类对客观世界探索的不断深入，世界正在经历一场以信息技术、网络传媒、舆情导向为核心的革命性变化，舆情信息化正以前所未有的方式对经济、社会、政治、文化等产生日益深刻和广泛的影响。在中国，互联网事业的飞速发展催生了“应用网络时代”的到来，传统媒体与新型媒介的交织共生，为人们传播舆情、生成舆论提供了更加快捷、便利、多样的手段和途径。以互联网上的涉警舆情与舆论为例，正是由于即时通信、博客、论坛等

互动平台的支持，网络涉警舆论中带有倾向性的观点和建议已经对国家安全、社会管理、公共事务和警务活动产生不可小觑的影响力，并成为推进社会主义民主政治建设的一支新生力量。舆情信息化时代的舆情传播和舆论形成，一方面有利于公共利益的顺畅表达和公共权力的合法运行，有利于引导与监督中国政治生活的良性发展，提升政府管理的科学化水平；另一方面社会舆情与舆论反映着人心向背，在社会发展中影响着人们的行动和局势的发展，在形成和转移社会风气方面具有不可估量的作用。因此，公安机关加强舆情分析与舆论引导对于全面建设社会主义现代化国家，加快推进国家安全体系和能力现代化，以新安全格局保障新发展格局，维护社会稳定、构建和谐社会具有积极的作用，同时对改善公安工作社会环境，提高公安工作社会影响力，争取群众理解和支持公安工作，树立公安机关“执法为民”良好形象具有重要的现实意义。

一、公安机关面临的社会舆情形势

舆情信息化是随着人类信息时代的到来而提出的一个社会发展目标，它的实质是在人类舆情信息科学技术高度发展的基础上实现社会的舆情信息化和舆情信息的社会化，从而建立舆情信息社会文明。舆情信息化社会的评价指标有三个方面：一是舆情信息处理和传播方式的巨大进步；二是先进的舆情信息处理和传播方式广泛普及和应用；三是由舆情信息引发社会面貌、社会状态、社会结构和体制的全方位、综合性改造。舆情信息化时代包括的内容极为广泛，由此形成科学舆情信息化、经济舆情信息化、政治舆情信息化、军事舆情信息化、社会生活舆情信息化、文化与教育舆情信息化，乃至人本身发展的舆情信息化，等等。国家舆情信息化就是在国家统一规划和组织下，在农业、工业、科学技术、国防及社会生活各个方面应用现代舆情信息技术，深入开发、广泛利用舆情信息资源，加速实现国家现代化的进程。正如2013年8月19日习近平在全国宣传思想工作会议上发表的重要讲话中指出，我们正在进行具有许多新的历史特点的伟大斗争，面临的挑战和困难前所未有，必须坚持巩固壮大主流思想舆论，弘扬主旋律，传播正能量，激发全社会团结奋进的强大力量。关键是要提高质量和水平，把握好时、度、效，增强吸引力和感染力，让群众爱听爱看、产生共鸣，充分发挥正面宣传鼓舞人、激励人的作用。显而易见，舆情信息化包含两层含义：一层是强调舆情信息化的重要性，将舆情信息化作为国家发展战略，其实质是实现国家现代化；另一层是舆情信息技术应用的广泛性，舆情信息技术的广泛应用体现在经济、社会、政治、文化等诸多领域。舆情信息化是一个过程，其结果是达到一种新颖的社会形态——舆情信息化社会。

舆情信息化社会基于舆情信息技术的快速发展、传播渠道的日益多样、媒体格局发生的深刻变化，凸显出社会多层次状态舆情的海量、快速传播，影响广泛。加强舆情信息化，既是维护社会稳定、构建和谐社会的迫切要求，又是各级政府部门宣传思想工作的基础工程，更是宣传思想工作服务工作大局的常规性工作。各级公安机关特别是公安领导干部要从政治的、全局的、战略的高度，深刻认识舆情信息化条件下维护社会稳定工作面临的前所未有的挑战，增强责任感和紧迫感，进一步树立现代化传播理念，努力拓展民意沟通渠道，积极探索与社会公众沟通、增进理解的新途径、新办法，切实提高公安机关社会管理服务的能力和水平，确保社会稳定。舆情信息化社会呈现出舆情信息流与人流、物流、资金流高度融合和社会高度开放透明的态势，要全面提升公安机关维护社会稳定的能力和水平，必须树立现代传播理念，注重群众的需求和感受，在加强与社会公众沟通上下功夫。在不影响侦查破案的前提下，最大程度地公开警务舆情信息，提高警务透明度，有效保障公众知情权，推进依法行政。特别是互联网等新媒体的兴起，使社会舆论环境发生了重大而深刻的变化，积极分析舆情、及时回应舆情，不断提高与社会公众沟通的能力，已经成为加强公安机关能力建设的重要任务。因此，各级公安机关应当以舆情信息化建设为基础，积极完善和应用网络平台，不断加强与人民群众的舆情信息沟通，进一步完善新闻发言人制度，及时发布权威舆情信息，正确把握舆情信息，把舆情分析和舆论引导放在更加突出的位置，努力拓宽舆情信息化条件下探索和改进公安机关舆论引导工作的新路子。在充分认识舆情分析与舆论引导工作重要性的基础上，深入研究舆情信息化时代我国社会面临的舆情形势，只有准确把握新形势下的舆情与舆论特点，才能打主动仗，掌握主动权，正确作出舆情分析，牢牢把握舆论导向。

2016年2月19日，习近平在党的新闻舆论工作座谈会上强调，党的新闻舆论工作是党的一项重要工作，是治国理政、定国安邦的大事，要适应国内外形势发展，从党的工作全局出发把握定位，坚持党的领导，坚持正确政治方向，坚持以人民为中心的工作导向，尊重新闻传播规律，创新方法手段，切实提高党的新闻舆论传播力、引导力、影响力、公信力。公安机关加强舆情信息工作，是新形势新任务的客观需要，是为切实提高公安工作能力和水平而采取的一项重要举措，全面、准确把握我国当前社会舆情总体态势，对于科学决策具有十分重要的现实意义。从总体上看，公安机关目前面临的社会舆情发展态势表现出以下几个特征。

（一）舆情主体在转型进程中与时俱变

党的二十大报告对十年前我们面对的形势的描述是，改革开放和社会主义现代化建设取得巨大成就，党的建设新的伟大工程取得显著成效，为我们继续前进奠定了坚实基础、创造了良好条件、提供了重要保障，同时一系列长期积累及新出现的突出矛盾和问题亟待解决。党内存在不少对坚持党的领导认识模糊、行动乏力问题，存在不少落实党的领导弱化、虚化、淡化问题，有些党员、干部政治信仰发生动摇，一些地方和部门形式主义、官僚主义、享乐主义和奢靡之风屡禁不止，特权思想和特权现象较为严重，一些贪腐问题触目惊心；经济结构性体制性矛盾突出，发展不平衡、不协调、不可持续，传统发展模式难以为继，一些深层次体制机制问题和利益固化藩篱日益显现；一些人对中国特色社会主义政治制度自信不足，有法不依、执法不严等问题严重存在；拜金主义、享乐主义、极端个人主义和历史虚无主义等错误思潮不时出现，网络舆论乱象丛生，严重影响人们思想和社会舆论环境；民生保障存在不少薄弱环节；资源环境约束趋紧、环境污染等问题突出；维护国家安全制度不完善、应对各种重大风险能力不强，国防和军队现代化存在不少短板弱项；香港、澳门落实“一国两制”的体制机制不健全；国家安全受到严峻挑战，等等。当时，党内和社会上不少人对党和国家前途忧心忡忡。面对这些影响党长期执政、国家长治久安、人民幸福安康的突出矛盾和问题，党中央审时度势、果敢抉择，锐意进取、攻坚克难，团结带领全党全军全国各族人民撸起袖子加油干、风雨无阻向前行，义无反顾进行具有许多新的历史特点的伟大斗争。

客观事实是，我国正经历改革开放以来经济社会转型的大变革时期。这场变革的内容包括经济转轨、政治转型、文化转向、家庭转式。前述四个方面的转变造成了当代中国社会舆情凸显的时代特征——民众角色的现代化、关注热点的规律化、观察视角的多元化、导向系统的协同化。这里所说的舆情主体是指与国家管理者相对应的民众。转型期和非转型期我国民众的角色状况差异较大。非转型期民众的生活和人文生态处于相对稳定的状态，而转型期则处于剧烈变动的状态，民众经济、政治、文化、家庭等角色地位发生着显著的变化。当前和今后一个时期，我国发展仍处于重要战略机遇期，机遇和挑战都有新的变化。主要体现在：

1.经济状况的变迁。经济状况决定着民众对社会的态度，不同的经济条件决定着民众不同的选择。我国社会转型前后，作为舆情主体的民众在财富上发生了巨大变化。

2.政治状况的变迁。坚持走中国特色社会主义政治发展道路，全面发展全过程人民民主，社会主义民主政治制度化、规范化、程序化全面推进，社会主义协商民主广泛开展，人民当家作主更为扎实，基层民主活力增强，爱国统一战线巩固拓展，民族团结进步呈现新气象，党的宗教工作基本方针得到全面贯彻，人权得到更好保障。社会主义法治国家建设深入推进，全面依法治国总体格局基本形成，中国特色社会主义法治体系加快建设，司法体制改革取得重大进展，社会公平正义保障更为坚实，法治中国建设开创新局面。

3.文化状况的变迁。转型前后，我国城乡民众的文化条件、文化权利、文化水平、文化素养都发生了深刻的变化。主要体现在：一是民众文化的接收载体发生了根本性的变化。改革开放前，民众接收文化舆情信息，主要靠广播。改革开放以来，电视进入城乡家庭，看电视成为民众的主要文化活动。随着互联网的兴起，上网又成了广大民众进行文化活动的主要形式。《中华人民共和国2022年国民经济和社会发展统计公报》显示，中国互联网上网人数达10.67亿人。新媒体的快速发展，在丰富社会文化生活的同时，也给承载舆情的形式提供了更加便利、多元的选择。二是学习型社会的形成，使民众获得终身受教育的机会。建立学习型社会，人人都比过去更有条件与时俱进，不断学习、终身学习是公民的义务和权利，人们的思维方式也开始转向，并形成现代的思维方式。我国城乡居民的思维方式，由转型前传统的、本土的、面向过去和眼前的，开始转变为现代的、世界的、面向未来的。

4.家庭状况的变迁。[①]舆情主体在家庭状况上有四个方面的变化。《第七次全国人口普查公报》显示，我国目前家庭规模、家庭结构呈现出新的特点，家庭领域面临许多新情况、新问题。全国人口[②]为1411778724人，与2010年第六次全国人口普查的1339724852人相比，增加72053872人，增长5.38%，年平均增长率为0.53%。全国共有家庭户[③]494157423户，集体户28531842户，家庭户人口为1292809300人，集体户人口为118969424人。平均每个家庭户的人口为2.62人，比2010年第六次全国人口普查的3.10人减少0.48人。一是舆情主体的家庭人口结构发生变化。20世纪五六十年代，全国家庭平均子女数为5.8人。20世纪70年代，城市平均每个家庭有2个孩子。从20世纪70年代末期开始，三口人的家庭逐渐成为城市的主体家庭模式，其比重现在已达90%以上，城乡居民的家庭结构已经小型化、核心化了。二是城市家庭的"空巢化"现象日益显著。"空巢化"表现在人生的两个阶段，即中年阶段、老年阶段。《第七次全国人口普查公报》显示，全国人口中，0—14岁人口为253383938人，占17.95%；15—59岁人口为894376020人，占63.35%；60岁及以上人口为264018766人，占18.70%，其中65岁及以上人口为190635280人，占13.50%。与2010年第六次全国人口普查相比，0—14岁人口的比重上升1.35个百分点，15—59岁人口的比重下降6.79个百分点，60岁及以上人口的比重上升5.44个百分点，65岁及以上人口的比重上升4.63个

① 本部分关于人口普查相关数据，没有特别注明出处的，均见国家统计局人口统计司、公安部三局编：《中华人民共和国人口统计资料汇编1949—1985》，中国财政经济出版社1988年版。

② 全国人口是指大陆31个省、自治区、直辖市和现役军人的人口，不包括居住在31个省、自治区、直辖市的港澳台居民和外籍人员。

③ 家庭户是指以家庭成员关系为主、居住一处共同生活的人组成的户。

百分点。三是舆情主体亲子关系发生转变。几千年来，我国的亲子关系是子代依赖父代建家、父代依赖子代养老的“双向依赖”模式。社会转型期亲子关系发生新的变化，子代自立建家、父代自立养老的双向自立的亲子关系已经建立。四是人生社会支持系统逐步建立和发展。在农业社会人生支持系统唯有家庭和家族。现代社会则产生了社会支持系统，如针对老年人的社会养老机构，针对青年人的贷款买房，针对中年人的再就业培训等。人生与社会、家庭与社会正密切地联系在一起，家庭社会化、个体社会化的水平正在不断地提高。

（二）舆情内容在社会发展中不断丰富且涉及面广

当前，我国正处于全面建成社会主义现代化强国、实现第二个百年奋斗目标，以中国式现代化全面推进中华民族伟大复兴的新时代。党的二十大报告指出，到2035年，我国发展的总体目标是：经济实力、科技实力、综合国力大幅跃升，人均国内生产总值迈上新的大台阶，达到中等发达国家水平；实现高水平科技自立自强，进入创新型国家前列；建成现代化经济体系，形成新发展格局，基本实现新型工业化、信息化、城镇化、农业现代化；基本实现国家治理体系和治理能力现代化，全过程人民民主制度更加健全，基本建成法治国家、法治政府、法治社会；建成教育强国、科技强国、人才强国、文化强国、体育强国、健康中国，国家文化软实力显著增强；人民生活更加幸福美好，居民人均可支配收入再上新台阶，中等收入群体比重明显提高，基本公共服务实现均等化，农村基本具备现代生活条件，社会保持长期稳定，人的全面发展、全体人民共同富裕取得更为明显的实质性进展；广泛形成绿色生产生活方式，碳排放达峰后稳中有降，生态环境根本好转，美丽中国目标基本实现；国家安全体系和能力全面加强，基本实现国防和军队现代化。伴随着工业化、城镇化、信息化、网络化、城乡一体化、大数据、人工智能、互联网、物联网应用普及速度的进一步加快推进，经济基础和社会结构发生剧烈变动，利益关系和利益格局深刻调整，影响社会稳定的不确定因素明显增多，严重影响社会安全和社会稳定因素增多。党的二十大报告指出，我们的工作还存在一些不足，面临不少困难和问题。主要有：发展不平衡不充分问题仍然突出，推进高质量发展还有许多卡点瓶颈，科技创新能力还不强；确保粮食、能源、产业链供应链可靠安全和防范金融风险还须解决许多重大问题；重点领域改革还有不少硬骨头要啃；意识形态领域存在不少挑战；城乡区域发展和收入分配差距仍然较大；群众在就业、教育、医疗、托育、养老、住房等方面面临不少难题；生态环境保护任务依然艰巨；一些党员、干部缺乏担当精神，斗争本领不强，实干精神不足，形式主义、官僚主义现象仍较突出；铲除腐败滋生土壤任务依然艰巨，等等。近些年发生的各类舆情事件、群体性事件原因复杂、参与人员范围广、社会影响面广。其诱因主要是政府有关部门舆情信息不公开或公开不及时，舆情信息传播失真，导致广大民众无法了解事实真相，民众自身合法利益受到侵害时，缺乏必要的诉求渠道和机制，从而引发舆情的快速生成和广泛传播并由此引起群体行为。因此，以政府舆情信息公开为视角，加快舆情信息公开制度化建设、建立并完善行政舆情信息公开制度，切实保障民众的知情权、建立顺畅的利益诉求机制，是预防和化解舆情事件的关键环节，也是建设法治行政、构建和谐社会的基本要求。

（三）舆情反映形式呈现出异常活跃的新媒体样式

近年来，舆情以网络热点事件为议题并形成舆情风险或网络群体性事件，作为新媒体其社会影响力呈现出不断扩大的趋势。近些年，网络舆情热点事件涉及公民权利保护、公共权力监督、公共秩序维护和公共道德伸张等一系列重大社会公共问题。网络新媒体舆情发展的特点是：

1.新老媒体互动加强，网络舆论“倒灌”传统媒体趋势愈加明显。在网络舆论发展的初期，互联网上的各种言论载体主要的运行模式是引用、转载报纸、电视等传统媒体的报道，并对其进行补充式的传播和讨论。近年来随着网络言论载体和网民数量的增多，这种格局已有所改变，网络舆论已经通过与传统媒体的深入互动，越来越明显地推动事件的发展。例如，2007年6月5日，“大河论坛”出现名为《罪恶的“黑人”之路！孩子被卖山西黑砖窑 400位父亲泣血呼救》的帖子，以400位河南籍父亲的口吻陈述他们的孩子被卖到山西的黑砖窑做苦工。帖子发出后，全国各地媒体相继对山西黑砖窑进行了报道，由此引发了一场整治非法用工的专项运动。事实上，从5月19日开始，河南电视台都市频道就已经播出他们从河南到山西砖窑寻找亲人的报道，但报道在引发关注的范围和程度上都无法与后来的网络传播相比。此后，在一次次热点事件的发展演变中，互联网舆论发挥了巨大的作用，网络舆论“倒灌”传统媒体的现象也逐渐增多。网络舆论中的“爆料”，往往能引发传统媒体，特别是都市类媒体的积极呼应。可以说，网络已经成为传统媒体选材的重要来源。随着新媒体形式的不断出现和变化，媒体内容、渠道、功能层面的融合，使得人们在使用媒体的概念时需要意义涵盖面更广阔的词语，“全媒体”的概念开始被广泛使用并真实落地。

2.舆情载体多样化，Web2.0时代的微博客、QQ群影响力与日俱增。以微博客、播客、BBS论坛、网站新闻跟帖等形式为代表的“网络互动空间”一直是网络舆论的主要载体。由于发布舆情信息和讨论更加快捷、灵活，加之简易的微博客、QQ群在网络舆论场中迅速崛起，“全媒体”时代媒介信息传播已经呈现出文字、声音、影像、动画、网页等多种媒体表现手段（多媒体），利用广播、电视、音像、电影、图书、报纸、杂志、网站等不同媒介形态（业务融合），通过融合的广电网络、电信网络以及互联网络进行传播（三网融合），最终实现电视、电脑、手机等多种终端均可完成信息的融合接收（三屏合一），实现任何人、任何时间、任何地点、以任何终端获得任何想要的信息。“全媒体”是人类现在掌握的信息流手段最大化的集成者。传播载体和工具有报纸、杂志、图书、广播、电视、音像、电影、网络、卫星通信等；传播内容所倚重的各类技术支持平台除了传统的纸质、声像外，基于互联网络和电信的WAP、GSM、CDMA、GPRS、3G、4G、5G及流媒体技术等应用日渐普及和成熟。再加上人工智能、大数据、物联网、互联网的技术支撑，微博客的知名度和影响力越来越突出。以湖北石首事件为例，在长达80个小时的时间里，当地政府只发布了3条新闻，其中还包括一条石首街头举行多部门联合消防演习的新闻通稿，与此同时，在“百度贴吧·石首吧”里，出现了近500个与此案有关的主帖，追踪报道石首街头的真实情况。[①]

① 《2009年中国互联网舆情分析报告》，载中央网络安全和信息化委员会办公室、国家互联网信息办公室网 http://www.cac.gov.cn/2014-08/01/c_1111902745_2.htm，最后访问日期：2023年6月2日。

腾讯的QQ群、微信群也经历着由以交友为主要目的的朋友或同好圈子，向高密度、快节奏传播公众舆情信息的网络舆论新载体的转变。从2008年的抵制家乐福事件以及汶川大地震后的舆情信息发布和捐款等事例来看，QQ群在舆情信息传递方面的速度和影响力都是惊人的。很多网民热衷于加入一些QQ群、微信群，而从这些群里得到的舆情信息，比从其他媒体得到舆情信息要早，目前QQ群、微信群已经成了网民获得很多无法在传统媒体获得的舆情信息的一个新渠道。以往政府通过约束传统媒体，以及通过把控互联网新闻舆情信息服务资质来约束网站新闻，就能统一“宣传口径”。然而，微博客、QQ群、微信群以及博客、播客、微信视频号、抖音等的日趋活跃，宣告了网民自主发声、舆情信息反向传播的Web2.0形态的迅速崛起。

3.政府官员现身网络，官民互动成为舆情传播新风。2016年2月19日，习近平总书记到人民日报社、新华社、中央电视台等3家中央新闻单位进行实地调研后，在北京主持召开党的新闻舆论工作座谈会并发表重要讲话。习近平总书记来到人民日报社，在人民网演播室通过视频同人民日报记者连线，同福建省宁德市赤溪村村民交流。在视频里，习近平总书记先后同村党支部书记杜家住、长期关心支持赤溪村扶贫的退休干部王绍据对话，他向乡亲们问好，叮嘱他们保护好绿水青山，走出一条绿色发展、生态富民的路子。如今，越来越多的公安领导干部也开始以参加网络访谈、通过网络发表祝福、回复网民留言等各种形式“触网”。这也使舆情出现了由单一方向的网民讨论、建言向双方向的官民互动发展的态势。一直以来，因为没有足够的声音，国家公务员这个群体被认为是在网络舆论中没有被充分代表的群体，今天有更多的政府官员以及公安领导干部实名开博客，与网友直接对话，无疑对舆情的积极传播具有开创性的意义。2015年12月25日，习近平总书记视察解放军报社时强调，“现在，媒体格局、舆论生态、受众对象、传播技术都在发生深刻变化，特别是互联网正在媒体领域催发一场前所未有的变革。读者在哪里，受众在哪里，宣传报道的触角就要伸向哪里，宣传思想工作的着力点和落脚点就要放在哪里。要顺应互联网发展大势，勇于创新、勇于变革，利用互联网特点和优势，推进理念、内容、手段、体制机制等全方位创新，努力实现军事媒体创新发展。要研究把握现代新闻传播规律和新兴媒体发展规律，强化互联网思维和一体化发展理念，推动各种媒介资源、生产要素有效整合，推动信息内容、技术应用、平台终端、人才队伍共享融通”。

4.网上舆情出现向现实空间“扩散”的趋势。如今网民对某一个热点事件在网上通过各种形式展开热议，已经是习以为常的形式，网民已不再满足于网上讨论，而是热衷于走到线下的现实空间继续关注和推动事件发展，“网上发起，网下实施”成为可能。以湖北巴东的邓玉娇案为例，一位网友在案发后不久即到巴东县，走访邓玉娇家、医院、看守所等地，了解事件调查进程，并把大量介绍事件进展情况的文字和照片发送到网络上。后来，又有一些网民自发组织到巴东县，为邓玉娇募捐、制作邓玉娇形象文化衫以及表演街头艺术等多种形式的网民活动也先后出现。这种现象，在某种意义上还是互联网现象，生于网络长于真实世界，低成本的舆情信息传播和聚会、动员功能，舆情信息快速传播和网民虚拟聚集形成的亚集团力量，对从网上进入现实的维权者有一定的保护作用。但是，这些网友虽其情可嘉，行动却不宜归结为公民有序政治参与的常态，是否会对社会产生潜在的消极影响，值得关注。

5.舆情的社会管理功能不断提升。从网络监督、网络维权到“网络审判”“网络暴力”，网络民意的力量在很多事件发展过程中得到了集中体现，网络监督、网络维权得以深化，无疑是社会民主进步的佐证。在很多时候，网络不仅仅监督了事件过程，推动事件发展，还会过度发展成“绑架”媒体、煽动民愤，甚至直接左右事件结果的“网络审判”，更可能成为给当事人正常生活造成过度影响的“网络暴力”。如在网络上盛行的人肉搜索，既使很多无良官员被曝光丢官，也使说了一句“很黄很暴力”的未成年女孩面临前所未有的压力。网络言论的过度自由给互联网的道德建设制造了难题。据中国互联网舆情信息中心的报告，中国网民群体的特点——包括网络管理员在内的网民多为30岁以下的年轻人，决定了这里更容易诱发“网络暴力”事件，网民思想认识水平的局限性使其很难在短时间内厘清事物背后复杂的社会和心理动因。因而，在网上讨论某一事件时，极端、非理性和过于主观的声音容易占据主导地位，而这种声音形成的强大舆论压力又会反作用于政府和司法机构，使其在决策中陷入被动，以致不得不在一定程度上迎合网民的期望。相反，网上那些理性、客观的声音得不到支持，响应度低，甚至还会招致批评和攻击。在网络舆论的发展过程中，类似于人肉搜索而引发的道德标准的讨论就是值得关注的问题。

（四）涉警舆情成为媒体关注和“炒作”的热点事件

伴随着舆情信息化、网络化的快速发展，公安机关对舆论引导的作用越来越突出，对社会稳定和群众情绪的影响越来越大。鉴于公安工作的特殊性，涉警舆情常常是媒体关注和“炒作”的重点，因此进一步提高公安机关舆论引导能力，努力为公安工作和公安队伍建设营造和谐的舆论环境，已经成为公安机关必须面对的重要课题。近年来，在全国两会期间，人大代表、政协委员就提高公安机关舆论引导能力各抒己见，公安机关作为一线执法部门，时刻处于舆论监督的风口浪尖，能否正确、及时引导社会舆论，事关公安机关的形象和公安工作的发展。对相关网站进行的舆情调查显示，80%的舆情热点事件涉及政法机关，往往一个细小的案件，经过网络的宣传和发酵，随即演变为震动各界的社会热点事件。事实证明，许多案件处理不当，政法机关或主动或被动地卷入舆情危机之中。纵观近年来发生的网络涉警舆情案件，究其原因在于：

1.互联网时代网络发展迅猛且传播手段多样化。随着舆情信息技术的迅猛发展和广泛运用，我国从1995年引入互联网之后，网民以惊人的速度发展。中国互联网络信息中心（CNNIC）发布的第51次《中国互联网络发展状况统计报告》显示，截至2022年12月，我国网民规模达10.67亿人，互联网普及率达75.6%；手机网民规模达10.65亿人，网民中使用手机上网的比例为99.8%；线上办公用户规模达5.4亿人；域名总数为3440万个；IPv6活跃用户数达7.28亿人。如此众多的舆情信息源头、如此分散的管理形式，完全可以使发生在某一地方、某一范围的涉警舆情迅速形成全国性的热点，而所需时间不到48小时，使得公安机关还来不及控制和引导，涉警舆情热点就瞬间爆发，形成“一人呼百万人应”的效应。所产生的舆论影响力、社会组织动员力越来越强大，网络的聚焦、发酵、放大、扩散功能，破坏力、影响力难以估算。正是互联网具备这样巨大的威力，使得发生了的涉警事件无可避免地像放大镜一样曝光在所有人面前，无法遮掩。

2.公安机关在执法执勤过程中存在问题。纵观近年来发生的重大涉警舆情事件可以发现，大多数涉警舆情事件的导火索均与公安机关行使行政管理权、治安执法权或刑事司法权等具体的执法执勤职务行为有关。如瓮安事件、石首事件、“躲猫猫”事件均为当事人非正常死亡后，公安机关在死因定性、嫌疑人违法犯罪行为定性上受到人们质疑；邓玉娇事件、“欺实马”（七十码）事件、昆明“小学生卖淫”事件等，与公安机关行使侦查权、治安处罚权、交通事故原因及性质认定权、人口管理权等有直接关系。除此之外，还有少数事件的缘起与民警的个人行为有关，如云南民警吉忠春连开三枪致人死亡事件、哈尔滨六警察打死一名大学生事件等，由于事件当事一方是警察，其身份的特殊性引起舆论关注并质疑是否为“知法犯法”“滥用职权”等。

3.社会上对警察的认识出现了偏差。当前我国正经历百年未有之大变局，是实现中华民族伟大复兴的关键时期，经济由高速增长转向高质量发展阶段，各种社会矛盾交织，利益冲突凸显，由“导火索”引发的群体性事件和舆情风暴一般有显著的标志性符号因素。现实社会心理建立在矛盾凸显期，利益冲突激烈，利益调整尚未达到良好的平衡状态基础上。因此，当事方如果是公权力大、公益性强、公众关注度高的“三公”部门及其公职人员，极容易就演变为舆论关注的热点问题，如出现“警察”“警车”“大学生”“官员”“富家子弟”“富豪”等一些显著性的“标志性符号因素”时，就很容易引起舆论热炒。例如，上海闸北袭警事件、“欺实马”（七十码）事件、邓玉娇事件等就是典型例证，所有具有“眼球效应”的要素都有了，引发炒作则成为必然。这类事件一出来，网民、媒体大有一副追根究底、打破砂锅问到底、不达目的不罢休的架势，这跟警察的地位也有很大关联。

4.警方的媒体舆论应对能力不强。当媒体对涉警舆情炒作局面出现的时候，公安机关的舆情应对也常常出现问题。具体表现在以下几个方面：一是对涉警舆情突发事件的敏感性不强。在应对方法上显得过于简单和草率，明显体现出机械执法的特点，以至于引发了媒体炒作的“燃点”，一个涉警舆情迅速演变为涉警舆情事件。有些地方公安机关甚至认为并非公安民警违法违纪，因而对网络舆论的炒作在思想上没有引起警觉，启动网上舆论引导工作明显迟缓。二是应对涉警舆情突发事件的能力不强。这方面的教训主要是出现“网上网下两个舆论战场顾此失彼”“被动应付多，主动引导少”“说错话、办错事引火烧身”等。一些地方公安机关在涉警舆情事件发生后，“捂盖子”心切，语焉不详含混不清的“情况通报”或急于撇清公安机关责任的“表白”，反而引发了更为猛烈的质疑，使得涉警舆情处置陷于被动，如“躲猫猫”事件等。三是面对媒体发布言论随意、语言表达不严谨。在应对涉警舆情事件中，警方因为“随便说话”“说不准确的话”等引火烧身，将并非针对警方的“舆情炮火”引向自身，如“欺实马”（七十码）事件等。还有的地方公安机关在涉警舆情信息通报时前后不一致，客观上给舆情“火力”输送了“炮弹”，邓玉娇事件就是例证。当然，在更多的这类事件中，公安机关“没有说”“不会说”“不敢说”现象也时常出现，甚至是“想不到要说”“不知道要如何说”，从而贻误了涉警舆情突发事件处置和应对的最佳时机。面对涉警舆情突发事件，公安机关仅仅发布信息还不够，还必须迅速了解和把握网上各种新型信息载体的脉搏，迅速回应公众疑问，需要公安机关新闻宣传部门具有快捷准确的舆情收集和分析能力。如果在涉警舆情突发事件和敏感问题上缺席、失语、妄语，甚至想要遏制网上的“众声喧哗”，则既不能缓和事态、化解矛盾，也不符合党中央提出的保障人民知情权、参与权、表达权、监督权的精神，如湖北石首事件。四是公安机关新闻发言人制度落实不力。近年来，县级以上公安机关相继建立了新闻发言人制度，但目前仍处于尝试摸索阶段，尤其是新闻发言人量少质弱，公安机关新闻发言人队伍整体急需遴选加强，业务能力急需提高。面对新媒体，“不会说”的问题还比较严重，直接导致了网民对一些案件的质疑和关注度不断攀升。五是获取深层次涉警舆情信息的手段单一。目前网上发生涉警舆情突发事件数量明显增多，但公安机关获取相关舆情的渠道少，手段单一。例如，仅邓玉娇事件，网民建立的重点QQ群就多达5万个，与邓玉娇事件有关的发言日达100多万条。庞大的QQ群用户，巨大的舆情信息量，加上有的网民还使用MSN等方式联络，使得公安机关获取深层次的舆情信息比较困难，加之即时聊天软件等也给公安机关发现、分析涉警舆情带来困难。

5.舆情分析人员少、能力不足问题还比较突出。目前，我国公安机关网安队伍与新闻宣传队伍有数万名民警，尽管如此，与实际工作的需要还有较大差距，在工作方法和技术水平上也存在许多不足，从实际工作质量来看，有说服力的舆情分析还比较少，运用“网言网语”的能力亟待加强，工作的主动性、创造性还不够，有影响力的网络相关工作者凤毛麟角。

（五）公安机关舆情应对协作机制有待完善

具体表现在警种之间舆情应对的快速联动机制需要加强，公安机关上下级舆情应对联动机制需要加强，公安机关与外部机关的舆情应对联动机制需要加强。比如公安与新闻、外宣、通信管理部门等的联系，需要共同引导网络舆论，目前在沟通和协作方面还存在诸多问题。例如，当媒体对公安机关有负面关注报道时，由哪个部门负责查明事件真相、哪个部门负责作出相关处理、哪个部门回应媒体关注，应有更加具体、详细、明确的分工，实现制度和机制上的规范管理。

二、加强舆情分析与舆论引导的重要性

当今社会，随着经济社会快速发展和科学技术的不断进步，信息传递和获取的手段越来越快捷，社会舆情与新闻舆论的作用越来越突出。各级公安机关做好舆情分析与舆论引导工作，关系党和国家工作全局，关系改革和经济社会发展大局，关系国家长治久安。我们要充分认识公安机关舆情分析与舆论引导工作的重大意义，更好地发挥公安机关舆情分析与舆论引导工作在推动经济发展、引导人民思想、培育社会风尚、促进社会和谐等方面的重要作用。

（一）加强公安机关舆情分析与舆论引导工作是新形势发展的必然要求

舆情分析与舆论引导，旨在运用舆情和引导舆论规范人们的意识，引导人们的意向，从而引导人们的行为。正确的舆情分析与舆论引导有利于形成良好的舆论环境，促进社会进步。错误的舆情分析与舆论引导，不利于引导社会舆论的积极发展，甚至对社会舆论起到煽动、恶意扩张的作用，会形成阻碍社会进步的舆论环境。从公安工作的实践看，新形势下公安机关着力提高舆情分析与舆论引导

能力的重大战略意义在于：

一是舆情分析与舆论引导有利于改善公安机关和公安民警整体形象。在资讯高度发达、信息高度透明的时代背景下，全球任一地点的任一事件不加甄别就可能即时成为媒体关注的焦点、炒作的热点。开放、便捷、高速、海量的信息传递，已经对公安工作和公安队伍建设产生了强大的舆论监督态势。面对新形势、新要求，公安机关必须积极主动提高舆情分析与舆论引导能力。近些年，涉警涉案信息被网络等媒体恶意炒作的事件时有发生，并且频率呈现出越来越高的态势，社会影响越来越广，强度越来越大，在过去看来很普通、常识性、个别的工作失误和过错，现如今就极有可能迅速被无限放大，形成“千夫所指、万炮齐轰”的态势，使公安机关处于舆情危机之中。在实践中，还有些基层公安机关缺乏对舆情分析与舆论引导的系统研究，面对出现的涉警舆情往往束手无策，要么疏于应对，要么错误引导，使工作极其被动，使党委、政府和公安机关的形象受到了极大损害。相反，如果公安机关积极做好舆情分析，善于引导社会舆论，不仅有利于公安机关各项工作的开展，更有助于在公众中树立良好的人民警察形象，建立和谐的警民关系。如公安部发起组织的全国十优人民警察评选活动、各地公安机关开展的警营开放日活动、“5·12”汶川大地震中涌现出来的蒋敏先进事迹宣传活动等，都对树立公安机关的良好形象起到了积极作用。

二是舆情分析与舆论引导有利于公安机关依法有序开展各项工作。一方面，通过舆情分析与舆论引导的校正作用，有利于增强公安民警对公安执法理念、行为、方式、结果的认同感，促使公安民警确立正确的职业价值取向；通过舆情分析与舆论引导潜移默化的影响和教育作用，让公安民警持续自觉地保持忠诚、廉明、公正的职业操守；通过舆情分析与舆论引导的催化作用，充分发挥公安民警的敬业奉献精神。另一方面，在突发性群体事件、重大突发性事（案）件、重要公安业务活动中，公安机关在第一时间进行正确有效的舆情分析与舆论引导，有利于公众了解真相、辨明是非，争取多数、孤立少数，减少矛盾和冲突，把思想和行为引导到有利于稳定、平安、和谐的轨道上来。

三是舆情分析与舆论引导有利于公安机关优化执法环境和发展环境。通过舆情分析与舆论引导，提高人民群众对治安问题的承受能力，防范因局部治安问题和小案小事引起恐慌，进而否定公安工作，甚至产生对抗情绪。通过舆情分析与舆论引导，提振人民群众对搞好社会治安工作的信心，激发人民群众支持配合公安工作的积极性，提高人民群众对公安工作的参与度和认同感。通过舆情分析与舆论引导，提高社会各界对公安机关的满意度，进而形成全党支持公安、全民支持公安、全社会支持公安的良好氛围。

（二）加强公安机关舆情分析与舆论引导工作是构建和谐社会的需要

加强公安机关舆情分析与舆论引导工作，定期召开新闻发布会，对外发布公安信息，增强公安工作的透明度，积极稳妥地推进警务公开，主动自觉地接受舆论和社会监督，对于正确引导舆论，推动警察公共关系建设，塑造公安队伍的良好形象，维护社会安全稳定，为开展公安工作创造良好的社会环境，具有极其重要的意义。在全社会营造一个了解公安、理解公安、信赖公安、支持公安的良好舆论环境，也是做好各项公安工作重要的基础。加强和完善公安机关舆情分析与舆论引导工作，有利于推行政务公开和警务公开，改善公安工作的社会环境，提高公安工作的社会影响力；有利于群众理解和支持公安工作，激发广大群众参与社会治安工作的积极性，促进和推动各项公安保卫任务圆满完成，进而不断促进社会和谐有序发展。

（三）加强公安机关舆情分析与舆论引导工作是推进与媒体协作的需要

加强舆情分析和舆论引导，主动与媒体沟通、联系、接触，定期、适时发布公安信息，不仅是实现公安工作良性发展的需要，也有利于争取媒体和公众的理解信任、支持帮助，在密切警民关系的同时提高公安机关的威望和亲和力，树立新时期人民警察的良好形象。同时，通过舆情分析与舆论引导工作，公安机关能及时澄清一些媒体的恶意报道和片面宣传，把握主流舆论，维护公安机关的权威和尊严。

（四）加强公安机关舆情分析与舆论引导工作是应对信息社会发展的需要

信息化的快速发展，在促进经济社会发展、影响和改变人们生活方式的同时，也给公安机关的舆情分析、新闻宣传和舆论引导工作带来了新的挑战。公安机关承担着巩固党的执政地位、维护国家长治久安、保障人民安居乐业的政治和社会责任，其特殊的政治性、行政性、社会性等特征决定了公安工作往往成为社会和媒体关注的焦点，如果不能主动、及时、准确地发布权威消息，正确引导舆论，就会给负面新闻、有害消息、道听途说等以可乘之机，给公安工作带来不利因素和不良影响。公安机关舆情分析与舆论引导工作，就是要善于抓住时机，抢得先机，争取民心，在不断增强政治敏锐性的前提下，学会因势利导，在深入推进公安信息化建设的基础上，坚持以情报信息主导警务，切实采取有效措施，趋利避害，整合信息资源，实现全警共享。着力提高公安机关舆情综合分析能力，不断提高预知、预警、预防能力，牢牢把握公安舆论的主导权，牢牢掌握公安工作的主动权。

三、强化舆情分析与舆论引导战略选择

2016年2月19日，习近平在党的新闻舆论工作座谈会上指出，随着形势发展，党的新闻舆论工作必须创新理念、内容、体裁、形式、方法、手段、业态、体制、机制，增强针对性和实效性。要适应分众化、差异化传播趋势，加快构建舆论引导新格局。要推动融合发展，主动借助新媒体传播优势。要抓住时机、把握节奏、讲究策略，从时度效着力，体现时度效要求。这为公安机关舆情分析与舆论引导工作的未来发展指明了方向。目前，以互联网为代表的新媒体作为重要的舆情信息基础设施，也成为公安工作创新的新手段、新引擎，不仅公民可以把它作为实现政治参与的新渠道，公安机关也可以把它作为社会公共服务的新平台、传播政府声音的新途径。新媒体为人们生活娱乐拓展了新空间，成为推动经济、政治、文化、社会全面发展的巨大力量，在全面建设社会主义现代化国家新征程、向第二个百年奋斗目标进军的进程中发挥着越来越重要的作用。用战略眼光和国际视角应对新媒体时代的挑战，公安机关的舆情分析和舆论引导工作要做到以下几点。

（一）公安机关应从战略高度认识主流网站的重要性

第51次《中国互联网发展状况统计报告》显示，截至2022年12月，我国

网民规模达10.67亿人，较2021年12月新增网民3549万人，互联网普及率达75.6%；我国累计建成并开通5G基站231.2万个，总量占全球60%以上；5G移动电话用户达5.61亿户；三家基础电信企业发展蜂窝物联网终端用户18.45亿户。《数字中国发展报告（2022年）》显示，数据资源体系加快建设，2022年我国数据产量达8.1ZB，同比增长22.7%，全球占比达10.5%，位居世界第二；全国一体化政务数据共享枢纽发布数据资源1.5万类，累计支撑共享调用超过5000亿次。中国互联网调查中心调查显示，超过九成（90.4%）的网民承认，需要舆情信息时，首先想到的就是去互联网上寻找；超过3/4（76.3%）的网民承认，互联网是获取重大新闻的首选渠道。特别值得关注的是，网络对青少年的影响已跃居媒体第一位。青少年思想活跃，好奇心强，对新事物敏感，对互联网关切度高，已经成为网民的主体。第51次《中国互联网发展状况统计报告》显示，截至2022年12月，我国网民男女比例为51.4∶48.6，与整体人口中男女比例基本一致。从年龄结构来看，截至2022年12月，10—19岁、20—29岁、30—39岁、40—49岁网民占比分别为14.3%、14.2%、19.6%和16.7%；50岁及以上网民占比为30.8%。青少年网民对互联网的依赖度很高，但心智尚未发育健全，辨别是非、善恶、美丑的能力不强，有时无法区分网络的虚拟性和社会的现实性，网络行为容易失范，导致不良网络文化现象时有发生，甚至酿成了很多惨案。如湖北省襄阳市两名年轻人模仿网络游戏的“杀人场面”将一名流浪儿童杀死；天津13岁男孩张某艺沉迷网络游戏一年多，模仿游戏中角色跳楼自杀……青年健康则国家健康，青年兴旺则国家兴旺。因此，应该积极消除网络给青少年带来的消极影响，主动利用网络的影响力，用社会主义核心价值观潜移默化地陶冶青少年的情操，守好青少年网络阵地。

（二）公安机关应重视互联网日趋显现的“第一媒体”态势

传统观点认为，报纸为第一媒体，刊物为第二媒体，广播、电视被称为第三媒体，互联网则被称为第四媒体，而移动网络的无线增值服务为第五媒体。媒体排列的标准在人们心目中是不同的，或以是否主流性为标准或以受众多少为标准。若单从受众多少这个标准来看，互联网日趋显现“第一媒体”之势还是有道理的。《2022年通信业统计公报》显示，2022年，三家基础电信企业和中国铁塔股份有限公司共完成5G投资1803亿元，在电信固定资产投资中占比达43%；截至2022年底，5G基站占移动基站总数的21.3%，占比较上年末提升7个百分点。5G建设在持续深化地级市城区覆盖的同时，正逐步按需向乡镇和农村地区延伸。5G用户占比达三成，发展领先全球水平。截至2022年底，我国移动电话用户规模为16.83亿户，人口普及率升至每百人119.2部，高于全球平均的每百人106.2部。其中，5G移动电话用户达到5.61亿户，占移动电话用户的比例比上年末提高11.7个百分点，达到33.3%，是全球平均水平（12.1%）的2.75倍。5G融合应用不断拓展，数字化发展支撑作用不断增强。2022年，智能制造、智慧医疗、智慧教育、数字政务等领域的5G融合应用成果不断涌现。全国投资建设的“5G+工业互联网”项目数超4000个，打造了一批5G全连接工厂。电信企业利用5G切片技术提供了超1.4万个5G虚拟专网，助力各行业加快数字化转型。[①]从规模上看，目前国内有1900多种报纸、9000多种刊物、3000多家广播电视台、150多万个网站、5000万自媒体博客用户。

（三）公安机关要把网络视为提升软实力的重要利器

早在1992年，美国克林顿政府就提出了“信息高速公路”的国家发展规划。其他发达国家不甘落后，如日本和欧盟各国等也推出了自己国家的互联网发展战略规划，将互联网的发展作为衡量本国综合国力的指标之一。互联网具备的无国界性和跨国性给中国国防带来了新的挑战，各种境外势力也看到互联网的巨大作用，借助互联网平台，扩散自己的舆论影响，丑化中国的国际形象。可以这样说，互联网是目前最容易实现传播思潮，同时也是最难控制的传播方式。网络的这一特性，决定了地球上任何文明、任何文化，只能通过自由竞争来争取自己的生存和发展壮大。虽然我们积累了不少对互联网特点和规律的认识，但总体上还

---

① 《2022年通信业统计公报解读：行业持续向好　信息基础设施建设成效显著》，载工业和信息化部网 https://www.miit.gov.cn/jgsj/yxj/xxfb/art/2023/art_69798e71872c407ab677fd1c73885337.html，最后访问日期：2023年6月19日。

是较为肤浅的。对此，公安机关必须不失时机地把主流网站提到第一媒体的高度来重视，纳入公安工作长远的发展战略，使主流网站成为加强警务国际交流、抵制国际敌对势力意识形态渗透、唱响主旋律、维护国家安全、增强公安机关软实力不可替代的战略平台。

（四）公安机关要善于借助新媒体把握舆论主导权

2014年8月18日，习近平主持召开中央全面深化改革领导小组第四次会议时强调，推动传统媒体和新兴媒体融合发展，要遵循新闻传播规律和新兴媒体发展规律，强化互联网思维，坚持传统媒体和新兴媒体优势互补、一体发展，坚持先进技术为支撑、内容建设为根本，推动传统媒体和新兴媒体在内容、渠道、平台、经营、管理等方面的深度融合，着力打造一批形态多样、手段先进、具有竞争力的新型主流媒体，建成几家拥有强大实力和传播力、公信力、影响力的新型媒体集团，形成立体多样、融合发展的现代传播体系。那么作为新兴媒体的网络在形成“舆论引导新格局”中怎么才能发挥应有的作用呢？

一是主动“快速”进入，引领网络舆论。在舆情信息庞杂而过剩的时代，人们的时间、精力有限，往往来不及反复比较鉴别，容易先入为主。面对重大事件，特别是涉警突发性事件等热点问题，公安机关要通过主流网站抢占第一时间发布舆情信息，力争把党和政府的政策主张、公安机关处理问题的态度、解决问题的做法最早最快地告诉广大网民，压缩不良消息传播空间，释疑解惑、化解矛盾，把公众情绪引导到健康理性的轨道上来。2014年2月27日，习近平主持召开中央网络安全和信息化领导小组第一次会议时指出，做好网上舆论工作是一项长期任务，要创新改进网上宣传，运用网络传播规律，弘扬主旋律，激发正能量，大力培育和践行社会主义核心价值观，把握好网上舆论引导的时、度、效，使网络空间清朗起来。

二是要敢于讲真话，维护主流网站舆情信息发布的权威性。以往出现的一些舆论监督性事件，对于真相的追究都是由网络或网民个人发起，然后逐渐形成一种影响力和压力，最后才是政府相关部门解决，造成的结果自然是政府公信力的贬损。公安机关要以此为鉴，善于利用主流网站提高公安机关的公信力，切实掌握舆论主动权和主导权，及时讲真话。主管部门应该负起责任，建立鼓励主流网站“讲真话”的长效机制，防止出现主流网站在社会关注的敏感话题面前“集体失语”。

三是增强公开度与透明度，引领网上舆论。在现代社会，公民享有知情权、表达权和监督权。消除公民与公安机关之间的舆情信息不对称，实现公安机关行为的公开透明，是公共行政管理发展的必然趋势。而且，在科技日新月异、舆情信息高度发达的时代，封闭信息是不可能的。因此，公安机关要以新的思维，创新工作模式，要敢于增强透明度，直面群众，直接公开地互动，形成主流网上正面舆论。

四是利用新媒体正面引导社会舆论。各级公安机关的舆论引导部门，在及时、客观分析舆情的基础上要敢于直面社会热点、难点，起到监督、批评、答疑、解惑的作用，形成一种正面引导、包容多样的网上舆论场。新媒体（如主流网站）要敢于面对社会热点、难点，开诚布公地用真实的舆情信息去给群众释疑解惑，消除误解和隔阂，而不能采取“鸵鸟”政策。只有采取这种直面矛盾并且化解矛盾的方式，才能够变被动为主动，化冲突为和谐，真正做到唱响主旋律，打好主动仗。各级公安机关的网站应该主动成为批评与自我批评的平台，成为加强公安机关自身建设的技术工具。同时，要重视主流网站舆论场的作用。公安机关在管理舆论的方式上要改变堵多于疏的做法，要使主流网站成为人民群众最具有说话欲望的地方，让普通网民的话语尽可能地被党和政府听到，特别是公安机关的决策在出台前能够被更多人的智慧所审视和评估，只有这样，才能凝聚人民群众的智慧，引领社会思潮。公安机关要营造以网络为核心、公开透明、敢讲真话的舆论场，既不因强调主旋律而强求舆论一律、排斥多样，也不因尊重差异、包容多样而放弃宣传社会主义核心价值体系的任务，力争实现两者的有机统一，形成既有统一意志又有个人心情舒畅，既包容多样又有力抵制不利于社会和谐、社会安宁的各种错误和腐朽思想的生动局面。

（五）公安机关领导要不断提高网络舆论引导的素养

提高公安机关领导网络舆论引导的素养是一个不断发展的过程，当前特别要注意提升以下素养。

1.重视网络的政治自觉性。综合来看，互联网给我国政治、经济、文化等各领域都带来了巨大的冲击和挑战，从近年发生的一系列事件来看，如果执政者对互联网带来的问题和冲击认识不足，重视不够，应对不力，则会动摇我们的执政基础，危及国家安全，损害党和政府的形象。因此，高度重视互联网、驾驭互联网应该成为各级公安机关领导的政治自觉。

2.使用网络的基本技能。公安机关领导对互联网的使用不能仅仅停留在打字办文、浏览舆情信息等对网络的一知半解上，还应具备网络运行规律的把握能力、网上舆情信息的甄别能力、网上舆情信息的分析能力。要有善于利用网络获取和把握舆情信息、利用网络收集和把握社情民意、利用网络与网民互动交流等各方面能力，逐渐把上网了解舆情信息作为除读书、看报、听广播、看电视之外的“第五习惯”。

3.网络舆论的引导能力。现在，某一事件一经发生，最快的几分钟就有网民将相关舆情信息发到网上，十几分钟后就有网站转载，1个小时后网上讨论就可能达到高潮。传播力决定影响力，先发制人，后发制于人，谣言扩散的过程正是新闻媒体保持沉默的过程。尤其是公共突发事件，最能考验政府各部门履职能力，也最容易对政府形象造成损害。公安机关领导要善于第一时间在网上发布主流舆情信息，掌握舆论主导权，并且要关注事前、事中、事后等关键节点上的舆情走向，不断发布事件处置的新情况，及时回应公众的质疑和猜测。

4.网络履职的沟通艺术。一是身份的平等性。在网上所有的人都是普通的网民，与网民交流必须以理服人，而不应居高临下，以权压人。二是语言的契合性。要熟悉网络的话语方式和特点，不要官话套话连篇，而要善于运用网言网语进行交流，做到润物细无声。三是坦率真诚的心态。在与网民的交流中，任何虚情假意、推诿敷衍都逃不过网民的眼睛，必须坦率真诚，即使工作中有缺点和过失，也能赢得网民的理解和宽容，绝不可“躲猫猫”。四是良好的心理承受力。在网上网民相互之间嬉笑怒骂十分正常，在交流过程中可能会遇到尖锐的、过激的嘲讽和调侃甚至辱骂，对其都应泰然处之，平和交流，冷静对待。

（六）公安机关要着力加强新闻媒体舆论引导能力建设

公安机关提高舆论引导能力的关键，是要着力围绕党和国家中心工作、完成各项公安工作，善于利用和根据媒体需要及时研究采取切实可行的措施，确保高效率、高质量地做好重大主题宣传报道和新闻舆情信息传播工作，扩大覆盖面和影响力，切实增强舆论引导能力，有效引领社会舆论。当前应着重关注下列问题。

1.充分认识到探讨和实践提高舆论引导能力是时代发展的需求。公安机关要增强把握时代脉搏、把握形势发展大局的能力，对经济、文化活动和社会发展的生动实践能及时作出准确判断。提高这种能力与判断力，来源于坚持马克思主义新闻观，来源于政治意识、大局意识、核心意识、看齐意识。要充分认识公安机关的性质，紧紧围绕党和国家工作大局，在大是大非的根本问题上始终保持头脑清醒，毫不含糊。

2.提高舆论引导能力，要讲究科学方法。公安机关责任重大，使命光荣，对社会受众影响巨大，具有很高的权威性、公信力，因此要以更高的要求重视并做好舆情分析和舆论引导工作。注意把握舆情态势，突出特色。公安机关的网站，要努力办成面向社会、服务社会的平台，发挥潜移默化的作用，精心策划，不断改革创新提高，着力增强对媒体新闻宣传的吸引力、感染力。

3.要研究公安机关舆情分析与舆论引导工作的新空间，明确继续努力的方向。青年人通过网络了解新闻和舆情信息的趋势与日俱增，这就是公安机关舆情分析与舆论引导工作进一步发力的空间与重点。要认真分析社会成员的舆情信息来源偏好及其在常规媒体的流失倾向，深入探讨这一现象所带来的、包含的或潜在的影响，高度重视网络对青年人的影响，利用青年人容易接受的方式、语言对他们做正确引导，同时加大典型宣传的力度、分量及密度，对他们关心的问题及时进行政策解读、释疑解惑，从而树立和增强公安机关作为社会责任者的公信力，有效化解矛盾、理顺情绪。

4.提高舆论引导能力，还需要在公安机关内部建立健全舆情评价、评比、研讨机制或体系，并将其与社会评价体系相结合。公安机关领导班子、舆情工作者都值得花费精力深入研究舆情分析工作的成败得失，不断总结经验，从而有心得、有进步，以改革创新的时代精神，不断提高公安机关舆情分析与舆论引导能力。

思考与练习

1. 怎样理解公安机关面对的舆情与舆论形势？

2. 加强公安机关舆情分析与舆论引导的重要意义有哪些？

3. 阅读下列资料，思考公安机关开展舆情分析与舆论引导工作的具体思路。

【延伸阅读1】

赢得时间就赢得舆论引导权　善用“黄金4小时”引热议[①]

李　鹤

对于处置事件的主体而言，赢得时间就赢得了话语权，就赢得了舆论引导的主动权。把握好“黄金时间”是成功处置突发事件的第一道关口。

2月2日，本版头条刊发独家报道《新媒体时代：处置突发事件的“黄金4小时”法则》。由人民网舆情监测室首次提出的“黄金4小时媒体”概念，刷新了以往处置突发事件的“黄金24小时”法则。文章认为，随着QQ、BBS、微博客等新兴网络技术和应用的普及，政府发布舆情信息、引导舆论的时间应该由24小时缩短为4小时。

文章刊发当天，包括新浪、搜狐等门户网站和南方网、新民网等在内的多家网站纷纷转载。

2月4日，在天津大客车恶性撞人事件发生后，《海峡都市报》发表评论《天津恶性撞人事故中被忽视的“黄金4小时”》。同日，新闻晨报的评论《天津劫车撞人案：事实不能“被审批”》中，也不约而同地引用了“黄金4小时”概念。

---

① 原文参见《人民日报（新兴媒体版）》，2010年2月9日。本书摘录整理时，对观点当事人做了隐名，内容有删减。

"黄金4小时"的概念，正在被社会各界传播。围绕这一概念的讨论渐渐升温。

全民"舆情信息战"开启

所谓"黄金4小时"，与传统的"黄金24小时"类似，都只是一个大体的概念，指的是政府应当在突发事件后及时应对、快速反应。

"'黄金4小时'法则的提出，跟以往处置突发事件第一时间、第一地点、第一责任人的要求一脉相承。"某超大型国企新闻发言人如是说。

网络即时性越来越强，只要一部手机，录音、拍照、视频即可一步实现，传到网上。全民皆网，拉开了一场"舆情信息战"的序幕。

第一时间发布舆情信息，才能占据主动。在新媒体时代，只有快速反应，才能避免流言，保持主动，化解危机。尤其要抢在西方媒体与种种猜测、流言之前发布消息。

应以舆论化解舆论。云南生活新报网昆滇E吧管理员、版主边某说，不能让突发事件演变为群体性事件，否则造成的破坏性将是巨大的。

提高媒介素养

2008年，在瓮安事件、孟连事件发生后，作为资深网民，边某曾被请到云南省政府，为省里处级以下干部做培训，讲舆情信息传播的特点和如何利用网络应对突发事件。

据边某的观察，政府在处置突发事件上，正逐步变得成熟起来。比如在"躲猫猫"事件中启动网民调查组作为第三方监督等。

化危为机，应纳入政府管理机制和公安机关领导干部能力建设之中。需要从建立和完善突发事件应急机制、应急新闻报道机制、舆论监督机制、舆论引导机制、舆情信息安全应急机制、舆情收集分析机制入手。

面对突发事件，基层官员要勇于担当，善于面对。政府应当营造一种更加开明的政治氛围，允许舆情信息发布官员在一些细节上犯错误。

不只是政府部门，现在大型企业也越来越重视舆情，设立专人对舆情进行监测，及时发现并回应对企业的不实报道。

"希望社会进步，希望公平正义得到伸张。"边某道出了网民的共同愿望。

请结合上述材料体会舆情分析与舆论引导中遵循“黄金4小时”法则的重要性。

【延伸阅读2】

网络时代的舆情信息公开

当前我国社会生活多样、多元、多变的特征日益明显，人们思想活动的独立性、选择性、多变性、差异性日益增强，各种思想观念相互激荡，意识形态领域的斗争日趋尖锐复杂。在这样新的复杂情况下，执好政、掌好权、科学决策、民主决策，需要及时全面地掌握社情民意。特别是要加强舆情工作并为党委、政府决策提供重要舆情信息服务，做到知民意、解民忧、晓民情，善于把握网络化时代规律，认清舆情信息传播特征，要充分认识到网络是把“双刃剑”，在给人们传递及时、正确舆情信息的同时，也可能伴随着不准确的消息，乃至谣言的流出，造成受众的误判、错信甚至莫名的恐慌。不明真相产生的谣言和别有用心者制造的谣言，都会给个人、社会甚至国家带来严重的伤害和破坏。在中共中央全会、两会、重大人事变动、重大事件的周年等敏感时期，民间各种政治传言经常有鼻子有眼地悄悄流传。各种谣言如果通过网络大量转载复制，可以在极短时间内呈爆炸式放大蔓延，造成更大的危害。要想防止谣言“走遍天下”，真理的传播必须更加迅速，作为执政党不但要及时公开党务舆情信息，而且要公开与执政党自身有关的所有舆情信息，这样才能有效遏制谣言的传播，谣言止于公开。如何做好网络环境下的舆情信息公开呢?

例如，在突发事件发生后，公众最急切了解全面的舆情信息和事情真相，无数事实已经证明，谣言历来是突发事件的伴生物，舆情信息公开稍微迟滞一点，就可能为谣言留下传播空间。贵州“瓮安县6·28事件”中，14岁初中学生李某某被发现死于河中，当地公安机关的调查结果是自己跳河，但其亲属等人对此表示质疑。之所以有质疑，原因就是各种传闻和猜疑无人澄清。这些传闻和猜疑主要有：其一，李某某好端端的怎么会自杀？其二，李某某是被强奸的。其三，警察多次硬抢尸体、破坏现场，企图掩盖事实。其四，造成李某某死亡的元凶是县委书记的亲侄女，另两个男生和派出所所长有亲戚关系，还有传闻说，元凶是副县长的孩子。其五，死者的叔叔、爷爷、奶奶被打住院抢救，其婶婶被剪去头发关押到派出所，她的叔叔在与公安人员的争执中被公安人员打伤。其六，死者亲属向政府讨公道时，政府官员避而不见。当各种猜测在网上流传开来之后，当地政府才公开调查详情，而此时社会的不信任感已在网上流传，造成恶劣影响。可以说，对这些传闻的姑息，是导致这次群体打砸抢烧事件的重要原因。

请结合上述材料全面总结舆情信息公开的具体做法。

第一章　公安机关舆情分析概述

学习要点：通过本章的学习，了解舆情的含义和特征，重点掌握舆情的种类体系，熟悉舆情分析规程的基本框架，把握舆情分析能力的主要指标，明确提升舆情分析能力的基本途径。

第一节　舆情概念、种类与特征

一、舆情的概念

（一）舆情的定义

1.舆情的一般理解。舆情（public sentiment；popular feelings）是舆论情况的简称，即群众的看法、意见，也称群情、民情。南唐李中的《献乔侍郎》诗云："格论思名士，舆情渴直臣。"这是舆情一词较早的运用。宋代秦观在《与苏公先生简》中说道："伏乞为国自重，下慰舆情。"明代刘基在《处州分元帅府同知副都元帅石末公德政碑颂》中说："予既敬公德，又重父老请，於是述舆情而颂之。"郭孝成写作的《山东独立状况》中说："始议组织临时政府，以顺舆情，而维大局。"这里所说的舆情多为民情。在社会科学中，关于"舆情"概念的解释，国内学者的观点不尽一致。天津社会科学院舆情研究所所长王来华在国内较早对舆情进行系统性定义，其研究认为"舆情是指在一定的社会空间内，围绕中介性社会事项的发生、发展和变化，作为主体的民众对作为客体的国家管理者产生和持有的社会政治态度”。另一位学者刘毅在此基础上扩充了舆情所指向的主体和客体，认为“舆情是由个人以及各种社会群体构成的公众，在一定的历史阶段和社会空间内，对自己关心或与自身利益紧密相关的各种公共事务所持有的多种情绪、意愿、态度和意见交错的总和”。该定义明确了舆情的主体、客体和本体，不过随着社会的发展，人们越来越趋向于对任何时间发生的敏感事（案）件发表自己的观点和看法，从而为舆情的定义赋予了新的内涵。例如，有学者将网络舆情定义为：由于某事件的刺激而产生的通过互联网传播的人们对于该事件的所有认知、态度、情感和行为倾向的集合。一方面，舆情的客体不仅包含公共事务，一些私人事务也被人们所讨论甚至产生较大影响；另一方面，舆情所隐含的不仅是人们的情绪、态度等，不少言论具有较强的鼓动性，表现出一定的行为倾向。从上述论述不难看出，从社会学理论视角看，舆情本身是民意理论中的一个概念，它是民意的一种综合反映；从现代舆情理论的意义上讲，舆情本身并不是对民意规律的简单概括，而是对民意及其作用于执政者政治取向规律的一种描述。简言之，舆情是舆情因变事项发生、发展和变化过程中，民众所持有的社会态度。

2.舆情概念释义。基于上述理解，我们结合现代社会发展状态将舆情定义为：由于某事件的刺激而产生，通过某一载体传播，人们对该事件所有认知、态度、情感和行为倾向的集合。这个概念强调的是，舆情产生于事件的刺激，舆情要有传播手段，舆情是人对这个事件的认知、态度、情感和行为倾向的集合反映，舆情是多数人形成的意见。这里需要注意两点：一是舆情是人数达到一定的量之后才能成为舆论，否则仅是舆情而不能认定为一种舆论；二是舆情是人们对某个事件认知、态度、情感和行为倾向的原初表露，可以是一种零散的、非体系化的东西，也不需要得到多数人认同，是多种不同意见的简单集合。当舆情产生聚集时就可以向舆论转化，因而对舆情的引导就是要使舆情不转化为舆论或转化为良性舆论。

3.其他观点。除了上述我们对舆情所作的定义外，还有学者对舆情作出各有特点的释义。如有的学者认为，舆情是指在一定的社会空间内，围绕社会事件的发生、发展和变化，民众对社会管理者产生和持有的社会政治态度，它是较多群众对社会中各种现象以及问题所表达的信念、态度、意见和情绪等的总和。

在中国理论界，对舆情概念的另一种界定特别值得关注，持有这种观点的人认为："舆情是指在一定的社会空间内，围绕中介性社会事项的发生、发展和变化，作为主体的民众对作为客体的国家管理者产生和持有的社会政治态度。"如果把中间的一些定语省略掉，不难简化这个定义的核心观点，即"舆情就是民众的社会政治态度"。这个定义把民众的意愿限定在民众的社会政治态度方面，外延相对缩小了，但它所包含的民众与国家管理者之间利益的基本含义却变得更加突出了。这个定义反映了当前中国特色的舆情状况。

综合上述分析，我们应当对舆情、民意和舆论三个范畴在概念上加以区别。从总体上看，舆情与民意在概念上的相似性更强，而它们二者与舆论概念之间的相似性较弱。具体表现在：第一，舆情和民意包括了公开和不公开的部分，它们不一定是媒体舆情信息，也不一定完全依赖媒体的思想或意见、舆情信息，从了解各种公开或不公开的民众意见出发，注重对民众各种公开和不公开的态度内容的了解和调查。而舆论则是从了解公开言论或意见的角度出发，对各种媒体的思想或意见等方面的舆情信息更加看重或倚重；在研究方法方面，则更依靠或直接汲取来自各种媒体的舆情信息，也更强调大众传播媒介与舆论之间的关系。第二，舆情和民意作为民众的意见有其自身的社会心理构造，而舆论一般不强调它的社会心理特征及其心理构成特点；此外，舆情和民意还强调研究民众的意见等所包含的行为倾向和行为后果，而舆论研究则不强调这一方面。第三，舆情和民意侧重于民众对社会各种具体事物的情绪、意见、价值判断和愿望等，是直接来自民众的"心声"，而舆论则可以被区分为国家和公众等不同的舆论，其中既有民众的声音，也有国家管理者的声音。在这一点上，舆情、民意和舆论之间的区别就更加明显。

（二）舆情的构成要素

1.主、客体要素。舆情主、客体是舆情概念的重要构成元素。任何舆情都会有主体和客体，作为舆情主体的民众，处于一个国家中被管理者的位置上。舆情是民众对国家管理者所采取的社会政治态度，所以民众是舆情的主体。在舆情中民众表现出的特征有三点：一是舆情中的民众将国家管理者作为自己利益的代表；二是舆情中的民众具有表明社会政治态度的相关素质；三是舆情中民众的范围是不包括国家管理者在内的各种社会群体、组织和个人。舆情客体主要是国家管理者，应包括执政党、人民代表大会、政府机关以及军队等国家机器中从事管理工作的组织、精英和普通工作人员等。舆情在表面上表现为民众对一些中介性社会事项的社会政治态度，但从根本上看，则表现为民众对各种中介性社会事项的"生产者"和调控者——国家管理者的社会政治态度。在舆情中国家管理者表现出的特征也有三点：一是国家管理者作为从事国家和社会事务管理的人群，扮演着其所在机构的各种角色；二是国家管理者是中介性社会事项的控制者和协调者；三是国家管理者的人群构成是"金字塔"形，从事国家管理的作业层人员、基层管理者数量多，他们与民众之间的联系更为直接和密切，所以诱发舆情事件的概率相对较高。

2.社会事项要素。在舆情定义中所说的社会事项，我们用一个专门词语"中介性社会事项"表述。中介性社会事项与社会心理学和舆情研究中提出的"公共事务"等概念具有相似性，它们都具有刺激人们心理的作用。但相比较而言，中介性社会事项不仅外延宽，而且体现了它作为民众社会政治态度刺激中介的重要特征。这个重要特征主要体现在两个方面：一是中介性社会事项往往是国家管理者权力运行的结果。在国家管理者履行管理国家和社会事务的各项权力和职责的过程中，不管工作目的如何，都会产生一个或多个工作结果，而这个结果从舆情看就是"中介性社会事项"，如国家管理者制定和实施的各种政策、方针和措施，代表公权执行者的警察的执法行为等。二是中介性社会事项是民众的社会政治态度，是舆情的刺激物，中介性社会事项主动或被动地"送达"给民众，在多数情况下会直接对民众产生刺激作用，民众的社会政治态度即转变为舆情。在现实生活中，具体舆情出现的时机、表现形式、影响强度以及演化机制等不尽相同且复杂多样。

3.舆情社会空间要素。舆情社会空间要素是指民众的社会政治态度形成、变化和发生作用的具体情境，它是舆情主客体和空间中其他基本因素之间的多维

“互动”的情境。一般而言，舆情社会空间的结构复杂多变，既包括“硬空间”，如各类有形场所（教育场所、工作场所、拘留所等）、地域空间（居住区、社区等）、设施空间（会议场馆、体育场馆等）、日常生活空间（家庭活动、交往活动、文娱活动等场所）；也包括“软空间”，主要是指影响舆情产生和变化的诸多无形因素，如法律道德、文化教育、风俗习惯等秩序规定因素、角色规定因素、目标规定因素和民族文化传统因素等。舆情社会空间具有一些显著特征，即内含要素表现形式的多样性和发生作用的综合性。正是因为舆情社会空间的基本状况和具有空间的变动性、空间的层次性和相对界限性等特征，这些因素围绕在舆情的主体和客体周围，当发生中介性社会事项刺激时，多种因素规范会影响、作用和调节舆情主体的社会政治态度，同时也规范和调节着舆情客体的态度。

4.社会政治态度要素。舆情是民意的一种综合反映，它是在一定的社会空间内，围绕舆情因变事项的发生、发展和变化，民众作为主体对作为客体的执政者及其所持有的政治取向产生和持有的社会政治态度。简言之，舆情反映了因变事项发生、发展和变化过程中，民众所持有的社会政治态度。这种“民众社会政治态度”，说到底是对自身利益需求的一种诉求和表达，它不仅包括民众对国家政治活动的看法、意见和态度，对社会政治活动的看法、意见和态度，同时还包括民众对社会事务的看法、意见和态度。

二、舆情的种类与特征

（一）舆情的种类

1.舆情分类。通过如下舆情的分类，便于人们清醒对待舆情并采取更加有效、正确的应对策略。目前，关于舆情的分类方法很多，分类方法不同得出的种类也不尽相同。常见的分类方法是：

按照舆情涉及内容分类有政治舆情、经济舆情、文化舆情、社会舆情等；

按照舆情存在形式分类有显性舆情、隐性舆情等；

按照舆情表现形式分类有语言表达舆情、非语言表达舆情等；

按照舆情形成过程分类有自发舆情、自觉舆情等；

按照舆情产生效果分类有正面舆情、负面舆情等。

2.公安机关舆情种类。参考上述通用的舆情分类，具体到公安机关涉及的舆情主要可以分为以下三大类。

（1）从舆情传播来源看，包括社会舆情与网上舆情。网上舆情是社会舆情在互联网上的具体表现，除具有社会舆情的一般特征外，还具有以下特点：一是直接性。网民可以立即发表意见，由此形成与公安工作有关的舆情。二是突发性。网络舆论的形成往往非常迅速，一个热点事件的存在加上一种情绪化的意见，就可以成为点燃一片舆论的导火索。三是偏差性。由于发言者身份隐蔽，网络容易成为一些网民发泄情绪的空间。最近十余年来社会上发生了多起涉警事件，如瓮安事件、上海闸北袭警事件、孟连事件、邓玉娇事件、北京昌平警方查处雷洋案件等，在网上炒得沸沸扬扬，尽管某些网络言论的观点是客观的、真实的，对事件的发展、问题的解决起到了一定的促进作用，但更多的是情绪化的、偏激的，辱骂、攻击政府机关，甚至制造谣言，混淆视听，激起网民对政府的不满与愤怒。社会舆情则主要表现出现实性强、大众传播、新闻性突出、民众参与、重视利益诉求等特点。正是因为舆情反映了民众对执政者及其所持有的政治取向的看法、意见和态度，所以社会舆情实际上反映的是民众对国家政治的看法、意见和态度，对社会政治的看法、意见和态度，同时还包括对社会事务的看法、意见和态度。

（2）从感知度来看，包括公开表露的舆情和比较含蓄的舆情。公开表露的舆情较易感知。群众对涉警人和事，赞成什么、反对什么、主张什么、建议什么等都很明确，舆论态度明白、清楚。如群众对“警民恳谈”“民警进万家”等一系列新形势下做好群众工作、密切联系群众的新思路、新办法的高度评价和赞赏，对执法管理不当等损害社会主义法治尊严、影响公安机关形象做法的强烈谴责。反映在舆情上，网络语言就凸显出舆情态度的公开性。不少民谣，有时虽然以偏概全，却也能够从这种片面中发现民众深刻的洞见和社会舆情动向。可以从社会上、网络上流传的顺口溜、打油诗、民谣、恶搞中看到民情，发现倾向性、苗头性社会舆情。比较含蓄的舆情往往并不通过言为心声的方式公开表达出来，而是深藏于公众心中，只有敏锐的舆情发现机制才能够发现民意。

（3）从内容和效果看，包括意见型、争论型、议论型、建议型、称赞型、情绪型、呼吁型、分析型、动态型等舆情。意见型舆情主要是基层公安机关或社会各界对警务活动、警察自身问题的反映，群众的看法等，也可以是民众认为势在必行的事情或亟待解决的问题。争论型舆情主要是指能够引发争论的问题。议论型舆情主要是指引发公众热议的问题。建议型舆情多是基层民警或干部群众认为应充分重视、建议目前亟待纠正解决的问题。称赞型舆情大多是人民群众热烈欢迎并给予高度评价、称赞的人或事件。情绪型舆情反映了广大民警或民众强烈谴责、基层干部群众对某事某人表示愤慨、人们认为极为不妥的问题。呼吁型舆情主要是指社会各界包括基层群众强烈呼吁公安机关回应的舆论。分析型舆情主要是指当前公安工作或公安队伍建设方面存在的问题、原因及对策、建议，也可以是需要公安机关注意（警惕）的不良倾向等。动态型舆情反映了广大民众、社会各界、干部群众或基层民警积极关注、高度重视的问题。无论舆情反映了什么内容，也无论其表现方式是问题、现象、观点、言论还是举措、行为等，舆情监测部门均应引起高度重视，及时收集、客观分析、全面反映。

（二）舆情的一般特征

一般来说，舆情具有客观性、陈述性、传播性、记载性、时间性、社会性、影响性等共性特征。在互联网快速发展的新媒体环境下，舆情特征又突出表现为如下几个方面。

1. 即时性。在互联网技术的日益普及和广泛应用下，舆情即时性的特征表现得尤为突出，原因在于网络信息传输的快速便捷为舆情产生和传播提供了最大优势，当今的即时通信是网络中高效的终端服务，如QQ、抖音、微信、短视频等作为即时通信、舆情表达的重要手段，具有传统电话语音通信的实时性和交互性，甚至比收发电子邮件来得更加及时、快捷。

2. 移动性。当今社会人们在户外活动时利用闲余时间接发信息，通过手机电视、手机广播、手机报等移动载体传输舆情已经变得十分普遍，舆情移动借助通信技术，地域边界的概念日益模糊。

3. 匿名性。在新媒体时代，互联网创造了一个平等交流信息的平台，网络构建的虚拟社会具有明显的隐匿性，“网友”成为大家共有的一个身份，事实身份差异性的消失完全消除了现实生活中的各种顾忌，人们在舆情传播中自然地隐姓埋名。

4. 个性化。在网络世界中，一种新形式“个人门户”模式近年来受到普遍重视，微博、个人网站、跟帖、直播等显示了个性化特征，舆情从个人被动接收变为主动传播，在表达方式上也更加突出以自我为中心。在计划经济体制下，我们常常看到的“舆论一致”状况全然消失，这与改革开放后日益宽松的经济和政治环境关系密切，人们的活动空间变大了，生活内容更丰富了，利益诉求多样化了，“舆论观点多元化”已经逐渐成为一种常态的社会现象。

5. 渠道多样性。网络传媒兴起，舆情传播渠道多样。随着网络传媒的迅速发展，舆情信息传播的渠道和方式发生了极大的变化。新媒体传播的具体方式多样，如微信公众号、朋友圈、各类手机客户端社群、头条号、五大门户自媒体号、微博、博客、直播等以互联网为载体的传播工具呈现出多样化和异常活跃的态势。一方面，人们可以随时随地利用网络、手机等新兴传媒对某一事件、某一问题表达自己的情感，发表自己的看法；另一方面，人们获取信息的渠道和方式也日益多样化，一旦有重大事件发生，如果无法从主流媒体上获得消息或不能及时得到准确的消息，就会通过非主流媒体获取信息。突发性事件是这样，其他的社会热点、难点和焦点问题也是这样。

（三）涉警舆情的特征

涉警舆情与一般意义上的舆情有很多共通性，如涉及面广、传播速度快、影响力强，具有突发性、交互性、群聚性、放大性等。除此之外，涉警舆情还表现出如下特征。

1. 对象内容的特定性。涉警舆情的关注点是公安民警、公安机关或者与公安机关相关的业务活动，包括公安机关对某一个受关注的案件是否立案、侦查，或者是否对犯罪嫌疑人提请批捕等。

2. 社会关注的敏感性。公众对涉警事（案）件相对于一般舆情所涉及的信息敏感度更高，这是由公安机关的性质和地位所决定的。在我国，公安机关不仅履行行政管理职能，同时还具有司法职能，其权力和地位相对于一般国家机关更具有特殊性。另外，公安机关人民警察管理手段的多样化和权限的广泛性，使得涉警案件比一般的案件更加容易引起大众的关注。从目前的实践来看，涉及警察权力因素的事件，往往容易形成涉警舆情事件。

3.传播时间的持续性。从实践来看，一般性舆情事件随着时间的推移，公众的视线或者注意力有可能转移或者减弱。但是，由于涉警舆情内容对象的特殊性，舆论对涉警事（案）件的关注度往往并不会随着时间的推移而有所减弱。公众对相关事件的关注可能一直要持续到事情处理结束，甚至在处理之后还要持续一段时间。从近年来网络涉警舆情的内容和性质上看，有正面的和负面的，但往往是负面舆情在数量上占绝大多数，且影响的时间较长。正是因为网络本身的特点，导致网络受控制的程度较低，人们往往借助网络揭露阴暗或发泄不满情绪，当公安机关或公安民警成为舆情事件直接的当事人时，更容易被网络或媒体高度关注、迅速传播并持续炒作。

4.负面舆情的破坏性。负面涉警舆情的持续发酵，将直接给公安机关形象造成难以挽回的损失，使其在民众心中留下不良印象，从而影响公安机关公信力。有些负面涉警舆情还会造成社会不满情绪的增加，不利于良好舆论氛围的搭建，从而阻碍公安机关在一段时间内日常工作的开展。负面涉警舆情倘若持续存在，还可能导致网络舆论的价值观念偏离，造成公众对公安机关信任感削弱，人们的主流价值观容易发生扭曲甚至迷失，从而给社会带来各种负能量。

第二节 公安机关舆情分析规程

一、公安机关舆情分析机制的构成

（一）舆情分析系统构成

舆情分析机制是对媒体上的舆情做出定性与定量分析并给出一种价值和趋向

判断的过程，它是分析活动有机联系的整体。舆情分析工作是一项系统工程，主要由两部分组成：一是对舆情进行日常性和持续性跟踪与收集，并在此基础上建立舆情信息库，具有长期性、稳定性、系统性的特点；二是针对某一突发事件或某一特定任务进行有针对性的分析工作，一旦该任务完成则舆情活动随之结束，具有针对性、临时性、专题性的特点。

（二）公安机关舆情分析机制

公安机关舆情分析机制，从构成要素看，主要由舆情管理工作部门和人员、舆情收集分析渠道和程序、舆情分析方法与技术、舆情分析结果处置等组成。根据相关文件精神，公安机关应建立完善的工作机制，切实提高舆论引导能力，选拔与组建舆情管理人员和舆情工作专门队伍，科学规范舆情等级和类型（如涉警网络文本内容、涉警网络事件跟帖及表达形式等），建立运行高效的舆情分析渠道和程序，灵活运用舆情分析方法和技术，形成务实有效的舆情分析结果处置办法，在不断完善舆情分析途径的基础上，抓住舆情收集渠道、分析人员、技术方法等关键环节重点建设，不断完善并形成科学、高效的公安机关舆情分析机制。

二、公安机关舆情分析规程

规程是关于操作、安装、检验、工艺、管理等方面的具体技术要求和实施程序，它是一种要求统一的、规制性的规定，有时也是标准的一种形式。舆情的分析与研判是综合的逻辑活动过程，是对获得材料的再创造。在新媒体环境下的舆情信息数量巨大，利用现代科技手段对舆情予以分析与研判十分重要。如公安机关舆情分析规程就是对舆情进行科学采集、上报、归并、整理、汇总、分析、预警、发布等环节内在机制的规范，目的是得出精与准的舆情研判结论。

公安机关的舆情分析规程主要包括如下内容。

（一）舆情来源分析

公安机关舆情信息来源广泛，研判人员应首先占有海量信息，如对网上涉警舆情的爆料，应在第一时间监控和收集各大网站上的所有舆论，经过对新闻或帖文的分析与判断，确定涉警舆情的发生源并在舆情事件中发现可能存在的潜在价值。这里需要重点关注涉警舆情发生源和发出舆情主体判断。

（二）舆情真伪分析

由于涉警舆情信息来源复杂，舆情分析与研判人员必须剔除虚假舆情，排除其对真实舆情的干扰，特别是网络舆情管理人员要对网上舆情事件进行有针对性的鉴别，防止在新闻转载或跟帖中出现夸大其词、添油加醋现象，达到透过现象看本质的目的。这里需要重点关注涉警舆情内容是什么和目的性。

（三）舆情归类分析

舆情曝光后，舆情管理部门应根据涉警舆情具体内容与公安机关及其民警的联系程度作分类（如分析涉警舆情是属于公安民警违法违纪造成、公安民警执行公务活动中引发、公安机关在协助其他部门工作时引发，还是由处置涉外突发事件引发等），这样公安舆情研判就会有的放矢，并可借鉴国内包括本地类似舆情事件的处置经验进行分类施策。这里需要重点关注舆情生成属性和危害程度。

（四）舆情指向分析

公安机关舆情分析研判的目的在于获取最后的研判结论，要得到研判的指向需要把握量与度的指标。舆情管理人员通过对相关舆情信息进行定性与定量的分析与统计，可以得出公安舆情的基本研判结果，并给决策部门、领导提供处置措施和参考意见。这里需要重点关注舆情危害的结果和走向。

（五）舆情矫正分析

在实际工作中，公安机关的舆情分析与研判往往会出现结果与实际不完全符合的现象，一旦出现错误的研判，就要对舆情事件本身和舆情分析研判活动实施“倒查”，这样既可以使舆情分析进一步趋于精确，更有助于提高舆情分析研判人员的工作能力和水平，也可以为今后防止类似现象发生提供借鉴。这里需要重点关注舆情生成机制和存在的不足。

三、突发敏感舆情事件分析的关键环节

（一）突发敏感舆情事件的类型界定

对突发敏感舆情事件的分析要明确事件或话题本身所处的阶段。突发敏感舆

情事件一般分为引发期、酝酿期、发生期、发展期、高潮期、处理期、平息期和反馈期等不同阶段。在分析某一具体突发敏感舆情事件之前要对其进行科学的类型界定。突发敏感舆情事件主要有突发重大群体性事件、涉外突发事件、重大刑事案件、敏感治安事件、公安民警违法违纪案件、公安机关执法或管理中行为不当引发的突发事件等。当前，在对发生频率较高的舆情案例分析中发现，有关国内外形势、干群关系、警民关系、劳资关系、社会民生等事件容易成为敏感性突发事件。

（二）突发敏感舆情事件分析的重点

针对突发敏感舆情事件的影响力、民众利益的关切度和对公安机关形象的破坏程度，突发敏感舆情事件的分析重点是：舆情观点参数设置与数据分析；舆情事件发展概况与脉络；舆情中民众的主要观点与情绪；舆情中有关民众对事件的认知情况、观点态度、表达方式；舆情发展处在表达阶段还是行动阶段；舆情所引起的民众从认知到社会运动甚至社会骚乱的程度；舆情组织化程度与有无行动计划性；是否对现存社会体制构成巨大冲击；行动的对象目标明确与否；舆情事件具体指向的部门或个体对象；等等。公安机关的舆情分析研究人员应特别注意要成为"非参与性的观察者"，防止成为"非观察性的参与者"，力争保持观点中立、客观分析、观察敏锐。

（三）突发敏感舆情事件类型的分析比较

在突发敏感舆情事件研究中，类型的分析比较十分重要，有关舆情事件一旦确定，无论描述和分析的内容是人还是事，舆情分析人员都可以对舆情中的个人、群体、组织、机关、社会现象或社会体制对象等进行舆情样本的制作，同时开始横向研究，做探索性、描述性或解释性分析，如果舆情事关政策建议，舆情分析则应当有目标、有针对性地作出对策研究。另外，从时间维度考虑，对于突发敏感舆情事件以主体的发展变化为主要内容的，可以针对不同机关、组织和个体进行纵向研究。

（四）突发敏感舆情事件的图表制作

由于图表能够清晰、直观、简洁、深刻、形象地表现突发敏感舆情事件，因此其制作的科学规范化特别重要。这里应注意以下五点：一是常见的分析方法有连续接近法、举例说明法、比较分析法和流程图法等。在舆情报告中应该根据突发敏感舆情事件本身的特征科学选择图表样式，如趋势图、比例饼图、百分比柱形图、流程图等；表格的设计则要简洁实用，科学高效。二是突发敏感舆情分析图表在数据来源上要注意区分传统媒体、网络论坛、博客、网站等。三是在媒体类型上要注意区分媒体历史形态、媒体控制类型与地域类型等。四是分析突发敏感舆情言论主体的身份特征如媒体、官员、机构、意见领袖、网民等，要做社会化考察。五是在对突发敏感舆情事件中的观点做具体而细致的定性分析时，对研究结果下结论的时候应该注意材料之间的异同，应该兼顾不同态度（如赞扬、支持、中立、不关心、反对、谴责、冷漠等），以防止观点遗漏导致分析结论偏颇，立体化、多层次、客观地反映突发敏感舆情事件，为决策和研究提供科学全面的参考。

第三节　公安机关舆情分析能力建设

一、加强主流媒体疏导，坚持正确舆论导向

党的十八大以来，习近平总书记就网络安全和信息化工作提出了一系列新理念、新思想、新战略，形成了关于网络强国的重要思想。习近平总书记还提出推进全球互联网治理体系变革的“四项原则”和共同构建网络空间命运共同体的“五点主张”，这些论述为国际网络空间安全和发展指明了原则和方向，也提供了实践路径，赢得了世界上绝大多数国家的积极响应和广泛赞誉。切实重视和加强主流媒体舆论主导力建设，使其更好地承担传达正义的声音、引导社会舆论、疏导和凝聚人心的重要职责。习近平总书记在2018年8月出席全国宣传思想工作会议时指出，要把握正确舆论导向，提高新闻舆论传播力、引导力、影响力、公信力，巩固壮大主流思想舆论。

如今，随着互联网等新媒体的兴起，社会舆论环境正发生重大而深刻的变化。例如，互联网已成为反华势力对我国进行渗透破坏、放大破坏能量的重要工具，给公安机关维护国家安全和社会稳定带来了新挑战；各种社会矛盾的关联性、复杂性、敏感性明显增强；各类违法犯罪和社会治安问题大量增加，给公安机关社会管理带来了新课题；人民群众法律意识、权利意识明显增强，舆论监督、社会监督力度空前加大，给公安机关执法活动提出了新要求。但是，公安机关和公安民警自身还存在着与新形势新任务诸多不相适应的地方，特别是在舆情分析和舆论引导上还有不少亟待解决的突出问题和薄弱环节，积极研判、回应网络舆情，提高与社会公众沟通的能力，已经成为加强公安机关能力建设的重要任务。必须把积极应用网络平台，充分发挥主流媒体舆论导向的功能作用，加强与人民群众的信息沟通，正确引导网络舆情，努力拓宽信息化条件下加强和改进公安机关舆论引导工作的新路子。舆论导向正确，是党和人民之福；舆论导向错误，是党和人民之祸。党领导的主流媒体的舆论引导能力，代表着党的舆论引导能力，是党的领导能力的重要体现。当前，公安机关要充分认识到发挥党报党刊、电台、电视台等传统主流媒体的作用，作为党的新闻宣传事业的传统主力军，也要不断提高传播力和影响力，更好地主导社会主流舆论的形成和传播，为党和国家工作大局营造和谐氛围、创造良好环境。近年来网络等新媒体快速发展，传播人数和受众人数不断增加，网络舆论的影响越来越大，如何建设、运用和管理好网络等新媒体，使之成为传统主流媒体引导舆论的重要工具和补充，从而更好地实现党的宣传方针，也正成为传统主流媒体需要认真思考和应对的课题。公安机关在加强主流媒体舆论主导力建设方面需要做的工作，主要是加强“三力”（公信力、吸引力、发展力）建设，善于利用主流媒体发布主流声音，主导、引领社会舆论，积极发挥主流媒体的传播力、公信力和影响力，牢牢把握主流媒体的政治定位，强化喉舌引导功能，不断巩固和提升主流媒体的政治权威、政治方向。只有牢牢掌握主流媒体，才能切实把话语权掌握在手中；只有不断增强主流媒体的影响力，才能巩固壮大积极健康向上的主流舆论；只有有效提高舆情分析的主动性，才能借助媒体全力维护社会安全稳定，服务好各级党委、政府和公安机关的中心工作，服务好改革发展稳定的大局，服务好广大人民群众。

二、加强案例分析，注重舆情问题多视角研究

案例分析古已有之，古希腊时的哲人苏格拉底经常通过讲故事或举例子的方法来阐释他的思想，这是案例析理的典型。但现代意义上的"案例分析"，则源于美国哈佛商学院，其后案例分析开始在各大商学院得到广泛使用，并逐渐延伸到其他领域的分析和讨论中。案例分析方法的优越性在于强调获取知识的实用性和有效性，即要和现实生活中的实际例子挂钩，基于案例分析者经常要将自己放在决策者的角度来思考这个案例所涉及的问题，这就相当于做了模拟练习，能增强实际应对能力。

公安机关在提升舆情分析能力上的有效方法之一是加强案例分析，从中总结经验教训，在实践中把握舆情分析规律，提高舆情分析水平。自2000年以来，涉警舆情事件不断出现，恰恰给我们开展涉警舆情案例分析提供了很好的素材。如2008年发生的贵州瓮安事件、上海闸北袭警事件、哈尔滨六警察打死一名大学生事件、云南孟连事件、陕西府谷事件、深圳宝安区暴力袭警事件，2009年发生的云南"躲猫猫"事件、云南民警吉忠春连开三枪致人死亡事件、河南王帅事件、湖南罗彩霞事件、湖北邓玉娇事件、浙江"欺实马"（七十码）事件、云南昆明"小学生卖淫"事件、湖北石首事件等，以及2010年发生的河南鲁山"喝开水"事件、湖南凤凰"9·4"少女坠楼案、成都警察过度使用暴力网络舆情等鲜活的例证是开展案例分析的重要素材。广泛使用案例分析的方法就是要从中作出理性梳理、总结规律、找到症结、提出警示，在本书中我们进一步发展了这种方法。要使案例分析真正有效，很重要的环节是对案例做深度挖掘，对个案舆情做多视角研究。这里需要注意四点：一是积累足够数量的案例，形成包含各种涉警舆情的案例库，并对相关案例作出数据整理、分析、归类。二是收集的案例要真实，要求案例来源于现实，要精心采集真人、真事、真名的案例。三是分析的案例要有代表性，提升舆情分析实践能力。在案例选择的过程中，要考虑实践中可能遇到的各种因素、各种问题，力求让每一个案例都具

有代表性。四是需要每个案例都有独特的分析视角，同时关注共性，通过案例点评，归纳总结经验，力争通过每一个舆情案例分析都能获取经验或教训。

三、加强阵地建设，发挥新兴媒体优势和作用

人类已进入网络化、数字化时代。互联网和手机的普及，使信息传播方式发生了革命性变化，也深刻影响了社会舆论的形成机制和传播方式。通过网络足不出户地获取世界各地的新闻资讯，关注国际国内社会民生，表达自己的利益诉求、认知态度和行为倾向已经构成新媒体舆情形成和传播的基本态势。尽管网络舆论不够严谨，但其社会影响力却越来越值得重视，近年来中央和地方政府对网络舆情越来越积极地应对，公安机关也通过在线与网民沟通、建立微博等形式实现多渠道沟通的目的。

近年来，以互联网为代表的新兴媒体在舆情形成和表现上呈现出三个方面的突出特点：一是网络舆情产生具有突发性。网络传播的直接快速使得网络舆情的产生具有无法预测、无法控制的不确定性。一个原本不受关注的事件，由于在网络上曝光而引起网民的注意，通过网络的渲染和推动，以及电视、报纸等传统媒体的介入，最终形成强大的社会舆论，这样的事件屡见不鲜。二是网络舆情扩散具有传染性。有时即使是非理性言论也容易在得到众多网民的支持后形成普遍化情绪，这种情绪往往给网民以强烈的心理暗示，使其先入为主，难以作出正确的理性判断，甚至左右社会舆论的发展走向。三是网络舆情内容具有倾向性。网络民意相对于社会民意有限的凝聚方式，有着空前的多元化表现渠道、无限的影响力范围，以及传统媒体所无法比拟的传播速度。一般来说，网络民意代表着大多数网民正义理性的声音，网络舆情的内容集中在关注社会公平、执法公正、司法正义、民生事件等方面。

基于此，公安机关舆情管理部门要善于利用新兴媒体具有的开放性、即时性、互动性等特点，充分发挥网络广泛的覆盖面、快捷高效性、社会影响巨大、发展势头强劲的优势，一方面要对网络舆情高度重视，加强管理，因势利导，趋利避害，为我所用；另一方面要制定网络文化发展规划，积极做大做强重点网

站，实现网络媒体和传统媒体的对接互动。当前，各级公安机关舆情管理部门要重点做好以下四项建设。

1.建立和完善网络新闻发言人制度。在整合各有关部门职能的基础上，成立网络舆论引导工作领导小组，完善网络新闻发言人制度，形成网络舆情及时回应机制，深入研究网络舆情信息，加强互联网舆情管理机制建设，进一步强化警务信息公开，了解网络社情民意，鼓励网民建言献策，解决网上信访问题。

2.借助信息化建设加快构建互联网舆情管理平台。公安机关官方媒体网站在网络舆论引导中发挥着主导作用，在深入推进公安信息化建设中特别要加快公安机关官方网站、重点新闻网站的建设，扶持和培育警民互动的网络论坛、网络贴吧、警察微博等，要用主流网络媒体规范网民行为，引导网络舆情。新媒体环境下的舆情管理，包含了互联网建设、手机无线互联网建设等。

3.加强“网上信访”工作。要把处理“网上信访”纳入重要工作日程，安排专职人员收集网上有关信息，供有关领导参阅，要把这项工作作为领导决策和改进工作的一个重要的民意渠道和信息来源，必要时还要建立责任部门答复机制，及时在网上公布信访问题的处理结果，以正视听、以解民怨。

4.强化网络舆情的法律和技术监管。要通过互联网，拓宽社情民意表达渠道，搭建快速广泛的沟通平台，政府建立社会舆情汇集和分析机制，引导社会热点、疏导公众情绪、搞好舆论监督。总体而言，网络舆情宜疏不宜堵，但对网民恶意传播一些明显超越宪法和法律，危害国家整体利益和社会公众利益，侵害个人权利的违法行为，要通过技术手段和法律规范，双管齐下加强监管，坚决遏制有害信息的传播。

四、加强舆情队伍建设，形成全方位舆情分析格局

2016年10月9日，中共中央政治局就实施网络强国战略进行第三十六次集体学习，中共中央总书记习近平在主持学习时强调，要理直气壮维护我国网络空间主权，明确宣示我们的主张。现在，各级领导干部特别是高级干部，如果不懂互联网、不善于运用互联网，就无法有效开展工作。各级领导干部要学网、

懂网、用网，积极谋划、推动、引导互联网发展。要正确处理安全和发展、开放和自主、管理和服务的关系，不断提高对互联网规律的把握能力、对网络舆论的引导能力、对信息化发展的驾驭能力、对网络安全的保障能力，把网络强国建设不断推向前进。这也为公安机关提高舆情分析能力指明了方向。其中一项重要工作就是加强舆情分析队伍建设。建立一支强有力的舆情分析专业队伍，坚持舆论先行，用积极有效的舆情分析统一思想、凝聚力量，积极营造良好舆论氛围，不仅是舆情工作政治责任，也是重要的工作方法，更是提高舆情分析能力的根本。

1.坚持正确舆论导向的“首位”意识是加强舆情队伍建设的关键。舆论导向的“首位”意识强化了，就能够在面对新形势下社会舆情多元化，社会舆论场多层面、多变化的格局中牢牢把握住党、政府和公安机关的舆情分析定位，增强引导社会主流舆情的自觉性，更自觉地把坚持正确的舆论导向放在第一位，牢固树立政治意识、大局意识、核心意识、看齐意识，坚持团结稳定鼓劲、正面宣传为主，唱响主旋律，打好主动仗，更加自觉主动地为人民服务，为社会主义服务，为党、国家和公安机关工作大局服务；在打牢全党全国各族人民团结奋斗的共同思想基础方面发挥积极作用；在传播社会主义核心价值体系方面发挥积极作用；在为推进党、国家和公安事业发展，凝聚强大精神力量方面发挥积极作用；在营造健康向上、丰富生动的主流舆论方面发挥积极作用。

2.坚持在提升拓展新阵地能力上下功夫是加强舆情队伍建设的有效途径。科学技术的不断进步，使舆论形成机制、传播方式发生了巨大变革，开始重塑社会舆论的新格局。以互联网为代表的新兴媒体，正在深刻改变媒体传播的内在结构和总体格局，带来了传播领域的革命性变革，也成为引导社会舆论的重要阵地。公安机关要充分认识以互联网为代表的新兴媒体的社会影响力，加大新兴媒体的建设力度，通过原创性采制、逻辑性链接、多媒体集成、全方位展现，加强新兴媒体内容建设，要占领舆论主阵地，使新兴媒体成为引导社会舆论的生力军。与此同时，还要在传统媒体原有优势和综合竞争力不断弱化的情况下，运用新兴媒体的理念、技术和模式改造传统媒体，给传统媒体注入新的活力。公安机关要抓住信息化建设的契机，以数字化、网络化为龙头，利用高新技术改造传统媒体，积极探索新的舆论传播样式和模式、管理方法和模式，建构现代化的公安机关舆情管理体制和机制。

3.坚持在提高队伍履职能力上下功夫是加强舆情队伍建设的抓手。公安机关舆情队伍优则导向正，人才兴则事业旺。提高舆情队伍分析能力，关键在人，关键在于有一支政治强、业务精、纪律严、作风正的从业队伍。要进一步提高公安机关舆情队伍从业人员的理论素养，使大家有坚定的政治方向、清醒的理论判断、扎实的业务本领，夯实做好公安机关舆情分析与舆论引导工作的思想根基。要不断培养提高公安机关舆情队伍从业人员过硬的专业能力，包括舆情捕捉能力、舆情分析能力、主动设置议题能力、因势利导能力和对突发事件的应变能力等，掌握做好舆情分析的各项专业技能。要切实加强公安机关舆情队伍从业人员的作风建设，引导并培养公安机关舆情工作者树立严谨细致、求真务实、反应快捷、善于应变、敢于担当的优良作风，在实践中锻炼检验公安舆情队伍。要建立健全包括突发事件应急报道、舆情采编工作质量评析、舆情报告奖优罚劣、公安机关舆情从业人员自律规章等一系列机制，调动公安机关舆情从业人员积极性，力争实现保质、保量圆满完成各项舆情工作任务。

五、加强突发事件舆情应急机制建设，积极赢得话语权

坚持正确导向、有序开放、有效管理，及时准确、公开透明地发布权威舆情信息，及时主动回应人民群众的关切，有效化解人民群众的思想疑虑，是公安机关增强舆论引导力、掌握主动权、赢得话语权的重要原则。从这一原则出发，积极建立完善各项制度和机制，对舆情分析工作实行全过程的管理，特别要注意制定《涉警突发公共事件新闻报道应急实施方案》等，还要不断完善突发事件新闻发布应急机制，坚持第一时间发布权威消息，有效化解负面影响，使正面的声音“先声夺人”，使党、政府和公安机关的声音始终占据舆论制高点；精心把握舆论导向，确保舆论引导有力、平稳有序；健全舆情分析机制，保证各部门上下联动，准确判断，快速反应，及时引导，营造良好的网上舆论氛围，力保舆情信息

安全。还要善于统筹媒体资源，形成强大合力，使积极正面的舆情内容更加丰富全面，分析手法更加新颖独特，说理更加深入透彻，切实做到舆情分析取得最佳的实际效果。

思考与练习

1.舆情的含义和特征是什么？

2.简述公安机关舆情的种类体系。

3.简述公安机关舆情分析的基本规程。

4.如何提升公安机关舆情分析能力建设？

【延伸阅读】

湖北邓玉娇案的舆情分析

2009年6月16日上午，备受瞩目的“邓玉娇刺死官员案”在湖北巴东县法院一审结束。合议庭当庭宣判，邓玉娇的行为构成故意伤害罪，但属于防卫过当，且邓玉娇属于限制刑事责任能力人，又有自首情节，所以对其免除处罚。对于这宗轰动一时的诉讼，网络媒体迅速给予关注。从比较有代表性的网络评论的内容来看，可大致分为三类：一类是对邓玉娇一审判决的肯定，一类是对一审判决和有关官员问责的质疑，还有一类是以邓玉娇案为解剖对象进行社会的、政治的或司法的反思。这三类文章多数怀有对弱者的悲悯之情和对权力的警惕之心。对弱者敢于反抗强权暴力的认同，对吏治清明和司法公正的期盼，成为舆情的“主旋律”。这些价值判断无疑需要包括法院在内的公权力机关给予足够的尊重。从邓玉娇案的舆情引发、激化到成为波及全国的公共事件之后，这种根植于民众心中的朴素正义观应当说在一定程度上影响了一审判决。那些拒绝接受网络监督的专业人士理应反思，如果邓玉娇案没有公众的声援，没有如此之多的民意表达，其是否会有不同的司法结果。舆情中基于朴素正义观的价值判断值得每一个人尊重和肯定，基于知识匮乏的非专业误判也需要警惕。网络表达最重要的特点除了直抒胸臆之外，还体现在迅速、及时、门槛低、传播快、影响巨大等方面。因为网络表达的“快”、发言者知识储备与专业素养不一，决定了网络民意表达中难免良莠不齐，甚至不乏常识性的法律错误。比如有论者将邓玉娇案一审判决中的“有罪”说成是“无罪”；再如，还有不少网民质问“防卫过当”与“故意伤害”之间的矛盾。事实上，防卫过当只是“应当减轻或者免除处罚”的情节，而非罪名。又如有的媒体报道称，邓玉娇“在法律上由此彻底恢复自由身”。众多网民不加鉴别援引了这一观点。但从诉讼程序看，这个“免罚”的判决还只是一审判决。只有在法定期限内被告人不上诉、检察机关也不抗诉的情况下，一审裁判方可称为生效裁判。宣判当天就判定邓玉娇“彻底恢复自由身”，为时尚早。舆情是公众借由网络行使表达权的产物。舆情要推动公正的达成，进而推动制度改进，就应该区分价值判断与专业判断。在今天这样一个网络发达的时代，校正司法错误，促成司法公正，民意的价值认同与专业人士的法律指引，一个都不能少。

在湖北巴东县邓玉娇案的发展过程中，“网络民意”的力量得到了集中体现，可以说网络不仅仅监督了事件过程，也起到了直接推动甚至改变案件发展方向的作用。

请结合上述材料体会舆情分析的重要性并总结做好舆情分析应注意的问题。

第二章　公安机关舆情监测

学习要点：通过本章的学习，掌握舆情监测的概念、意义、原则、机制，重点学会监测舆情的方法。

第一节　舆情监测概述

一、舆情监测的概念

舆论情况简称舆情，是人类社会的一种特有现象。舆论是人们对事物的价值判断的表达，它可以通过口耳相传，也可以通过舆情信息载体进行传播。工业时代报纸、书刊、广播、电视等传统媒体是舆论传播的主要渠道，使舆论对人类政治和社会生活产生了深远的影响。当舆论在较大范围内迅速而广泛地传播时，就可能形成一定的社会思潮，从而影响政治走向或社会稳定。一般来说，在社会生活的语境下，舆情、舆论、民意具有相似的含义。但在国家公共行政的语境下，舆情、舆论、民意的含义存在着较大差别。舆论一般指向某件或某些新近出现并被大众媒体报道的新事物。舆情监测所指的舆情，是与国家公共行政关系密切、社会影响较大的舆论的发展情况。

其实，在我国古代就已经有了舆情监测，《国语·周语上》中记载的2000多年前的周厉王止谤的故事是最早有史料可查的舆情监测案例。这个故事叙述了当时国都里的人公开指责周厉王的暴行，周厉王从召公那儿得到这一舆情的汇报后，以刑杀相威胁来压制国人对他的批评，最终遭到愤怒的国人驱逐。这个故事从一个侧面反映出了舆情监测对于国家管理的重要意义。在现代社会，舆情监测是非常受重视的，比如西方国家的各大政治组织在选举期间是十分关注舆情的，因为舆情是选民意志的催化剂、政治角逐的情报站、竞选纲领调整的风向标。而我国的舆情监测是为了更好地实现公共管理，最终为人民服务。这种目的的不同决定了我国的舆情监测不能完全照搬西方国家的做法，要探求符合我国国情的舆情监测之路。

新中国成立以来，虽然我国没有“舆情监测”的提法，但重视人民群众的呼声（舆情）即“从群众中来，到群众中去”的群众路线一直是中国共产党的优良传统，党和政府的日常工作中一直离不开对舆情的把握，通过了解舆情、解决舆情反映的问题开展工作。20世纪90年代以来，随着我国改革开放的不断深入和国际互联网络的日益普及，加强舆情监测工作已受到党中央的高度重视。2003年7月，胡锦涛在“三个代表”重要思想理论研讨会上指出，要始终把群众的利益放在第一位，在各项工作各个环节都细心研究群众的利益，关心群众疾苦，体察群众情绪，努力运用说服教育、示范引导和提供服务等方法，做好新形势下的群众工作。从这年开始，舆情监测成为各级党政部门的一项重要工作，并进入了制度化、规范化的发展阶段。此后，党中央不断提高对舆情监测工作的重视程度，从中央到地方陆续建立了舆情监测体系。2004年9月19日，党的十六届四中全会通过的《中共中央关于加强党的执政能力建设的决定》中专门提到要“建立社会舆情汇集和分析机制，畅通社情民意反映渠道”。党的十六届六中全会通过的《中共中央关于构建社会主义和谐社会若干重大问题的决定》中又指出，健全社会舆情汇集和分析机制，完善矛盾纠纷排查调处工作制度。党的十八大以来，习近平总书记多次强调要加强新闻舆论工作。2016年2月19日，习近平总书记在党的新闻舆论工作座谈会上指出，加强和改善党对新闻舆论工作的领导，是新闻舆论工作顺利健康发展的根本保证。各级党委要自觉承担起政治责任和领导责任。领导干部要增强同媒体打交道的能力，善于运用媒体宣讲政策主张、了解社情民意、发现矛盾问题、引导社会情绪、动员人民群众、推动实际工作。2021

年11月11日，党的十九届六中全会通过的《中共中央关于党的百年奋斗重大成就和历史经验的决议》指出，高度重视传播手段建设和创新，推动媒体融合发展，提高新闻舆论传播力、引导力、影响力、公信力。党中央明确提出，过不了互联网这一关就过不了长期执政这一关。党高度重视互联网这个意识形态斗争的主阵地、主战场、最前沿，健全互联网领导和管理体制，坚持依法管网治网，营造清朗的网络空间。现在，全党从上到下已认识到掌握和应用舆情是构建社会主义和谐社会的必然要求，是进行科学决策的重要依据和基础，是加强党的执政能力和提高执政水平的重要举措。只有建立一套符合构建社会主义和谐社会要求、能及时反映社会舆论情况的舆情监测体系，党的工作才能响应群众的呼声，才能将各种隐患解决在萌芽状态，进而保障我国改革开放事业的顺利进行。

我国在改革开放以前，非官方的舆论对社会的稳定和政治的安全影响还不是很突出，还没有显现出专门的舆情监测工作的重要性。但随着信息时代的互联网、手机等的出现，舆论传播渠道更加丰富，新媒体使每个人都可能成为舆情信息的生产者、传播者和舆论的制造者，舆论的形成机制出现了实时化、聚合化、跨地域化的特点，发生了深刻的变化，国家已很难完全掌控媒体，使得舆情监测工作不得不成为一项重要的工作。全国范围的舆论可以在非常短的时间内产生，进而可能引发公共事件。群体性事件的易发和频发导致舆情监测工作的难度加大，也对舆情监测工作提出了比以往更高的要求。

舆情监测的目的是运用一些方法和技术获取舆情信息，了解社情民意，从而辅助决策，更好地为建设社会主义和谐社会服务，而不是监督和控制民意的表达。合法的舆情监测是各个国家为更好地服务公民、治理国家都非常重视和积极推动的工作。

综上所述，舆情监测是综合利用传统方法、新兴技术以及新媒体舆情信息采集、智能处理技术等，对于社会、传统媒体和新媒体中传播的公众对社会生活中某些问题所持的言论和观点的动态收集和研判，形成舆情监测报告，为全面掌握公众思想动态、作出正确舆论引导和科学决策提供分析依据的行为。

二、公安机关舆情监测的意义

加强和改进舆情监测工作，健全社会舆情监测机制，防患于未然，是构建社会主义和谐社会的必然要求。结合舆情信息时代的特点，分析我国舆情监测工作的现状与存在的问题，及时通过舆情监测捕捉舆论热点，了解社会各阶层群众的所思、所想和所盼，把人民群众的诉求转化为党和国家的决策，可以使党和政府的各项政策、工作更好地体现广大人民群众的利益，让人民群众从国家的发展中得到更多的实惠，从而使党和政府获得最广泛的人民群众的支持，巩固党的执政地位，维护意识形态、社会和政治安全。目前，舆情更多的是指在党和政府传统视野中没有包括的，对于我国构建社会主义和谐社会以及社会和经济的持续、健康、稳定发展具有重要意义的舆论的新情况。因此，有效的舆情监测工作，可以在事态恶化之前，就将那些社会中不和谐的因素化解在萌芽状态。

一旦发生危害国家和社会安全的舆情问题，通过舆情监测工作及时发现问题并预警，针对危机，在最短的时间内迅速启动危机公关预案，快速利用多种舆论引导和疏导手段进行澄清，如在官方网站、主流论坛发帖或召开新闻发布会等方式与谣言赛跑，尽早地告知人民群众真相，一般都能顺利地解决危机。因此，有效的舆情监测工作能实时发现问题，并及时将舆情信息报送到国家有关部门，以便快速开始危机公关。

目前舆情监测是各级党委和政府非常重视的一项重要工作，是了解社情民意的基础工作之一。通过舆情监测工作，获取舆论的准确动向，加强和改进党和政府的工作，既是我党全心全意为人民服务宗旨的要求，也是党和政府的一项基本职责。

公安机关舆情监测是整个国家舆情监测工作的重要组成部分，而且由于涉警舆情的敏感性和对于公安工作的监督作用，公安机关舆情监测工作显得尤为重要。公安机关舆情监测的实践证明，及时、全面的舆情监测工作可以早掌握、早预警民众对公安工作的意见和建议，早发现公安工作中存在的问题和不足，从而扩大公安机关的信息来源，及时处置群众反映强烈的事（案）件和改进公安工作，进而为实现公安工作为人民服务的宗旨和构建稳定和谐的社会大局服务。

三、公安机关舆情监测的原则和机制

（一）公安机关舆情监测的原则

公安机关舆情监测工作必须坚持以下四条原则：（1）监测的主体必须是有舆情监测权的部门及其人员；（2）监测的内容是有危害社会、危害国家或对经济社会的发展有重大影响的舆情；（3）监测的程序必须合理合法，不得侵犯个人隐私和企业的商业利益，必须维护个人和单位的合法权益；（4）监测的目的是维护国家的安全、稳定和为发展服务。

（二）公安机关舆情监测机制

当前，公安机关舆情监测机制存在一些问题，比如舆情监测机构的建设不够完善和统一，舆情监测内容的确定和不同部门舆情监测任务的分工不够清楚，舆情监测工作的程序不够规范，舆情监测人员的能力有待提高、管理有待加强，舆情监测工作的监督、考评和责任追究制度不够健全等。舆情信息具有随时性、突发性和广泛性的特点，要求舆情监测人员快速收集、整理和上报舆情信息，这就对舆情监测人员的能力提出了很高的要求。对许多基层民警来说，舆情信息还是个新鲜事物，甚至有些人员不懂什么是舆情信息，不会写舆情报告或是写的舆情报告内容不全面。有的地方公安机关还存在舆情监测工作人员不固定、在培训和提升时不受重视等现象。再如舆情监测需要更加深入和广泛，内容需要更加全面；舆情信息要全面、客观、及时、准确地反映人民群众对公安工作的意愿，就要从各地、各行各业、社会不同层面收集不同的民众意愿，从而为科学的公安决策提供准确的舆情依据。而一些地方公安机关在这方面，特别是在乡、村、企业和学校等基层开展舆情监测方面的工作机制尚不健全。另外，由于受舆情监测程序不够科学规范、舆情监测环节层次较多的影响，还存在舆情反映不够快捷的现象；由于受报喜不报忧等错误思想和舆情监督、责任追究制度不健全的影响，舆情所反映的很多问题被“截留”和淡化，还存在舆情反映不够真实的现象。

针对上述公安机关舆情监测机制存在的诸多问题，面对新的形势，要做好舆情监测工作，必须建立适合工作需要的新的舆情监测机制，从制度、技术、队伍、网络阵地控制、传统媒体与新媒体相结合等方面加强立体化的舆情监测机制建设。

1.建立舆情监测工作长效机制。

（1）加强领导，明确任务。各级公安机关要加强对舆情监测工作的领导，从机制上保证舆情监测工作取得实效。对舆情监测工作的人员配备、报送数量、报送标准提出明确的要求，把舆情监测工作作为工作目标考核的内容之一。争取建设一支政治素质过硬、业务精通、纪律严明、作风正派的舆情监测员队伍，创造良好的工作环境，提供充足的经费保障和必要的工作装备，在制度上支持他们积极开展舆情监测工作，全面客观地报送舆情信息。

（2）分清舆情信息报送的范围，规范报送程序。舆情监测工作是一项政治性、政策性和保密性都很强的工作，必须坚持和完善舆情报告专人编写、分管领导审核、专人发送的工作程序。报送上级的舆情报告应以全局性舆情为主，报送同级党委、政府的舆情报告应以区域性舆情为主。同时，还应建立健全舆情信息需求要点通报制度、重要舆情信息限时报送制度等一系列行之有效的管理制度，落实责任，分解任务。这有利于充分发挥舆情信息的作用，更好地为科学决策服务。

2.建立灵敏高效、快捷畅通的舆情信息网络。通过壮大基层舆情监测员队伍、设立舆情监测站或舆情监测中心、创办舆情信息简报等，建立多级舆情监测信息网络，可以畅通舆情信息收集和上报渠道。要构建国家、省、市、县、乡、村舆情监测信息网络，形成以国家为龙头，省、市、县、乡、村纵向到底，党委、政府各业务部门横向到边，上下贯通、覆盖全面、运转正常的舆情信息汇集网络。同时，要理顺舆情传递机制和渠道，尽量减少舆情传递的层次。

3.建立舆情调研机制。公安领导决策对舆情信息需求的范围日益扩大，应加强对意识形态领域重要动态情况和社会热点难点问题的舆情信息收集报送，特别是要加强对网上舆情的监测与报送。

舆情调研应增强“四个意识”，关注热点、围绕重点、解决难点。舆情调研工作要做到选题“精”、调查“深”、研究“细”。建立舆情调研机制就是建立在重大公安决策前首先进行舆情调研，决策后跟踪调研、追踪决策，把舆情调研成果的转化率作为衡量工作成效的指标的机制。

4.建立舆情监测队伍建设机制。舆情监测是一项政策性、实践性都很强的工作，要求舆情监测人员具有很强的洞察判断能力、调查研究能力、统筹协调能力、服务大局能力，同时还要有渊博的知识和高度的责任感。因此，必须大力加强舆情监测人员队伍建设，通过舆情监测人员的选拔、任用、考评、奖惩、提升和培训等制度的建立和实施，来不断提高他们的政治素质和业务素质，建设合格的专（兼）职舆情监测员队伍。

5.建立区域性舆情监测工作机制。区域性舆情是指发生在某地区（如某市、区、县、乡、镇等），且只对该地区有直接影响的舆情。区域性舆情无论是其成因还是影响都具有地区性特点，可作为特定地区的公安决策者决策的依据和参考。因此，应有专人负责区域性舆情信息的收集、归纳和整理，建立区域性舆情信息库。通过区域性舆情的监测可以掌握群众对公安工作的意见和要求，把相应的舆情信息及时归口给各分管部门和领导进行处理，有利于使区域性的公安决策更加贴近百姓、符合地区的实际情况。一些重要社会舆情，还要进行长期跟踪监测，以准确判断舆情的走势。加强对地区性涉警热点、难点问题的舆情收集和报送。通过区域性舆情监测工作机制的建立，明确区域性舆情监测的任务，对能够准确、及时地收集和报送舆情的部门和人员予以表扬。对舆情监测工作不力或者造成较大损失和不良影响的人员，要追究相应的责任。如此，才能不断提高对区域性舆情的反应速度和舆情信息报送质量，不断提升舆情监测工作服务公安决策、服务公安工作大局的水平，不断提高地方公安机关的工作效率。

第二节　舆情监测的方法

一、社会和传统媒体舆情监测方法

社会中涉警舆情信息的监测方法主要有以下六个：一是通过人大代表或政协委员联系群众，收集舆情，形成议案或提案，把社会中的舆情反映给人大或政协。二是通过接受群众来信来访获得社会中的舆情。三是通过调研获得社会中的舆情。四是围绕人民群众关心的热点、难点问题，定期组织相关部门与群众进行交流，通过在公安网站设立“热点反映”“群众意见”“群众信箱”专栏，设立“社情民意工作室”，开设“社情民意专线”以及开展“公安领导接待日”活动等形式，收集社会中的舆情。五是针对特定的问题开展问卷调查，获得社会中的舆情。六是区域性舆情信息的监测。区域性舆情是反映特定地区民意的载体，从群众中获取舆情是社会中舆情的最直接来源、最真实的渠道。可以从民间流传的民谣、小道消息、民间议论、顺口溜和传言等中发现倾向性、苗头性、社会性的涉警舆情信息。区域性舆情信息也可以从横向部门收集，尤其是与群众利益相关性较强的权力部门，这些部门的相关决策涉及群众切身利益较多，易引起人民群众的思想波动和不满，成为社会的不稳定因素。对区域性舆情信息的收集，还可以根据地区的实际情况，建立一些具有辅助功能的舆情信息联系渠道，培养一批专、兼职舆情信息员。

传统媒体是相对于新媒体而言的，包括电视、报纸、广播、杂志等。传统媒体是舆情的载体之一，也是我们党和政府的重要宣传工具。我们可以通过传统媒体报送内参等方式获取舆情，也可以通过专门的部门和人员收听、收看或阅读传统媒体监测舆情。另外，传统媒体的数字化是未来的趋势，对于那些已数字化的传统媒体，我们还可以应用下面所介绍的新媒体舆情监测方法。

二、新媒体舆情监测方法

新媒体是指在新的技术支撑体系下出现的媒体形态，如数字杂志、数字报纸、数字广播、互联网、数字电视和手机媒体等。美国《连线》杂志对新媒体的定义为“所有人对所有人的传播”。清华大学新闻与传播学院熊澄宇说，新媒体是在计算机舆情信息处理技术基础之上出现和影响的媒体形态。中国传媒大学黄升民认为，构成新媒体的基本要素是基于网络和数字技术所构筑的三个无限，即需求无限、传输无限和生产无限。时任新传媒产业联盟秘书长王斌称：“新媒体是以数字舆情信息技术为基础，以互动传播为特点、具有创新形态的媒体。”通过上述定义可以看出，大家一致认为“新传媒”是在数字技术和网络技术基础之上产生的各种媒体形式。“新”既体现在技术上，也体现在形式上。有些新媒体是崭新的，比如互联网、手机媒体等，有些是通过采用新技术后，在旧媒体的基础上形成的新旧结合的媒体形式，比如数字报纸、数字电视等。新媒体可以对大众同时提供个性化的内容，传播者和接受者融会成对等的交流者，无数的交流者相互间可以同时进行个性化交流。新媒体可以使一些舆情信息发布近乎零费用，受众可以免费获取，这就对传统媒体的舆情信息制作成本提出了挑战。

有学者认为，相对于传统媒体，新媒体的第一个特点是它的消解力量——消解传统媒体（电视、广播、报纸、通信）之间的边界，消解国家之间、社群之间、产业之间的边界，消解舆情信息发送者与接受者之间的边界，等等。新媒体能真正与受众建立起联系，有跨时空以及交互性的特点。相较于传统媒体，新媒体最大的变化是传播状态的改变，即由一点对多点变成了多点对多点的传播。与传统媒体相比，新媒体传播有以下四个特点：（1）人人都可以进行大众传播；（2）传播的“小众化”；（3）增强了受众的主动性；（4）“舆情信息”与“意义”无关。新媒体是当前舆情的主要载体，新媒体舆情的主要特点是主体的多元性、影响的广泛性、主题的集中性、聚焦的持续性、舆情信息的偏差性等。

人民网舆情监测室是国内最早从事互联网舆情监测、研究的专业机构之一，在舆情监测和分析研究领域处于国内领先地位。人民网舆情监测室早期以舆情知识普及、提供专业分析报告为主，中期推出服务于多个行业数百家客户的一整套舆情解决方案，开拓出众多舆情产业。随着互联网进入大数据时代，以及个人、企业、政府的决策由经验驱动转换到数据驱动，人民网舆情服务的专业性不断升级，智慧含量不断提升，进入数据与智库相结合的智能舆情阶段，人民网舆情监测室也升格为人民网舆情数据中心。该数据中心能够跟踪舆情动态，了解公众声音，分析舆情走向，以及对舆情事件进行深度解读。此外，该数据中心还能够通过强大的数据挖掘和分析，预测未来舆情走向，为舆论引导和政策决策提供有力的支持。2023年7月，人民网舆情数据中心全面升级“突发事件舆情处置应急演练体系”，旨在帮助各级领导干部、企事业单位管理者进一步读懂新形势下舆论生态、科学研判网络事件，提升舆情回应与应急处置能力。

现在，各级公安机关对于新媒体舆情的重要性基本上都有了比较充分的认识，相继开展了以网络媒体为主的新媒体舆情监测工作，形成了一些舆情监测的制度和方法，取得了显著的实践效果。实践证明，舆情在互联网等新媒体上的发布、传播、爆发是有规律可循的。比如，有些舆情经常发源于门户网站的稿件，有些舆情可能源于社区论坛的某个热门帖子等。新媒体舆情监测主要有人工监测和技术监测两种方法。

（一）人工监测方法

该方法是指舆情监测员不间断地访问各大网站、社区、博客、微博等新媒体去获取内容，了解第一手涉警舆情信息；或者舆情监测员反复搜索关键词了解全网动态，在资讯搜索、网页搜索、博客搜索等栏目定期搜索关键词，宏观了解全网舆情。这两种方法结合是最普遍的人工监测的方式。

（二）技术监测方法

目前公安机关着力于利用技术手段对海量的新媒体舆情信息进行深度挖掘与分析，以快速汇总成舆情动态，从而代替人工阅读和分析新媒体舆情信息的繁复工作。随着对舆情监测的需求越来越大，应尽可能地减少通过人工访问新媒体进行舆情监测的方法，而更多地采用以下五种舆情技术监测方法。

1.新媒体舆情采集与提取技术。新媒体舆情主要通过新媒体的新闻、论坛/

BBS、博客等渠道形成和传播，这些渠道的承载体主要是动态网页，它们承载着松散的结构化舆情信息，使得舆情信息的有效抽取难度很大。通过“全自动生成网页舆情信息抽取技术”可以实现动态网页上舆情信息的采集与提取。

2.新媒体舆情话题发现与追踪技术。人们在新媒体上讨论的话题种类繁多，涉及社会的方方面面，如何从这些海量的舆情信息中找到涉及公安工作的热点、敏感话题，并对其趋势变化进行追踪是进行舆情监测要解决的关键技术问题。基于文本聚类，即把文本关键词作为文本的特征的方法虽然能将一个大类话题下的文本进行聚合，但不能保证话题的可读性与准确性。在此基础上研发的“话题发现与追踪技术”，将文本聚类问题转换成话题特征聚类问题，同时依据事件对语言文本舆情信息流进行重新组织与利用，可以用来监测舆情信息。

3.新媒体舆情倾向性分析技术。“舆情倾向性分析技术”可以明确舆情信息传播者所要表达的情感、态度、立场、观点和意图等。对新媒体上的舆情文本进行倾向性分析，是用计算机实现根据文本的内容提炼出舆情信息发布者情感方向的目标。它通过判断新媒体环境下倾向性特征词的特点和类型，然后进行语气极性的判别和标注，进而建立面向新媒体的倾向性语气字典和标准数据集，为舆情监测提供技术支持。

4.多文档自动摘要技术。新媒体的新闻、帖子、博文等页面往往都包含着一些垃圾舆情信息，多文档自动摘要技术可以对这些无用的垃圾舆情信息进行过滤，并提炼成便于查询和检索的摘要舆情信息。

5.使用舆情监测系统进行监测。舆情监测系统是集成了各种舆情监测技术的计算机舆情信息系统，是目前进行舆情监测的主要工具。随着互联网的快速发展，网络媒体作为一种新的舆情信息传播方式，已深入人们的日常生活之中。网上言论已达到前所未有的活跃程度，各种国内、国际重大事件都可能马上形成网上舆论。这种通过网络来表达观点、诉求和传播思想的方式，会形成巨大的舆论压力，使任何部门和机构都不能忽视。互联网已经成为各种舆情信息的集散地和社会舆论的放大器。

舆情监测系统能对热点问题和重点领域比较集中的网站舆情信息进行24小

时监测，随时下载最新的舆情信息，下载后对数据进行格式的转换及元数据的标引，进行敏感词过滤、智能聚类分类、主题检测、专题聚焦、统计分析，满足各单位舆情监测的需要，最后形成舆情简报、专报等，为全面掌握舆情动态、作出正确舆论引导提供依据。

思考与练习

1. 舆情监测的意义有哪些？
2. 舆情监测应遵循的原则是什么？
3. 舆情监测应建立哪些机制？
4. 新媒体舆情监测方法有哪些？

第三章　公安机关舆情分析原则与要点

学习要点：通过本章的学习，了解公安机关舆情分析的原则和要点，重点学会运用原则作出舆情分析，能够熟练掌握舆情分析要点的具体内容。

做好新形势下公安机关舆情分析工作，必须坚持科学发展观，遵循舆情分析原则，按照全面建成社会主义现代化强国的新要求，创新舆情分析工作思路，改进工作方法，不断提高舆情分析水平，增强和促进公安机关舆论引导能力。

第一节　公安机关舆情分析的原则

公安机关舆情分析总体上应遵循“及时、准确、科学、求实”的原则。具体应遵循以下五个原则。

一、导向明确原则

导向明确原则是指舆情分析坚持正确的引导方向，舆情分析者的态度鲜明、目的明确、思路清晰、主张明白，旗帜鲜明地使舆情向积极有利方面发展。坚持舆情分析导向明确的基本要求就是要以马克思列宁主义、毛泽东思想、邓小平理论、“三个代表”重要思想、科学发展观、习近平新时代中国特色社会主义思想为指引，自觉地在思想上政治上行动上同党中央保持一致，坚持正确的政治导向，利用舆情唱响主旋律，打好主动仗，必须贯彻团结稳定鼓劲、正面宣传为主的方针。具体做到如下几方面。

1.准确理解舆情分析导向明确的科学内涵。舆情反映着国家和社会的精神面貌，舆情分析与引导是加强党的领导的一个十分重要的方面。舆情分析导向明确的内涵有两个指向：一是舆情分析者自身的态度、观点、主张导向正确，要始终“不走调”“不变音”，既要准确、鲜明、生动地利用媒体宣传正面声音，又要及时、如实、充分地反映人民的意愿，反映舆情具体内容；二是公安机关舆情分析导向要统率和指导舆情分析全过程，公安机关要善于通过主流媒体发出主流声音，形成舆情分析强势，唱响主旋律，打好主动仗。处于经济转型期的社会不同声音的社会影响越来越大，就越来越需要加强舆情分析引导。

2.全面认识舆情分析导向明确的极端重要性。舆情分析导向明确与否同党和人民的祸福直接连在一起，同党和国家的前途命运直接连在一起，也影响公安工作的开展。既鲜明新颖又深刻独到的舆情导向，有利于促进社会和谐和各项事业的发展。把舆情分析导向明确与否放在如此重要的地位，才能把公安机关舆情分析工作同党的生命连为一体。可以说，舆情分析工作就是思想政治工作，是党和国家的前途和命运所系的工作。

3.深刻理解舆情分析导向明确的价值取向。坚持正确舆情分析导向的价值取向，就是坚持正确的舆情导向，有利于改革开放，完善社会主义市场经济体制，发展社会生产力和构建和谐社会；有利于加强社会主义精神文明建设和法治建设；有利于鼓舞和激励人们为国家富强、人民幸福和社会进步而艰苦创业、开拓创新；有利于国家统一、民族团结、人民心情舒畅、社会政治稳定。一言以蔽之，坚持正确的舆情分析导向，就是要为改革开放和现代化建设、为全面建成社会主义现代化强国提供强有力的思想保证和舆情分析支持。

4.清醒把握舆情分析导向明确的关键是坚持党性原则。讲政治，要具有良好的政治素质，要有很强的政治鉴别力和政治敏锐性，必须树立高度的政治责任感，要自觉地在思想上、政治上与党中央保持一致，在任何复杂多变的形势面前，都要保持清醒的头脑，这是坚持正确的舆情分析导向的关键所在。坚持正确的舆情分析导向同坚持党性原则、坚持正确的政治方向，具有高度的一致性。舆情分析导向正确，一定是党性原则强；舆情分析导向错误，一定是党性原则弱或者丧失了党性原则立场。坚持党性原则和舆情分析导向的一致性，要求在大是大非面前，一定要坚持党性原则和舆情分析导向的统一，提倡什么、允许什么、限制什么、反对什么，必须旗帜鲜明、态度明确。

5.不断提高舆情分析导向明确的艺术水平。要把体现党的意志和反映人民心声有机地统一起来，不仅要有丰富的内容，而且要有精彩的表达形式。强调导向明确的舆情分析，同强调创造性地从事舆情分析工作是统一的。在坚持明确的舆情分析方向的前提下，要勇于创新，努力形成舆情分析工作的新风格和新特色。

6.实现舆情分析导向明确必须大力培养专门人才。公安机关舆情分析事业能不能搞好，关键在有没有一支高素质的专门人才队伍；舆情分析导向明确与否，既有思想观点问题，也有人才队伍问题。坚持正确的舆情分析导向，最终还是要靠公安机关舆情分析主体去落实。坚持正确的舆情分析导向，首先要把握好报刊、通讯社、广播电台、电视台、出版社、官方网站等媒体的宣传方向，要善于发挥各种媒体的作用，要建立快速便捷的话语表达媒体渠道，同时还要积极引导自媒体发正面声音，传播正能量。凝聚人心民意，为实现导向明确的公安机关舆情分析提供坚实保证。

二、系统全面原则

系统全面原则也称整体性原则，它要求在舆情分析时以系统整体目标的优化为准绳，舆情分析者能从不同的视角来观察、审视舆情，尽可能了解舆情的各个方面，在全面系统地了解和掌握舆情基础上再作出分析。舆情分析的系统全面有两个层面的含义：一是舆情本身具有整体性，舆情分析者必须对舆情完整、全面掌握，不能有任何方面的偏废。二是舆情分析活动也具有整体性，舆情分析是由一系列活动构成的一个完整系统。因此，在舆情分析时，应该将各个独立舆情的特性放到社会大系统的整体中去看待，在舆情分析过程中以整体系统的总目标来协调舆情分析各个具体行为的分目标。实现舆情分析的系统全面，就要做到：

1.畅通渠道，广纳舆情。做好公安机关的舆情分析，就要注意疏通舆情收集渠道，重点打造日常舆情收集平台和突发性舆情快速收集平台，各级公安机关应当完善专（兼）职“舆情员”队伍，负责收集上报舆情信息工作，建立24小时值班制度，要完善值班领导责任制，日常性舆情按程序报告，突发性舆情及时、有效上报。

2.不同舆情，区别对待。当确定了舆情分析中将被描述和分析的人或事物时，舆情分析人员就可以对这些个人、群体、组织、社区、社会问题、社会现象或社会体制对象的舆情样本进行横向研究，做探索性、描述性或解释性分析，以政策建议为针对性目标做应用性的研究。另外，从时间维度考虑，对于舆情事件与主体的发展变化，可以针对不同人物、组织和群体进行纵向研究。区分舆情分析的不同类型，可以发现：中央部委形象、地方政府形象和公安机关形象舆情分析侧重发展中亟须解决的焦点问题，一般样本选择比较复杂，特别是网络言论，要运用多种抽样方法；社会热点事件舆情分析要注意题材的广泛性，但一般来说事件呈发展状态，样本选择需要注意时效性与全面性，需要考虑复杂因素进行综合把握；话题、现象类舆情分析的题材也很广泛，但要注意抽样与分析的尺度，结合对象发展趋势与特点，找准角度进行参数设置，有些舆情虽然时效性强，却有很大的研究价值。

3.排除干扰，突出针对性。公安机关舆情分析必须是针对一定时空范围的社会信息展开的，针对性是其基本特征。在一定时空锁定公安机关舆情的信息来源、信息通道、信息广度、传播方向、传播途径和传播效能，公安机关舆情分析必须正视这些舆情信息基础工作才能作出客观、及时的回应。公安机关处置的舆情多与老百姓的现实生活、自身实际情况和切身利益息息相关，有针对性的舆情分析在解释事实、提供背景信息、引导公众舆论等方面具有直接指导作用。对于一些过激的舆情动态通过网络渲染，导致过激的民众反应，直接影响到公安机关的权威性的，要善于排除干扰。对于有些媒体极度关注的公安舆情，分析要及时，并积极作出有针对性的回应。

三、客观理性原则

客观理性原则要求公安机关舆情分析者运用真正可靠的关于客观现实的知识作出理性分析。如果舆情分析者只根据分析任务本身所包含的信息作出分析，则有可能因为信息中含有不确定的、模棱两可的甚至错误的信息，导致舆情分析出现偏差。客观理性的分析强调舆情分析者把分析任务内部表征与客观现实舆情比较和权衡后作出理性分析。所以，内部表征的思想为理性舆情分析提供了新的视角。坚持实事求是，客观理性分析原则，具体要做到：

1.尊重客观事实。客观地认识舆情，就要求在舆情分析时能结合问题产生的背景对舆情进行理性的分析判断，而不能脱离现实环境，凭主观想象或个人感情对舆情作出评判或定性。做好舆情分析，就要在参与舆情分析的过程中敢于坚持真理，善于联系实际，充分调查研究，尊重客观事实，广泛听取意见，注重专家论证，反复权衡分析，作出客观判断，坚持一切从实际出发，没有调查就没有发言权，要查实情、得真知，力戒主观随意性、片面性。

2.讲究评价方法。对舆情作出评价是一项十分严肃的工作，要慎之又慎。因此，要多方听取意见，切不可带有成见、先入为主。同时，对舆情作出客观评价必须有一个科学合理的分析路径，不仅要程序合法，还要讲究方法技术的运用并做到科学严谨。选择何种评价技术直接影响到评价结果。在评价工作中，一种常见的方式就是召开舆情分析座谈会和重大舆情会商会，从中了解多方看法，找出问题症结，对舆情作出全面的评价。

3.倡导理性观念。中华民族特别崇尚平和、理性的观念，建构和谐社会与良好的警民关系需要公安机关舆情分析者以一种平和、协调的态度审视舆情，把“中和”的观念作为舆情分析的价值取向和追求，善于对舆情表征事物内在的原因、发展趋势作出平和分析和理性判断。公安机关舆情分析人员要以服务的执法意识、平和的执法心态、和善的执法举措、公平的执法结果，对舆情作出分析，最终达到促进社会和谐进步的目的。公安机关舆情分析人员的心态要平静、和顺，在处置舆情时语言要和气、态度要和蔼、行为要和善、结果要公平，既要平和履行权力与职责，又要根据法律规定保障社会组织和公民权利不受侵害。

四、敏捷高效原则

敏捷高效强调的是舆情分析要达到两个方面的要求：一是对舆情发生、演变、后果要有敏感性，能够在最短时间内发现和判断舆情，要以积极的心态响应变化的舆情；二是对舆情的调查分析要讲究效率，以最短的时间作出正确判断和拿出应对举措，妥善处置舆情。敏捷高效的舆情分析必须建立在科学基础上，提高舆情分析效率并努力做到：

1.舆情态势把握和内容敏锐感知。重点关注舆情产生原因、舆情具体内容、舆情产生过程、舆情发生途径、舆情传播方式、舆情影响程度等，要有清晰的分辨，能敏锐洞察舆情产生的结果。

2.舆情分析思路明确化。要充分认识公安机关舆情分析在国家政治、经济生活中的影响作用及对公安工作的影响，善于从宏观上、战略上准确把握舆情分析工作的大方向、工作重点，并用于引导舆论，促进当前的警务工作发展。

3.舆情分析方法科学化。实现舆情分析方法科学化，从根本上说就是要克服单凭经验做舆情工作，要积极采用科学分析方法，遵循科学程序，积极采取调查取证、控制测评、论证分析、等级评定、风险评估等现代分析方法与技术。一般说来，公安机关的舆情分析程序逻辑为：全面考察舆情状况→认识舆情产生原因→客观评估舆情产生利弊→仔细分析影响舆情发展相关因素→充分预测舆情发生后果及其连锁反应→提出妥善处置舆情的措施等。

4.舆情分析手段现代化。在舆情分析中要积极使用计算机、通信工具、信息网络系统、大数据、人工智能等手段，公安机关舆情管理要科学、严谨、规范，使舆情分析的人力、技术、信息等资源在系统内得到合理配置，最大程度发挥公安机关舆情分析力量的整体效能。

五、尊重与保障人权原则

尊重和保障人权是民主政治的基本价值观及制度安排。人权，是指在一定的社会历史条件下每个人按其本质和尊严享有或应该享有的基本权利，本质特征和要求是自由和平等，实质内容和目标是人的生存和发展。尊重和保障人权是民主政治的基本要求，是社会政治文明的基本标志。对舆情进行分析要尊重与保障人权，既要尊重和保障公民的宪法权利，也要保障舆情中事关公安民警的合法权利。舆情分析与舆论引导工作都要尊重与保障人权，不仅在立法上，在舆情分析结果和舆情处置中要进行规制，明确舆情分析要充分考量公民的基本权利，而且在对舆论进行执法和司法规制时，也要尊重和保障公民表达自由及其他基本权利。

第二节　公安机关舆情分析的要点

舆情分析是通过对舆情信息的定性分析与定量分析，得出一种态势判断和价值判断的过程。舆情分析工作是一项系统工程，必须建立完善的舆情监测收集系统、扎实做好平时的基础工作、建立一支训练有素的舆情分析队伍、形成科学的舆情分析模式等。只有这样，才能克服舆情分析的随意性、方法不科学性、缺乏系统性等不足，为领导决策提供及时有效、准确严谨的舆情分析报告。当前，做好舆情分析工作的重点有以下几项。

一、鉴别舆情信息真伪

互联网时代，在人们生活方式发生改变的同时，公众的意见表达和参与方式也在改变，舆情总量增多，表现方式多样化，特别是“网络问政”“网络议政”正在成为人们影响执政者的必不可少的工具。但是，舆情信息有真实的，也有虚假的，随着一些凭空捏造的事件不断出现，我们必须警惕少数别有用心者利用媒体的强大影响力，制造或推动网上网下群体性事件发生，干扰公安机关决策，破坏警察形象。面对舆情信息有真有假的现实，如何去伪存真，获取最真实的民意，正在考验着公安机关的执行能力，更是当前和今后迫切需要关注和寻求对策的新课题。

（一）沉着冷静面对虚假舆情信息

公安机关在舆情分析时必须排除虚假舆情信息，运用智慧和技巧进行分辨，尤其是对负面舆情保持警惕，冷静面对，理性客观。特别要注意做到信息及时公开，善于利用丰富、真实的舆情材料，帮助公众作出客观判断，减少失真舆情造成的误解。一般说来，判断舆情信息（真伪）价值的方法主要是：

1.从舆情信息的来源进行判断。一是看舆情信息本身，判断舆情信息要素是否齐全，运用逻辑推理和查阅的方法进行考证和深入调查，判断舆情信息中涉及的事物是否客观存在、构成舆情信息的各个要素是否真实。二是与同类信息相互比较，考察信息来源是否权威、研究方法是否科学、舆情信息是否具有代表性和普遍性。

2.从舆情信息的时效性进行判断。重点关注对突发性或跃进性的事实在第一时间做报道的时效性；对渐进式的舆情，应在事实变动中找到一个最近的时间点加以判断；对过去发生的事实，新近才发现或披露出来，可以通过得到舆情信息的最新时间和来源加以判断。

3.从舆情信息的价值取向进行判断。通过收看、收听舆情信息发生过程中给什么人、多少人产生实际影响，舆情信息引发人们作出哪些行为或采取了什么手段，舆情信息内容表达的意图和目的等判断舆情的影响力和号召力。

（二）明确舆情信息价值的判断标准

舆情信息价值判断有五个基本标准：

1.准确性。这是指舆情信息中涉及的事物是客观存在的，构成舆情信息的各个要素都是真实的。

2.权威性。要看舆情信息来源是否具有权威性，如国家权威部门、权威新闻机构、权威学术杂志发布。对于涉及一些重大问题的舆情，还要同时考察其产生的时间、地点、过程是否真实可信等。

3.客观性。舆情信息所揭示的是事物的本来面目，不带个人主观的偏见。

4.时效性。事实本身的发生或变动是突发性或跃进性的，对舆情信息要在第一时间作出陈述；事实本身的变化是渐进的，对舆情信息在事实变动中找到一个最近的时间点作出反应；事实本身所涉及的事件是过去发生的，舆情信息发现或披露出来的时机是第一时间。

5.适用性。要求舆情信息内容本身真实、可用，通过舆情信息可以获得某些知识，还能直接利用这些舆情信息作出决策，促进工作开展或改变组织形象。

（三）建立应对虚假舆情信息的预案

预案建设到位、准备充分、计划周全是做好舆情工作的前提和基础。实践中，应根据其不同的形成原因和表现形式，分级分类建立公安机关舆论引导和危机处置预案，明确各职能部门和相关单位的职责任务，一旦出现虚假舆情，迅速启动预案，通过协同作战，发挥有关部门和新闻媒体的作用，开展舆论引导和化解工作，有效防止因准备不足，未战先乱问题的发生。

（四）处理虚假舆情信息战法到位

任何舆情包括虚假舆情，都有其个性化的特点，对待真实和虚假的信息，战法不能一概而论。例如，对于正反两方激辩的舆情，可采取扬正抑反措施，积极引导，壮大正面舆论力量、压制负面声音；对于较短时间内数量激增的舆情，可以通过释放舆情导控信息或其他舆情信息来稀释，转移舆情视线和焦点；对于网上散布的虚假信息，可采取以普通网民身份参与讨论的方式，以正压邪、分化瓦解，同时借助官方网站发布正面信息或及时公布事实真相。

（五）利用合法权力依法处理到位

如因公安机关自身存在过错引发的涉警舆情，公安机关要坦诚相待，亮明态度并勇于承认错误，及时向社会输出正面信息，争取得到公众的谅解。对用心恶搞、无中生有、夸大其词、故意散播谣言诋毁公安机关形象的涉警舆情，要针锋相对地予以反击。在迅速查明真相、澄清事实的同时，准确收集固定证据，对虚假舆情信息制造者及别有用心的主要传播者，坚决依法予以处理，震慑不法人员，维护公安机关和人民警察的形象和尊严。

二、重点抓住五个环节

把握公安机关舆情分析的要点重在抓住以下五个环节。

（一）收集舆情

清楚了解舆情存在的空间。我们知道，舆情经常发生在民意表达最为集中、舆情传播最为畅通的“场所”。因此，我们就要到这些“场所”去收集舆情。具体来讲主要有：

1.从媒体上收集信息。媒体信息来源十分广泛，包括了各地区、各领域甚至世界各国的信息。媒体信息特别是网络媒体信息，没有过多的周转环节和层层报批的手续，揭露问题也比较尖锐、及时，我们从中会发现许多有价值的舆情点。从媒体收集舆情要注意三点：第一，中央重大决策、重大事件引发的舆情，要以主流媒体为准。舆情收集除了自己对“事件”的第一反应外，更多地要关注媒体的评论和舆论的反映。第二，社会思潮及理论动态舆情，要善于从媒体“理论版”“言论专栏”去收集，同时也要关注民间网站学术类论坛上的一些“言论”。第三，社会热点问题及网上热点问题，要关注各大网站新闻跟帖和民间网站论坛。

2.从横向部门收集信息。舆情信息收集值得关注的是那些与群众利益相关性较强的部门，如公、检、法、市场监督管理、教育、城建等，这些部门的相关政策及做法涉及群众切身利益较多，极易引起群众的思想波动和不满情绪，很容易诱发社会不稳定因素。因此，上述这些方面的舆情应当成为各级公安机关舆情信息工作关注的焦点。对这些方面舆情信息的收集，要建立覆盖广泛的舆情信息网络，培养一批素质较高的舆情信息员，从而保证横向部门信息收集渠道的畅通。

3.从民间收集信息。从民间获取舆情是获取民意信息最直接、最真实的渠道。从民间收集信息，要求舆情信息工作者有强烈的民本意识和高度的责任感，经常深入社会的各个阶层，同广大人民群众保持经常性和广泛性的联系，要善于从民间广为流传的民谣、顺口溜以及各种街头巷尾的议论、小道消息、传言中捕捉舆情点，从中发现倾向性、苗头性、社会性的舆情信息。

（二）抢抓舆情

善于把握舆情发生的时间。舆情的发生是由舆情因变事项所引起的。所谓舆情因变事项，是指能够引起民众关注，且会对形成民众政治态度产生影响的所有事项的集合。它既包括执政者制定和实施的各类方针政策、制度法规、工作措施，公安机关执法、管理行为不当引发的问题，也包括影响民众利益及主客体利益关系变化的事件、人物，还包括自然界、国家周边地区，甚至世界各国及宇宙间可能发生的一切能够对舆情产生刺激的事项。由于舆情因变事项一般是在一定的时间条件下发生的，而舆情是伴随舆情因变事项的发生而发生的，所以舆情具有极强的时效性。也正因如此，我们在实际工作中要特别注意舆情发生的时间。通常情况下，舆情发生的时间有三个规律：其一，舆情在舆情因变事项之后发生。从理论上讲，舆情因变事项发生以后，必然要引发相应的舆情，这是舆情发生时间的一般规律。比如，公安机关出台了一项政策，当这项政策公布后，民众必然会有一些反响和看法。赞同、反对、漠不关心等心理反应和行为反应都可能发生，当民众的这些情绪反应上升到一种“社会政治态度”的时候，就形成了舆情。因此，在实际工作中，当发现某项舆情因变事项产生以后，就要分析可能产生的舆情，并在第一时间加以收集、整理和上报。其二，舆情同舆情因变事项同时发生。在现实生活中，这种情况也不在少数。例如，各地公安机关在出台新的政策、措施之前，都会组织相应的讨论，都会通过媒体做好宣传。这时不同的利益群体和阶层会有不同的看法和意见，这种民众意愿的不同，正是多元民意的一种反映，而这种民意的走向，恰恰是我们必须关注的舆情焦点。在实际工作中，我们要善于在这种变化中抢抓舆情，并多角度收集和报送。其三，舆情同舆情因变事项相伴发生。舆情的性质告诉我们，舆情可以对决策者的决策行为产生影响，当决策者因群众反映强烈而不得不对已经作出的决策进行调整时，民众的社会政治态度会随着决策者决策行为的改变而改变，这时舆情会同舆情因变事项相伴发生。比如，城市的管理及相关政策问题，曾经引起了社会学家的诸多质疑和民众的不满。对此，中央加强社会管理创新改革，各地公安机关探索流动人口管理新模式，相应出台了“居住证”制度加大对流动人口服务的力度。这些新的措施收到了一定的效果，受到老百姓的欢迎。在实际工作中，我们要善于观察舆情因变事项的动态变化，在其变化中捕捉有价值的舆情点，从而形成有价值的舆情信息。

（三）分析舆情

准确判断舆情的走势。不对纷杂多变的舆情进行深入分析，就不可能抓住舆情的本质，也不可能写出好的舆情信息。在实际工作中，公安机关舆情分析最关键的是要准确判断舆情的走势，特别要做到区别不同层次舆情态度。对同一事物，不同的利益群体所体现的民意有所不同，这就要求我们在分析某一特定舆情时，要注意舆情主体层次性。比如，某地发生了火灾事故，在灾难中的死者家属同事故现场其他当事人，其第一反应和关注的问题肯定是不同的，当地老百姓和政府管理部门的第一反应和关注的问题也是不同的。那么，我们应当如何反映舆情？最好的办法是分层次反映，把不同群众的反应都收集起来，形成各方意见、意愿的集合。只有这样，才能完整地反映出事故灾难引发的民意取向。特别要关注利益诉求和表达。舆情的本质是民众对自身利益的诉求和表达，离开这些利益诉求和表达，将写不出好的舆情信息。比如农民工工资拖欠导致的讨薪群访问题，农民工因工资拖欠引发的群体诉求是对自身直接利益的诉求，而其他阶层民众关注此事，是这些民众渴望社会公平的一种非物质利益意愿的表达。因此，对舆情的分析要以“利益”为切入点，只有抓住“利益”这个核心，才能反映舆情的本质。特别要注意突出政治性。舆情是民众对执政者及其行为的一种看法和评价。分析舆情不仅要看民众意愿表达的方式、方法，更要看民众这种意愿所包含的内在政治态度。比如，对警察权力滥用或不作为问题，表面上看起来是民众对个别警察职业道德的不满，而深层次上是对公权运行体制与机制的质疑。分析舆情一定要把民众的某些看法同治国理政联系起来，只有这样才能抓住要害，才能对决策起到作用。

（四）整理舆情

合理调整舆情写作的角度。整理、撰写舆情信息是舆情信息工作的重要环节，也是加工舆情信息“产品”的关键工序。写好舆情信息不需要华丽的辞藻，也无须严格遵循固定的模式。其篇幅可长可短，结构可松可紧，关键在于选择角度，合理调整写作的切入点。如何选择舆情信息文稿写作切入点？第一，要有敏锐的舆情分析意识。敏锐的舆情分析意识，是公安机关舆情信息工作者必备的素质。第二，要多角度思考问题。当某个舆情因变事项发生后，由于写作的角度不同、主题切入点不同，效果也大不一样。这就需要公安机关舆情信息工作人员在实践中学会从不同的角度去思考问题，从不同的侧面去分析问题，只有这样才能选准主题的切入点，才能保证反映的舆情信息管用、有效。第三，要在情感中寻找灵感。写好舆情信息不仅需要有责任心，还需要有灵感。舆情信息写作的灵感主要是从“爱、恨、忧、思、盼”的情感中产生。比如，国家出台调控房价的政策，你认为是好政策，那么就会写出反映正面声音“积极评价”的舆情信息。对野蛮拆迁问题，你认为不好，那么就会写出“强烈反映”的舆情信息。对腐败问题，你感到腐败严重已影响到社会和谐稳定，对此深感忧虑，那么就会写出“表示担忧”的舆情信息。总之，在情感中找灵感，是尽快使自己进入舆情角色的好办法。

（五）报送舆情

严格遵守舆情报送的程序。舆情信息工作是政治性、政策性、保密性很强的工作，必须严格按照程序来进行。公安机关要认真研究舆情种类、内容等，根据舆情的影响范围，可以把舆情分为“社会性问题的舆情”和“涉警类舆情”两大范畴，然后再选择报送对象。本地方或行业性舆情一般要报同级党委领导。社会性问题或全局性舆情要统一上报上级党委、政府和公安机关。要坚持稳妥及时的原则，所有上报的舆情信息都要经过相关领导的审核和签发，第一时间上报，力争做到及时、准确、全面，力求做到不漏报、不误报、不迟报。2019年1月25日，习近平在主持中共中央政治局第十二次集体学习时强调，全媒体不断发展，出现了全程媒体、全息媒体、全员媒体、全效媒体，信息无处不在、无所不及、无人不用，导致舆论生态、媒体格局、传播方式发生深刻变化，新闻舆论工作面临新的挑战。加强舆情信息报送，要有应对全媒体时代舆情挑战的能力和手段。

三、把握总体态势

加强和改进公安机关的舆情工作就要善于把握社会舆情总体趋势，切实建立健全舆情汇集和分析机制，畅通社情民意反映渠道，深入细致地做好宣传思想工作，准确把握公安机关舆情工作总体方向。具体做法是：

（一）坚持“三个贴近”

公安机关要不断提高社会舆情把握的准确性，就要紧紧围绕党和国家的中心工作和大局，紧紧围绕党委、政府工作的重大决策部署，紧紧围绕干部群众关心的重点和热点问题，坚持贴近实际、贴近生活、贴近群众，主动适应社会深刻转型、群众思想活跃的新形势，积极调整思路，切实加强和改进公安机关舆情工作，不断提高舆情分析水平。要把公安机关舆情工作的重点放在收集反映党和政府重视、群众密切关注的焦点、热点、难点问题上，在把握舆情的普遍性、典型性、倾向性、苗头性中努力增强公安机关舆情分析的主动性和准确性。

（二）建立信息直报点制度

进一步加大拓宽公安机关舆情汇集报送渠道，充分发挥信息化建设的功效，不断完善网络建设，疏通舆情报送渠道，发展舆情分析力量，延伸基层舆情管理体系，加强对社会舆情的调查和分析，建立并完善信息直报点制度，选取有关地区、机关、企业、社区、高校等作为公安机关社会舆情联系点、舆情信息直报点，并落实相应的工作制度和要求。

（三）建立考核激励制度

不断完善各级公安机关舆情工作考评激励机制，积极引导基层公安机关从报送工作经验类舆情信息为主向全面报送舆情信息与工作信息并重转变；从报送成绩经验类舆情信息为主向报送成绩经验与问题建议类舆情信息并重转变；从专门部门报送舆情信息为主向专门部门与基层单位及直报点联合报送舆情信息并重转变。为了激励基层公安机关重视和加强舆情工作，还要制定下发《公安机关舆情信息工作考核激励规定》，对公安机关舆情工作的考核和奖惩作出明确规定，根据内容性质、总体质量、录用等级和是否专报等不同方面进行综合考核计分，鼓励引导各级公安机关舆情工作人员深入基层，加强舆情调研分析，积极提出对策建议，提高舆情信息质量。同时，还要注重做好舆情信息报送及录用的登记汇总工作，加强舆情分析人才培养，积极指导舆情工作、定期检查舆情工作，准确选择舆情的最佳报送源，使公安机关舆情工作的作用得到有效发挥。

四、建立科学管理模式

准确把握舆情工作的定位，规范舆情工作的报送内容和要求，提升科学管理水平，首先就是要明确新时代新阶段公安机关舆情工作的指导思想，即认真贯彻落实党的二十大以来的各项方针和政策精神，坚持围绕中心工作，服务大局，坚持贴近实际、贴近生活、贴近群众，坚持全面、准确、及时的原则，通过加强舆情调查和分析，及时把握社会思想动态，增强公安机关工作的前瞻性、主动性、针对性和实效性。要进一步加强和完善目标责任制度、考核奖惩制度、联动互通制度，探索形成公安机关舆情工作的预警反应机制和成果转化机制。不断完善舆情与情报、指挥、勤务、督查一体化实战化运行机制，建立完善舆情报送等级制度，将舆情信息按照其影响程度分等级管理，同时还要建立舆情信息跟踪制度，对带有对策建议类的重要舆情信息实行跟踪，了解建议的落实情况，逐步使公安机关舆情工作走向制度化、规范化、科学化轨道。

五、构建舆情工作网络

拓展网络，整合资源，建立快捷通畅的公安机关舆情汇集渠道。公安机关舆情工作的高质量取决于覆盖全面、快捷通畅的工作网络和汇集通道。做好舆情分析必须通过“抓面”“密线”“扩点”“定人”的方法，加快建立一个纵横互通的舆情工作网络。“抓面”，即充分发挥各级公安机关和社会组织舆情基础工作的主渠道作用，完善并形成以公安机关为主导、社会组织共同参与、社区民警全员介入、新闻媒体积极配合的综合协作体系，实现公安机关舆情全方位关注的工作态势；“密线”，即加强公安机关与新闻、文化、社科、理论单位等的舆情工作，建立公安机关与新闻宣传文化口舆情联动网络；“扩点”，即进一步科学扩展舆情信息直报点网络，研究并开发现代化舆情信息监测和处理系统，逐步建立舆情工作平台；“定人”，即无论是块面、条线还是直报点等均做到责任到人，定岗定责，通过建设一支过硬的舆情信息员队伍来保障公安机关舆情工作落到实处。同时，各级公安机关在做好舆情分析的基础上进一步加强与各级党委、人大、政府、政协办公室和妇联、社群团体等组织的沟通联系，加强通气，及时分析舆情特点，预测舆情动向。通过加强联系，密切沟通，努力形成广覆盖、多渠道、互通气的舆情工作网络体系。

六、利用新媒体坚持正确舆情导向

用正面声音、科学思想和先进文化占领网上等新媒体思想文化阵地，防止错误思想、不实言论和腐朽文化在网上泛滥，利用网络等媒体维护社会和谐稳定。公安机关尤其要注意牢牢掌握网上舆情分析的主导权，一方面要坚持实事求是原则，凡是互联网负面舆情或主题帖反映的问题，都要深入研究、认真核实，做到事实清楚、查处到位，迅速处理、及时回复；另一方面要坚持属地管理原则，即互联网负面新闻或主题帖反映的问题涉及哪个单位就由哪个单位负责处理，不得推诿扯皮。在利用新媒体做正面积极舆论引导时，要特别注意四个“坚持”的原则。

（一）坚持“早期处理”

舆情的初期阶段，由于参与互动人数少，谣言成分不多，人们尚未了解有关情况，此时进行引导“花费”较少。而到了高潮阶段，参与人员成千上万，谣言满天飞，人们已经形成了第一印象，花费十倍百倍的力气也很难扭转人们已形成的看法和观点。因此，网上舆情分析引导工作要坚持“早期处理”原则，牢牢掌握工作主动权。在日常工作中，公安机关舆情监测部门和人员要时刻保持高度的警惕，对负面舆情信息，反应要迅速，出手要快，将舆情解决在萌芽阶段。对工作量较大、一时难以查明真相的，要及时公布工作措施及进展情况，使谣言失去“黄金4小时”，刷新以往处置舆情危机事件的“黄金24小时”法则。核心是：发布信息、引导舆论的时间应该由24小时缩短为4小时，力争做到“速报事实、慎报原因”。权威机关第一时间发声，做危机事件的“第一定义者”。

（二）坚持“客观公正求实”

谣言止于“知”者，谎言止于阳光。在真相面前，一切谣言都会不攻自破，客观、公正、求实是公安机关做好网上舆情分析引导工作的最有力武器。面对负面涉警舆情，公安机关要认真调查事实真相，做到客观公正、真实全面，不遮盖，不掩藏，及时将有关情况公之于众，亮明态度并根据有关法律规定做好事件处理。对公安部门自身存在的问题，要闻错即改，切实进行责任追究，用行动赢得群众的理解和支持。对涉警舆情，公安机关要始终保持中立，不偏不倚，不能具有倾向性，必要时可邀请检察机关、专家学者、群众等第三方参与到调查中，树立起客观公正的形象，增强公信力。一旦有意偏袒庇护一方，不但会失去话语权，得不到群众的信任，还可能诱导群众将不满情绪发泄到公安机关身上。

（三）坚持“严谨慎重”

公安机关在舆情分析引导工作中要做到事实清楚，证据确凿，切忌模糊不清、模棱两可地表态，不知道的不说，不清楚的不讲，经得起时间的检验，要避免前后不一致、自相矛盾的表达。对一些尚未调查清楚的事实，不能想当然发表意见。同时，要注意措辞，表达准确，用语严谨，切忌随意发言，引发人们更大的质疑。

（四）坚持“强势引导”

针对舆情日益发展和影响力不断增强的形势，公安机关要充分发挥现有资源优势，通过电视、网络等媒体进行大量、滚动式宣传，使自身成为信息中心，源源不断提供正面舆情信息，形成强大的舆情氛围，始终保持对舆情的掌控权。在舆情分析引导上要重“引”靠“导”，而不是靠“强迫式”地“封”“堵”“删”，更不能把自己的观点强加给对方。唯有如此，才能使群众心服口服，舆情风暴才能真正归于风平浪静。因此，各级公安机关在舆情分析引导工作中，要抓住群众关注的细节问题，用事实消除群众的疑问。同时，针对广大群众专业法律知识不足、感情色彩强烈的现象，要讲清相关法律依据、探究法制法理，从法律层面释疑解惑，做到“情法结合”，使广大群众知其然，更知其所以然，从而铲除炒作的土壤。

思考与练习

1. 公安机关舆情分析的原则有哪些？

2. 公安机关舆情分析的重点工作包括哪些内容？

3. 阅读下列资料，体会舆情治理的法治化。

【延伸阅读】

中华人民共和国网络安全法（节选）

第五章　监测预警与应急处置

第五十一条　国家建立网络安全监测预警和信息通报制度。国家网信部门应当统筹协调有关部门加强网络安全信息收集、分析和通报工作，按照规定统一发布网络安全监测预警信息。

第五十二条　负责关键信息基础设施安全保护工作的部门，应当建立健全本行业、本领域的网络安全监测预警和信息通报制度，并按照规定报送网络安全监测预警信息。

第五十三条　国家网信部门协调有关部门建立健全网络安全风险评估和应急工作机制，制定网络安全事件应急预案，并定期组织演练。

负责关键信息基础设施安全保护工作的部门应当制定本行业、本领域的网络安全事件应急预案，并定期组织演练。

网络安全事件应急预案应当按照事件发生后的危害程度、影响范围等因素对网络安全事件进行分级，并规定相应的应急处置措施。

第五十四条 网络安全事件发生的风险增大时，省级以上人民政府有关部门应当按照规定的权限和程序，并根据网络安全风险的特点和可能造成的危害，采取下列措施：

（一）要求有关部门、机构和人员及时收集、报告有关信息，加强对网络安全风险的监测；

（二）组织有关部门、机构和专业人员，对网络安全风险信息进行分析评估，预测事件发生的可能性、影响范围和危害程度；

（三）向社会发布网络安全风险预警，发布避免、减轻危害的措施。

第五十五条 发生网络安全事件，应当立即启动网络安全事件应急预案，对网络安全事件进行调查和评估，要求网络运营者采取技术措施和其他必要措施，消除安全隐患，防止危害扩大，并及时向社会发布与公众有关的警示信息。

第五十六条 省级以上人民政府有关部门在履行网络安全监督管理职责中，发现网络存在较大安全风险或者发生安全事件的，可以按照规定的权限和程序对该网络的运营者的法定代表人或者主要负责人进行约谈。网络运营者应当按照要求采取措施，进行整改，消除隐患。

第五十七条 因网络安全事件，发生突发事件或者生产安全事故的，应当依照《中华人民共和国突发事件应对法》、《中华人民共和国安全生产法》等有关法律、行政法规的规定处置。

第五十八条 因维护国家安全和社会公共秩序，处置重大突发社会安全事件的需要，经国务院决定或者批准，可以在特定区域对网络通信采取限制等临时措施。

第六章 法律责任

第五十九条 网络运营者不履行本法第二十一条、第二十五条规定的网络安全保护义务的，由有关主管部门责令改正，给予警告；拒不改正或者导致危害网络安全等后果的，处一万元以上十万元以下罚款，对直接负责的主管人员处五千元以上五万元以下罚款。

关键信息基础设施的运营者不履行本法第三十三条、第三十四条、第三十六条、第三十八条规定的网络安全保护义务的，由有关主管部门责令改正，给予警告；拒不改正或者导致危害网络安全等后果的，处十万元以上一百万元以下罚款，对直接负责的主管人员处一万元以上十万元以下罚款。

第六十条　违反本法第二十二条第一款、第二款和第四十八条第一款规定，有下列行为之一的，由有关主管部门责令改正，给予警告；拒不改正或者导致危害网络安全等后果的，处五万元以上五十万元以下罚款，对直接负责的主管人员处一万元以上十万元以下罚款：

（一）设置恶意程序的；

（二）对其产品、服务存在的安全缺陷、漏洞等风险未立即采取补救措施，或者未按照规定及时告知用户并向有关主管部门报告的；

（三）擅自终止为其产品、服务提供安全维护的。

第六十一条　网络运营者违反本法第二十四条第一款规定，未要求用户提供真实身份信息，或者对不提供真实身份信息的用户提供相关服务的，由有关主管部门责令改正；拒不改正或者情节严重的，处五万元以上五十万元以下罚款，并可以由有关主管部门责令暂停相关业务、停业整顿、关闭网站、吊销相关业务许可证或者吊销营业执照，对直接负责的主管人员和其他直接责任人员处一万元以上十万元以下罚款。

第六十二条　违反本法第二十六条规定，开展网络安全认证、检测、风险评估等活动，或者向社会发布系统漏洞、计算机病毒、网络攻击、网络侵入等网络安全信息的，由有关主管部门责令改正，给予警告；拒不改正或者情节严重的，处一万元以上十万元以下罚款，并可以由有关主管部门责令暂停相关业务、停业整顿、关闭网站、吊销相关业务许可证或者吊销营业执照，对直接负责的主管人员和其他直接责任人员处五千元以上五万元以下罚款。

第六十三条　违反本法第二十七条规定，从事危害网络安全的活动，或者提供专门用于从事危害网络安全活动的程序、工具，或者为他人从事危害网络安全的活动提供技术支持、广告推广、支付结算等帮助，尚不构成犯罪的，由公安机关没收违法所得，处五日以下拘留，可以并处五万元以上五十万元以下罚款；

情节较重的，处五日以上十五日以下拘留，可以并处十万元以上一百万元以下罚款。

单位有前款行为的，由公安机关没收违法所得，处十万元以上一百万元以下罚款，并对直接负责的主管人员和其他直接责任人员依照前款规定处罚。

违反本法第二十七条规定，受到治安管理处罚的人员，五年内不得从事网络安全管理和网络运营关键岗位的工作；受到刑事处罚的人员，终身不得从事网络安全管理和网络运营关键岗位的工作。

第六十四条　网络运营者、网络产品或者服务的提供者违反本法第二十二条第三款、第四十一条至第四十三条规定，侵害个人信息依法得到保护的权利的，由有关主管部门责令改正，可以根据情节单处或者并处警告、没收违法所得、处违法所得一倍以上十倍以下罚款，没有违法所得的，处一百万元以下罚款，对直接负责的主管人员和其他直接责任人员处一万元以上十万元以下罚款；情节严重的，并可以责令暂停相关业务、停业整顿、关闭网站、吊销相关业务许可证或者吊销营业执照。

违反本法第四十四条规定，窃取或者以其他非法方式获取、非法出售或者非法向他人提供个人信息，尚不构成犯罪的，由公安机关没收违法所得，并处违法所得一倍以上十倍以下罚款，没有违法所得的，处一百万元以下罚款。

第六十五条　关键信息基础设施的运营者违反本法第三十五条规定，使用未经安全审查或者安全审查未通过的网络产品或者服务的，由有关主管部门责令停止使用，处采购金额一倍以上十倍以下罚款；对直接负责的主管人员和其他直接责任人员处一万元以上十万元以下罚款。

第六十六条　关键信息基础设施的运营者违反本法第三十七条规定，在境外存储网络数据，或者向境外提供网络数据的，由有关主管部门责令改正，给予警告，没收违法所得，处五万元以上五十万元以下罚款，并可以责令暂停相关业务、停业整顿、关闭网站、吊销相关业务许可证或者吊销营业执照；对直接负责的主管人员和其他直接责任人员处一万元以上十万元以下罚款。

第六十七条　违反本法第四十六条规定，设立用于实施违法犯罪活动的网站、通讯群组，或者利用网络发布涉及实施违法犯罪活动的信息，尚不构成犯罪的，由公安机关处五日以下拘留，可以并处一万元以上十万元以下罚款；情节较重的，处五日以上十五日以下拘留，可以并处五万元以上五十万元以下罚款。关闭用于实施违法犯罪活动的网站、通讯群组。

单位有前款行为的，由公安机关处十万元以上五十万元以下罚款，并对直接负责的主管人员和其他直接责任人员依照前款规定处罚。

第六十八条　网络运营者违反本法第四十七条规定，对法律、行政法规禁止发布或者传输的信息未停止传输、采取消除等处置措施、保存有关记录的，由有关主管部门责令改正，给予警告，没收违法所得；拒不改正或者情节严重的，处十万元以上五十万元以下罚款，并可以责令暂停相关业务、停业整顿、关闭网站、吊销相关业务许可证或者吊销营业执照，对直接负责的主管人员和其他直接责任人员处一万元以上十万元以下罚款。

电子信息发送服务提供者、应用软件下载服务提供者，不履行本法第四十八条第二款规定的安全管理义务的，依照前款规定处罚。

第六十九条　网络运营者违反本法规定，有下列行为之一的，由有关主管部门责令改正；拒不改正或者情节严重的，处五万元以上五十万元以下罚款，对直接负责的主管人员和其他直接责任人员，处一万元以上十万元以下罚款：

（一）不按照有关部门的要求对法律、行政法规禁止发布或者传输的信息，采取停止传输、消除等处置措施的；

（二）拒绝、阻碍有关部门依法实施的监督检查的；

（三）拒不向公安机关、国家安全机关提供技术支持和协助的。

第七十条　发布或者传输本法第十二条第二款和其他法律、行政法规禁止发布或者传输的信息的，依照有关法律、行政法规的规定处罚。

第七十一条　有本法规定的违法行为的，依照有关法律、行政法规的规定记入信用档案，并予以公示。

第七十二条　国家机关政务网络的运营者不履行本法规定的网络安全保护义务的，由其上级机关或者有关机关责令改正；对直接负责的主管人员和其他直接责任人员依法给予处分。

第七十三条　网信部门和有关部门违反本法第三十条规定，将在履行网络安全保护职责中获取的信息用于其他用途的，对直接负责的主管人员和其他直接责任人员依法给予处分。

网信部门和有关部门的工作人员玩忽职守、滥用职权、徇私舞弊，尚不构成犯罪的，依法给予处分。

第七十四条　违反本法规定，给他人造成损害的，依法承担民事责任。

违反本法规定，构成违反治安管理行为的，依法给予治安管理处罚；构成犯罪的，依法追究刑事责任。

第七十五条　境外的机构、组织、个人从事攻击、侵入、干扰、破坏等危害中华人民共和国的关键信息基础设施的活动，造成严重后果的，依法追究法律责任；国务院公安部门和有关部门并可以决定对该机构、组织、个人采取冻结财产或者其他必要的制裁措施。

第七章　附　则

第七十六条　本法下列用语的含义：

（一）网络，是指由计算机或者其他信息终端及相关设备组成的按照一定的规则和程序对信息进行收集、存储、传输、交换、处理的系统。

（二）网络安全，是指通过采取必要措施，防范对网络的攻击、侵入、干扰、破坏和非法使用以及意外事故，使网络处于稳定可靠运行的状态，以及保障网络数据的完整性、保密性、可用性的能力。

（三）网络运营者，是指网络的所有者、管理者和网络服务提供者。

（四）网络数据，是指通过网络收集、存储、传输、处理和产生的各种电子数据。

（五）个人信息，是指以电子或者其他方式记录的能够单独或者与其他信息结合识别自然人个人身份的各种信息，包括但不限于自然人的姓名、出生日期、身份证件号码、个人生物识别信息、住址、电话号码等。

第七十七条　存储、处理涉及国家秘密信息的网络的运行安全保护，除应当遵守本法外，还应当遵守保密法律、行政法规的规定。

第七十八条　军事网络的安全保护，由中央军事委员会另行规定。

第七十九条　本法自2017年6月1日起施行。

请结合上述材料体会舆情治理工作法治化问题。

第四章 公安机关舆情分析技术

学习要点： 通过本章的学习，主要了解公安机关舆情分析技术应具备的功能，掌握自然语言处理技术的汉语自动分词技术、文本自动分类，舆情信息检索的类型和舆情信息检索技术，数据挖掘的过程、分类和方法。

技术泛指根据生产实践经验和自然科学原理而发展成的各种工艺操作方法与技能，是人类为实现社会需要而创造和发展起来的手段、方法和技能的总和。舆情分析技术是建立在现代信息技术手段基础上的技术系统。现代信息技术主要包括计算机技术、数字音像技术、电子通信技术、网络技术、卫星广播技术、远程通信技术、人工智能技术、虚拟现实仿真技术及多媒体技术和信息高速公路等，这些技术为舆情分析的实施提供了手段和途径。就舆情分析技术而言，关键是实现舆情获取、处理、存储、检索及传递的有效性，舆情分析人员或技术系统能够对文字、数据、图像、声音等信息采用适宜的方法，从中抽取有价值的舆情要素，发现舆情热点，挖掘舆情敏感话题，研判舆情态势，快速有效地提出舆情应对方案，进而提升舆情掌握与舆情危机处置的能力。

第一节 公安机关舆情分析技术的功能

公安机关面临的舆情环境比较复杂，舆情总量相对庞大，舆情内容相对丰富和多样。面对海量的舆情，舆情分析必须借助有关技术手段才能提高质量和效率。在信息化时代，公安机关舆情分析技术应形成一套自动化的舆情分析系统，为客观分析舆情、准确作出判断和及时应对舆情危机提供技术平台，转变被动防堵、人工删除的传统做法，积极构建主动梳理、引导的工作机制。智能化的舆情分析技术系统，应具备如下功能。

一、舆情分析引擎功能

这是舆情分析技术系统的核心功能，具体包括：

1. 热点、敏感话题识别。可以根据新闻出处权威度、评论数量、发言时间密集程度等参数，识别出给定时间段内的热门话题。利用关键字布控和语义分析，识别敏感话题。

2. 倾向性分析。对于每个话题、每个人发表的文章的观点、倾向性（正负面、褒贬义）进行分析与统计。

3. 主题跟踪。分析新发表文章、帖子的话题是否与已有主题相同、相近、相关联。

4. 自动摘要。对各类主题、各类倾向能够形成自动摘要。

5. 形势判断。对某个主题舆情在不同的时间段内，人们的关注程度及其变化形势作出判断。

6. 突发事件分析。对突发事件进行跨时间、跨空间综合分析，获知事件发生的全貌并预测事件发展的趋势。

7. 报警系统。对突发事件、涉及安全内容的敏感话题及时发现并发出危机预警。

8. 统计报告。根据舆情分析引擎处理后的结果生成专题报告，可供用户通过浏览器浏览，同时提供信息检索功能，可根据指定条件对热点话题、倾向性进行查询，并浏览信息的具体内容，为用户提供决策支持。

二、自动信息采集功能

网络环境下的信息采集技术主要是通过网络页面之间的链接关系，从网上自动获取页面信息，并且随着链接不断向整个网络扩展。对网络舆情，主要是通过自动信息采集系统借助搜索引擎技术对更广范围内的网页进行检索，实现相关舆情信息的获取。舆情监控系统可以根据实际需求，设定主题目标，使用人工参与和自动信息采集相结合的方法完成公安机关关注的舆情收集任务。

三、数据清理功能

对舆情采集系统收集到的信息需要进行预处理，如格式转换、数据清理、数据统计等。对于新闻评论，需要滤除无关信息，保存新闻的标题、出处、发布时间、内容、点击次数、评论人、评论内容、评论数量等。

当前，建立一个以计算机技术为主导，针对某一特定主题，对互联网海量信息进行采样收集与分析的模型日益受到人们的重视。公安机关在具体的舆情分析实践中，从技术层面上比较强调开发模型样本空间的设计与选取、针对某个主题特征提取舆情、目标参量按照统一标准作出设置、网上舆情分类收集、数据后期处理等若干模块。需要指出的是，网络舆情分析技术可以分为单体化技术与系统化技术两类。本章重点阐述舆情分析技术系统中的自然语言处理技术、舆情信息检索技术、数据挖掘技术等。

随着因特网在全球范围内的飞速发展，网络媒体已被公认为继报纸、广播、电视之后的“第四媒体”，网络成为反映社会舆情的主要载体之一。舆情表达快捷，舆情信息多元，方式互动，具备传统媒体无法比拟的优势。网络这把锋利的“双刃剑”在提供了下情上达的便捷方式的同时，也对我国政治安全和文化安全造成了重大影响。对现实中出现的各种网络舆论，社会管理者应能作出及时反馈，防微杜渐，防患于未然。由于网上的舆情信息量巨大，仅依靠人工的方法难以应对网上海量舆情信息的收集和处理，需要加强网络舆情分析技术的研究。因此，利用现代舆情信息技术对舆情予以分析，利于有效地控制和引导网络舆情。

第二节 自然语言处理技术

在自然语言处理中，语言分析是运用计算机对语言进行分析和理解，从而使计算机在某种程度上具有人的语言处理能力。这也是自然语言处理的一个基本课题，自动文摘、文本校对、人机交互等应用系统的研究都要以此为基础。

一、汉语自动分词技术

自动分词技术是针对现代汉语字序列文本（普通），自动分解为词序列文本的技术。中文分词技术的滞后是当前中文舆情信息自动化处理技术发展的瓶颈。词是能独立活动的有意义的最小语言单位。分词是中文舆情信息处理从字符处理水平转向语义处理水平的关键，是中文舆情信息智能处理的基础。

（一）自动分词的意义和方法

在自然语言处理领域，汉语与英语不同，汉语文本由连续的汉字字符组成，每个汉字都自为一个独立的、完整的书写单元，词与词之间无空格，没有任何区分标志。因此在进行词处理之前，必须把句中各词正确地切分出来，才能正确地理解和处理汉语句子。分词是汉语自然语言处理中的首要环节，几乎所有的中文处理技术都要经过分词。

目前已有数个分词系统问世，并提出了十余种分词方法，主要包括正向最大匹配法、逆向最大匹配法、逐词遍历匹配法、设立切分标志法、最佳匹配法、最小匹配法、最少词数切分法等。这些方法可概括为基于统计的机械分词法和基于规则的知识分词法两类。

（二）汉语自动分词关键问题

衡量一个自动分词系统的指标主要有三个，即切分速度、切分精度和系统的可维护性。围绕着三个指标有两个关键的问题：一是分词的歧义问题，二是所采用的词典构造、作用及完备性问题。分词的歧义问题与切分精度有关，这也是反映系统正确性与科学性的重要依据；而词典构造的好坏、词条选用得恰当与否、词典规模大小的控制将直接影响切分速度。

1.歧义问题。影响分词的主要因素是歧义切分问题。歧义产生的根源可归结为三种情况。

（1）由自然语言中的二义性所引起的歧义，称为第一类歧义。例如，“乒乓球拍卖完了”可以切分成“乒乓球/拍卖/完了”，又可以切分成“乒乓球拍/卖/完了”。这两种切分形式无论在语法上、句意上都是正确的，只有结合上下文才能给出正确的切分。

（2）由计算机自动分词产生的特有歧义，称为第二类歧义。例如，“在这种环境下工作是太可怕了”，用计算机可以切分成“在/这种/环境/下工/作/是/太/可怕/了”，也可以切分成“在/这种/环境/下/工作/是/太/可怕/了”，而对本句来说，只有第二种切分是正确的。若用人工分词是不可能产生歧义的。

（3）由分词词典的大小而引起的歧义，称为第三类歧义。例如，“王老五是一个工人”，用计算机切分成“王/老/五/是/一个/工人”，这里“王老五”是一个人名，在汉语中应是一个词，所以这个切分是错误的。“发展社会主义的新乡村”，“新乡”是一个地名，若词典中有该词，则“新乡村”是一个歧义字段。因此，不论词典的大与小都可以产生歧义。

从形式上看，可将分词中的歧义类型分为交集型歧义和组合型歧义。交集型歧义就是切分字段中出现词和词交错的现象。组合型歧义就是切分字段中出现词中含词的现象。如“手指”可切分成“手/指”或“手指”，这是一个组合型字段。凡组合型歧义字段都不可能在第一次扫描中确定切分，要留待短语层或句子层处理。

另外还有混合型歧义字段，它集交集型与组合型于一身，而且情形更复杂，如果采用基于词表的匹配方法，那么所有这些歧义都是由词表构成因素产生的。

2.词典的规模、构造和完备性问题。词典的规模、构造和完备性是影响分词精度的另一重要因素。因为语言是发展的，词典的规模受时空的限制，新的词汇不断出现，所以任何一部词典都不可能是完备的。

各类分词方法中，多数是建立在词典的基础上，进行字符串匹配，辅之以少量词法、语法和语义规则。这样分词的效果很大程度上依赖于机器词典，即必须建立一个含有一定词法和语义舆情信息的词典。词典中的词条数、词条的选择对词典的实用效果有直接影响。词条不能太少，太少不够用。从实用的角度讲，词条越多越好，但词条太多，又会导致词典规模过于膨胀，影响匹配速度，而且会引起更多的歧义。因此，如何建立规模适当、方便性较好的机器词典是分词系统的一大难题，也是影响分词速度的一个主要原因。

由于机器词典中词条的总数有一定的限制，这样就出现一个未登录词的处理问题。未登录词主要包括两大类：一类是涌现的新词汇或专业术语等；另一类是专有名词，如人名、地名、机构名。它们一般在词典中没有被收录，给自动切分造成很大的困难。

（三）汉语自动分词解决方案

汉语分词方法中有两种极端情况：一种是正向或逆向最大匹配法，另一种是全切分。前者是用文本中的汉字串到词表中匹配最长的词串，这种方法掩盖了所有的切分歧义；后者使用文本中的汉字串匹配词典中所有可能成词的片段，这种方法能发现所有的切分歧义，但同时也会产生许多切分垃圾。绝大多数的分词系统还是采用两者折中的办法来尽可能地发现歧义，提高切分精度。最大匹配法会掩盖切分歧义，理想的办法是通过多种切分算法，从以下两个方面来解决。

1.分词知识处理。在自动分词系统中增加语义知识、语用知识，可以正确处理这类歧义字段。这无疑对自动分词的效率会有很大的影响，而且实现起来比较难。若是在词处理的相应阶段，如在短语理解、句子理解和篇章理解阶段，结合对分词阶段未解决的歧义字段进行处理，则会起到事半功倍的效果。

2.人工分词与计算机自动分词结合。用户在输入过程中首先对所输入语言文本进行人工分词，然后再把所分的词输入计算机。由于此输入系统中不可能包括更多的词，加上输入者的知识水平的限制，这一阶段的分词不可能完全正确，进入自动分词阶段后，只需对第一类歧义字段参考输入过程分词就可以了。这种方法既可以避免自动分词系统中使用复杂的语法、语义知识，又可以解决人工分词对所处理的语料不了解而导致的错误切分。

第二类歧义是自动分词中歧义研究的主流，处理方法很多，主要有以下几种。

1.分词知识处理法。通过对大量歧义切分字段的研究，发现其中的一些普遍规律，获得知识，并反过来利用所获得的知识处理歧义字段。

2.联想回溯法。主要依据规则库处理歧义字段，规则库中包含语法知识，利用联想机制构造新词汇，利用回溯机制处理歧义。

3.基于词频统计的方法。在分词过程中，依据词频统计的结果，对歧义字段进行处理。频度高的词优先分出。

4.邻接约束法。由于句法、语义或习惯用法的限制或人们为了避免造成阅读上的困难，相邻词之间有一种约束关系，称为邻接约束，如“那里”不能切分成“那/里”。

5.基于数学期望的方法。在一个句子中，由于人们说话的习惯和汉语语法及语用规则，一个词的出现对于它后面紧相随的词有一种期望。

第三类歧义与字典的构造和完备性问题相关。计算机分词中使用的分词词典只能包括一定数量的词，而汉语中词的数量非常多，解决这类歧义问题目前有两种方法。

1.增加构词知识。若“他高高兴兴地走了”中的“高高兴兴”词典中没有，则该句被误切分为“他/高/高/兴/兴/地/走了”。“高高兴兴”一词属于AABB构词形式，若系统中有AABB这一条知识，就可以正确切分这一句子。

2.增加临时词典。对于人名、地名等专有名词，词典中只能少量收集，对没有收集的人名和地名可以采用临时词典的形式来解决。有了临时词典后，匹配过程中若分词词典匹配不成功，需要从临时词典中进行匹配。这既是歧义现象的一种解决模式，也处理了未登录词问题。

总之，解决歧义切分的主要方法是利用构词知识。例如，词表是汉语词法知识最直接的资源，展示了汉语的构词规则，支持汉语分词的相当一部分资源就是词表的词法知识。

二、文本自动分类

20世纪90年代初万维网的诞生标志着舆情信息时代的来临，人类从此进入了一个舆情信息爆炸的时代。如果想要在如此海量的舆情信息中汲取有用的数据，靠人工查阅已经是不可能的，这就离不开针对电子文本的自动分类和检索技术。

汉语不像英语等词之间有自然的切分标记，到目前为止各种分词算法对歧义切分都还没有好的解决方法。这个问题同样也困扰着自动文摘、机器翻译等领域。与此同时，由于各学科的发展异常迅猛，分支学科、边缘学科不断涌现，使得词典的编制总是落后于科学的发展，基于词典的切分算法总会遇到一些新词切分不出的情况，这也是系统还需要人工干预的原因。如果能够研究出有效的分类方法，并用来对网上舆情信息进行有效的自动分类，便能大大提高舆情信息检索的准确度。因此针对自动分类的研究仍将是现今自然语言的一个重要课题。

分类是为了使人们更系统地管理文档，方便、快捷地检索资料。分类的原则包括：

1.有利于查全、查准。要求具有相近特性的被检索对象相对集中于尽可能少的类，具有不同的特征尽可能地归于不同的类别中。

2.有利于实现快速检索。在假设对不同特性的检索频率相等的条件下，这条原则就转化为不同类中所包含的文献量大致相等。

（一）自动聚类

自动聚类首先是从被考察对象中抽取有关的特征，然后将提出的全部特征进行比较，再根据一定的原则，如类别多少的规定或同类对象的相似或接近程度等，将具有相同或相近特征的对象定义为一类，并设法使各类中包含的对象大致相等。该过程实际上是定义各种分类法的过程。

自动聚类研究中最为重要的概念是文献间的距离（相似性），是用来聚类的原则之一。常用度量距离的方法有：欧式距离法、数量积法、相关系数法、指数相似系数法、夹角余弦法、最大最小法等。

（二）自动归类

目前的自动分类技术以自动归类为主，通常的图书分类指的就是这种归类。

自动归类是考察被分类的特征，将它们与各种类别中对象所具有的共同特征进行比较（或者是与各类别的一定分类标准或分类参数比较），然后将被考察对象划分为特征最接近的一类（或是最符合标准参数的一类），并赋予相应的分类号。分类号的自动转换则是针对多种分类法并存的现状而提出的，有利于分类标准化。

自动分类可分为两类：基于知识库的方法和基于归纳学习的方法。由于人工智能技术的不断成熟，研究者开始把专家系统技术引入自动分类领域。专家系统是由知识库和推理机两个基础部分组成：知识库存储了从专家那里获得的关于某领域的专门知识；推理机根据知识推导出结论，具有推理的能力。

基于知识库的分类方法在特定的领域具有良好的应用前景，但由于该方法需要依赖于一个主题内容明确的规范知识库，人工智能技术尚未从根本上解决知识学习的问题，这就导致数据库更新速度慢，修改和移植都比较困难，局限性较大。

基于归纳学习的分类方法（简称学习算法），是指通过已知类别的训练集构造（归纳）出分类函数或分类模型，并利用此分类器将未知的文档映射到给定的类别空间。基于归纳学习的分类方法有着较强的适应性和良好的反应能力，在实际中得到了广泛的应用。

第三节　舆情信息检索技术

一、舆情信息检索的含义

舆情信息检索通常是指从以任何方式组成的舆情信息集合中，查找特定用户在特定时间和条件下所需舆情信息的方法和过程。完整的舆情信息检索含义包括舆情信息的存储和检索。由此可知，舆情信息检索的全过程应包括以下两个主要的方面。

（一）舆情信息标引和存储过程

舆情信息标引是对大量无序的舆情信息特征进行著录、标引和组织，使之有序化，舆情信息存储是对有关舆情信息进行选择，并按科学的方法存储，组成检索工具和检索文档，建立舆情信息数据库，即组织检索系统的过程。

（二）舆情信息的需求分析和检索过程

分析用户的舆情信息需求，利用已组织好的检索系统，按照系统提供的方法和途径检索有关舆情信息，即舆情信息系统的应用过程。舆情信息检索就是根据提问制定策略和表达式，利用舆情信息数据库获取相关舆情信息。舆情信息使用情况包括需要舆情信息、接收舆情信息和消费舆情信息。

因此，舆情信息检索的实质是将描述特定用户所需舆情信息的提问特征，与舆情信息存储的检索标识进行异同的比较，从中找出与提问特征一致或基本一致的舆情信息。提问特征是对舆情信息的需求进行分析，从中选择出能代表舆情信息需求的主题词、分类号或其他符号等。检索标识是舆情信息存储时，对舆情信息内容进行分析，提出能代表舆情信息内容实质的主题词、分类号或其他符号等。检索时，将提问特征与检索标识进行对比匹配，若一致或部分一致，即为所需舆情信息。舆情信息检索是在大量相关舆情信息中利用人机系统等各种方法加以有序识别与组织，以便及时找出用户所需部分舆情信息的过程。舆情信息标引和存储是舆情信息提供者的任务；进行舆情信息需求分析和检索的是舆情信息使用者，即舆情信息用户。舆情信息用户可以是个人，也可以是群体。用户对舆情信息的需要一般有三种：对舆情信息的要求、对舆情信息源的要求和对舆情信息获取方式的要求。

二、舆情信息检索的类型

由于用户的舆情信息需求多种多样，舆情信息检索技术也在不断发生变化，进而产生了多种类型的舆情信息检索。

1.根据检索的内容和查找的对象，舆情信息检索可分为数据检索、事实检索、文献检索。

（1）数据检索。数据检索是以数据或图表形式表示的数据为检索对象的舆情信息检索，又称数值检索。它是利用参考工具书、数据库等找出包含在舆情信息中的某一数字数据（如电话号码、银行账号、各种统计数据、参数等）和市场行情，图表、化学分子式等非数字数据的检索。数据检索是一种确定性检索，检索结果直接回答用户提出的具体问题。

（2）事实检索。事实检索是以文献中抽取的事项为检索内容的舆情信息检索，又称事项检索。它是利用参考工具书、数据库等从存储事实的舆情信息系统中查找出特定事实的一种舆情信息检索，包括某一事物（事件）的性质、定义、原理以及发生的时间、地点、过程等。事实检索也是一种确定性的检索，是舆情信息检索中比较复杂的一种，一般不能直接回答用户的具体问题，必须进行分析推理后才能得出最终的结果。

（3）文献检索。文献检索是以文献为检索对象的舆情信息检索，利用相应的检索方式与手段，在存储文献的检索工具或数据库中，查找用户所需文献的过程。凡是查找某一主题、时代、地区、著者、文种的有关文献，以及回答这些文献的出处和收藏地等，都属于文献检索的范畴，为用户提供的是与用户的舆情信息需求相关的文献舆情信息。文献检索根据检索内容的不同又可分为书目检索和全文检索两种。书目检索以文献线索为检索对象，检索结果是与检索课题相关的一系列文献的线索（包括目录、题录、文摘等），用户只有通过查找收藏单位，才能获得原始文献；而全文检索则以文献所含的全部舆情信息为检索对象，即检索系统存储的整篇文章或整本图书的全部内容，它是数据库技术、网络技术发展的产物。

可见，数据检索与事实检索是确定性检索，检索的结果是可供相关人员直接利用的文献舆情信息；而文献检索是舆情信息检索的核心部分，与数据检索和事实检索相比内容更加丰富，方法更为多样。

2.根据检索（组织）方式，舆情信息检索分为手工舆情信息检索和机器（计算机）舆情信息检索。

（1）手工舆情信息检索。手工舆情信息检索是以手工操作的方式，利用检索工具书进行舆情信息检索。手工舆情信息检索是舆情信息检索的传统方式，经历了一个多世纪的发展历程。其优点是便于控制检索的准确性，缺点是检索速度慢、工作量较大。

（2）机器舆情信息检索。机器舆情信息检索是以机械机电或电子化的方式，利用检索系统进行舆情信息检索。机器舆情信息检索是从20世纪40年代以后逐渐发展起来的，电子计算机诞生以后，以强大的存储能力，不断提高的处理性能以及同步降低的价格，很快便成为机器舆情信息检索的主流和代表。因此，机器舆情信息检索主要就是指计算机舆情信息检索。其优点是检索速度快，能够多元检索，检索的全面性较高；相对于手工舆情信息检索而言，其缺点主要是需要借助于相应的设备进行检索。

计算机舆情信息检索是在手工舆情信息检索的基础上发展起来的，随着计算机技术和通信技术的不断创新，将来必定会逐渐取代手工舆情信息检索。但是，就目前而言，把两者之间的关系简单地理解为取代与被取代的关系，未免偏颇。

舆情信息检索作为舆情信息服务的重要领域，在相当长的时期内，为了满足用户的多种需求，给予用户更多的选择，向用户提供多样化的服务形式，手工舆情信息检索还将与计算机舆情信息检索共同存在，相互补充、相互促进。

3.根据检索要求，舆情信息检索分为强相关检索和弱相关检索。

（1）强相关检索。强相关检索强调检索的准确性，用于向用户提供高度对口舆情信息的检索，也称特性检索。这种检索注重查准，只要检索得到的文献舆情信息能够满足用户的需求即可，通常对检索结果的多少不作要求。

（2）弱相关检索。弱相关检索强调检索的全面性，用于向用户提供系统完整舆情信息的检索，也称族性检索。这种检索注重查全，要求检索出一段时间内有关特定主题的所有舆情信息，为尽可能避免漏检相关舆情信息，一般对于检索的准确性要求较低。

要注意的是，这是两种检索要求相当极端的检索类型。实际上，较多时候，用户对于检索的要求介于两者之间，既要求查找对口的舆情信息，又希望得到所有的舆情信息。这是很自然的检索要求。这种要求可分为两种情况：一是虽然用户对查准和查全都有要求，但要求都较低，要完成这样的简单检索比较容易；二是用户对查准和查全都有要求，而且要求都较高，要完成这样的复杂检索相当困难，因为在舆情信息检索中查准和查全常常不能兼顾。

4.根据检索的运行性质，舆情信息检索分为定题检索和回溯检索。

（1）定题检索。定题检索是查找有关特定主题最新舆情信息的检索，又称为SDI检索。其特点是只检索最新舆情信息，时间跨度小。定题检索在文献舆情信息库更新时运行，即每当文献舆情信息库加入新的文献舆情信息时，就运行一次定题检索，从而查找出特定主题的最新舆情信息。这种检索非常适合于舆情信息跟踪，以便及时了解有关主题领域的最新发展动态。因此，用户一旦向检索服务机构订购定题检索，一般就会在较长的时间内多次运行，由检索服务机构持续地向用户提供最新舆情信息。

（2）回溯检索。回溯检索是查找一段时间内有关特定主题舆情信息的检索，也称为追溯检索。其特点是既可以查找过去某一段时间的特定主题舆情信息，也可以查找最新的特定主题舆情信息。与每个定题检索需要多次运行有所不同，回溯检索只运行一次，就可以从已有文献舆情信息库中查找出特定主题的舆情信息，并提供给用户。

在检索实践中，用户利用最多的是回溯检索，大多数的检索课题都是回溯检索。同时，定题检索也发展很快，受到了各领域用户的欢迎，尤其是在工商经贸领域，定题检索更是得到企业用户的广泛运用。

5.根据检索的舆情信息形式，舆情信息检索分为文本检索和多媒体检索。

（1）文本检索。文本检索是查找含有特定舆情信息的文本文献的检索，其结果是以文本形式反映特定舆情信息的文献。这是一种传统的舆情信息检索类型，在舆情信息检索中依然占主体地位。

（2）多媒体检索。多媒体检索是查找特定舆情信息的多媒体文献的检索，其结果是以多媒体形式反映的特定舆情信息的文献，如图像、声音、动画等，是在网络环境下发展起来的全新检索类型。

在互联网迅速发展的今天，网上存在着大量的多媒体文献，用户常常需要查找特定的图像、声音、动画等。多媒体文献的舆情信息处理，如标引、著录和有序化编排等，与传统的文本检索截然不同，向舆情信息检索方式及理论提出了新的挑战。比如，用户可能需要查找包含某种颜色或色彩组合的特定图像，或者是含有特定图案的动画等。

三、舆情信息检索基本技术

在计算机舆情信息检索系统中，虽然各数据库提供给用户的检索界面检索功能各不相同，但比较通用的有简单检索和高级检索等功能。为了提高检索效率，计算机检索系统常采用一些运算方法，从概念相关性、位置相关性等方面对检索提问实行技术处理。下面介绍几种常用的舆情信息检索技术方法。

（一）布尔逻辑检索

在检索实际中，检索提问涉及的概念往往不止一个，而同一个概念又往往涉及多个同义词或相关词。为了正确地表达检索提问，系统中采用布尔逻辑运算符将不同的检索词组配起来，使一些具有简单概念的检索单元通过组配成为一个具有复杂概念的检索式，用于表达用户的舆情信息检索要求。常用的逻辑运算符主要有以下几种。

1.逻辑“与”。逻辑“与”（用“and”或“*”表示）是一种用于交叉概念或限定关系的组配。它可以缩小检索范围，有利于提高检索的专指性。如欲查同时含有概念A和概念B的文献，可表示为“A and B”或“A*B”。检索结果如图4-1所示，图中阴影部分即为同时包含A和B两个概念的命中文献。

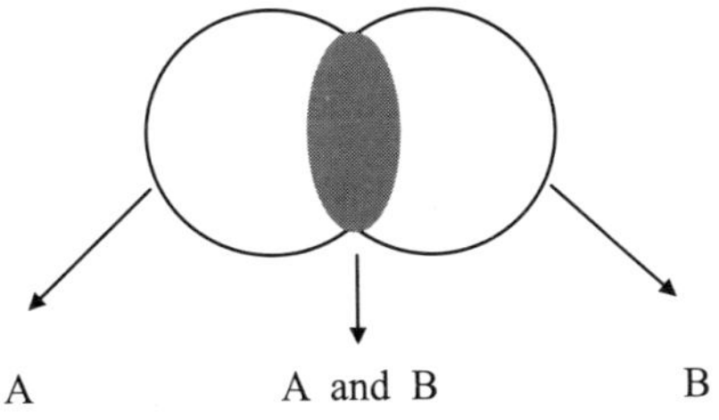

图4-1　逻辑“与”示意图

2.逻辑“或”。逻辑“或”（用“or”或“+”表示）是用于具有并列概念关系的组配。这种组配可以扩大检索范围，提高查全率。例如，检索含有检索项A或检索项B的文献，可表示为“A or B”或“A+B”。检索结果是将含有检索项A的文献集合与含有检索项B的文献集合相加，形成一个新的集合。检索结果如图4–2所示，图中阴影部分即为包含A或B的命中文献。图中两者共同的部分只计一次，故避免了命中文献的重复出现。

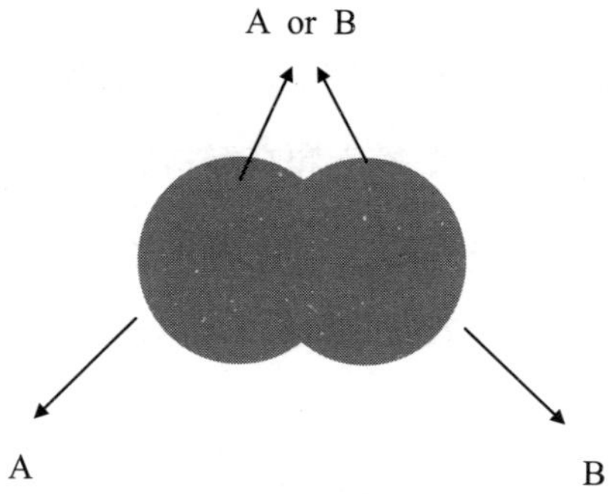

图4–2 逻辑“或”示意图

3.逻辑“非”。逻辑“非”（用“not”或“–”表示）用于从某一检索范围中排除不需要的概念。这种组配可以缩小检索范围。例如，在含有概念A的文献集合中，排除同时含有概念B的文献，可表示为“A not B”或“A–B”。检索结果如图4–3所示，图中阴影部分即为包含A且排除B的命中文献。

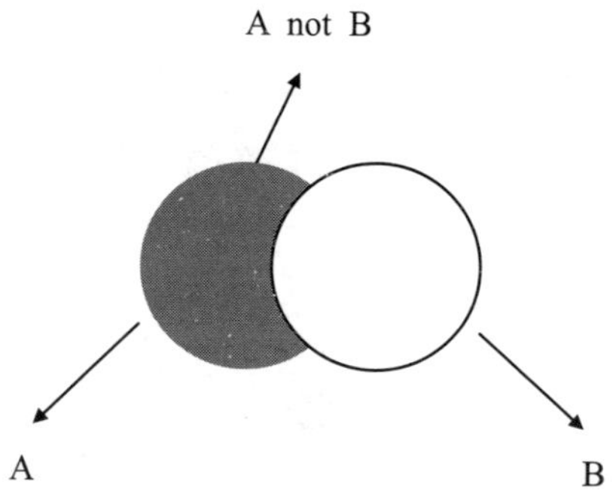

图4–3 逻辑“非”示意图

在上述逻辑运算符中，运算优选级顺序为not，and，or，但是可以用括号改变它们之间的运算顺序。例如，（A or D）and B，表示先执行“A or D”的检索，再与B进行and运算。

（二）词间位置检索

位置检索也叫全文检索、邻近检索。所谓全文检索，就是利用记录中的自然语言进行检索，词与词之间的逻辑关系用位置算符组配，对检索词之间的相对位置进行限制。利用布尔逻辑运算符检索时，只对检索词进行逻辑组配，不限定检索词之间的位置以及检索词在记录中的位置关系。在有些情况下，若不限制检索词之间的位置关系会影响某些检索课题的查准率。因此，在大部分检索系统中设置了位置限定运算符号以确定检索词之间的位置关系。但不同的检索系统所采用的位置算符有时不一定相同，功能也有差异，使用时应具体对待。

1.W（With）算符。A（W）B表示A、B两词必须紧挨且位置关系（词序）不能颠倒。

A（nW）B表示A、B两词之间最多可插入n个单词且位置关系（词序）不可颠倒。其中，n为整数，但n不能太多，否则运算符将失去意义。

2.N（Near）算符。A（N）B表示A、B两词必须紧密相邻，词间不允许插入其他词，但词序可以颠倒。

A（nN）B表示A、B两词之间可插入n个单词（n为整数），而且词序可变。

3.F（Field）算符。A（F）B表示A、B两词必须同时出现在同一记录的同一字段中，两词的词序、中间可插入单词的数量不限，但使用此算符时必须指定所要查找的字段。

4.L（Link）算符。A（L）B表示A、B两词之间存在从属关系或限制关系。

5.SAME算符。A（SAME）B表示A、B两词同时出现在同一个段落中。

（三）截词检索

截词检索是计算机检索系统中应用非常普遍的一种技术。由于西文的构词特性，在检索中经常会遇到名词的单复数形式不一致；同一个意思的词，英美拼法不一致；词干加上不同性质的前缀和后缀就可以派生出许多意义相近的词；等等。为了保证查全，就得在检索式中加上这些具有各种变化形式的相关意义的检索词，这样就会出现检索式冗长，输入检索词的时间太久，同时占太多机时。截词检索就是为了解决这个问题而设计的，它既可保证不漏检，又可节约输入检索式的时间。所谓截词，就是指在检索词的适当位置截断。按截词位置不同，可以分为前方截词、后截词和中间截词三种。

1.前方截词。将截词符放在词根的前边，后方一致，表示在词根前方有无限个或有限个字符变化。

2.后截词。将截词符放在词根的后边，前方一致。如“comput？”表示comput后可带有其他任何字母，且数量不限，为无限截词，而“plant？？？”则表示plant后可加0—3个字母，为有限截词。

3.中间截词。中间截词是将截词符置于检索词的中间，而词的前、后方一致。一般对不同拼写方法的词，用通配符“？”插在词的中间，检索出两端一致的词。

（四）限定字段检索

限定字段检索是指限定检索词在数据库记录中的一个或几个字段范围内查找的一种检索方法。在检索系统中，数据库设置的可供检索的字段通常有两种：表达文献主题内容特征的基本字段和表达文献外部特征的辅助字段。基本字段包括篇名、文摘、叙词、自由标引词四个字段。辅助字段包括除基本字段以外的所有字段。每个字段都有用2个字母表示的字段标识符。在多数检索系统中，如果用户不对检索式注明字段限定范围，系统会默认在四个基本字段中检索。

（五）限定范围检索

限定范围检索是通过限制数字舆情信息的检索范围，以达到优化检索目的的方法。

（六）加权检索

加权检索是某些检索系统中提供的一种定量检索技术，加权检索同布尔逻辑检索、截词检索等一样，也是舆情信息检索的一个基本检索手段。但与它们不同的是，加权检索的侧重点不在于判定检索词或字符串是不是在数据库中存在、与别的检索词或字符串是什么关系，而是在于判定检索词或字符串在满足检索逻辑后对文献舆情信息命中与否的影响程度。加权检索的基本方法是：在每个检索词后面给定一个数值表示其重要程度，这个数值称为权，在检索时，先查找这个检索词在数据库记录中是否存在，然后计算存在的检索词的权值总和。权值之和达到或超过预先给定的阈值，该记录即为命中记录。运用加权检索可以命中核心概念文献，因此它是一种缩小检索范围、提高查准率的有效方法。

（七）精确检索与模糊检索

精确检索是指检索词与数据库中的记录完全匹配的检索方法，一般使用在主题词、作者等字段。例如，以精确检索方式在主题词字段中检索“反倾销”一词，那么在主题词字段中出现“反倾销战略”“反倾销调查”等复合词的记录就并非命中记录，一定是单独以“反倾销”出现才算匹配。模糊检索类似智能检索或概念检索，系统不但忽略复合词，可能还会自动返回包含它认为意义相似的检索词的记录。

总之，计算机舆情信息检索时利用计算机的逻辑运算功能来实现文献的有无、多少、异同的比较匹配，以达到检索目的，在实际使用中，应配合使用布尔逻辑检索、截词检索、词间位置检索、限定字段检索、限定范围检索等达到较高的查全率和查准率，保证检索质量。

第四节　数据挖掘技术

数据挖掘（data mining）是从大量的、不完全的、有噪声的、模糊的、随机的数据中提取隐含在其中的、人们事先不知道的，但又是潜在有用的舆情信息和知识的过程。随着舆情信息技术的高速发展，人们积累的数据量急剧增长，如何从海量的数据中提取有用的知识成为当务之急。数据挖掘就是为顺应这种需要而产生发展起来的数据处理技术。

一、数据挖掘的目的

数据挖掘的任务是从大量的数据中发现知识。知识是人类认识的成果或结晶，包括经验知识和理论知识。在传统的决策支持系统中，知识库中的知识和规则是由专家或程序人员建立的，是外部输入的，而数据挖掘的任务是发现大量数据中尚未被发现的知识，是从系统内部自动获取知识的过程。对于那些决策者已经明确了解的舆情信息，可以用查询、联机分析处理（OLAP）或其他工具直接获得。而另外一些隐藏在大量数据中的关系、趋势，即使是管理这些数据的专家也没有能力发现，这些舆情信息对于决策者而言有可能是至关重要的，数据挖掘的目的正是解决此类问题。

数据挖掘发现的知识通常是用以下形式表示的：概念（concepts）、规则（rules）、规律（regulations）、模式（patterns）、约束（constraints）、可视化（visualizations）等。

二、数据挖掘过程

数据挖掘一般需要经历数据准备、数据开采、结果表述和解释（如图4-4所示）。

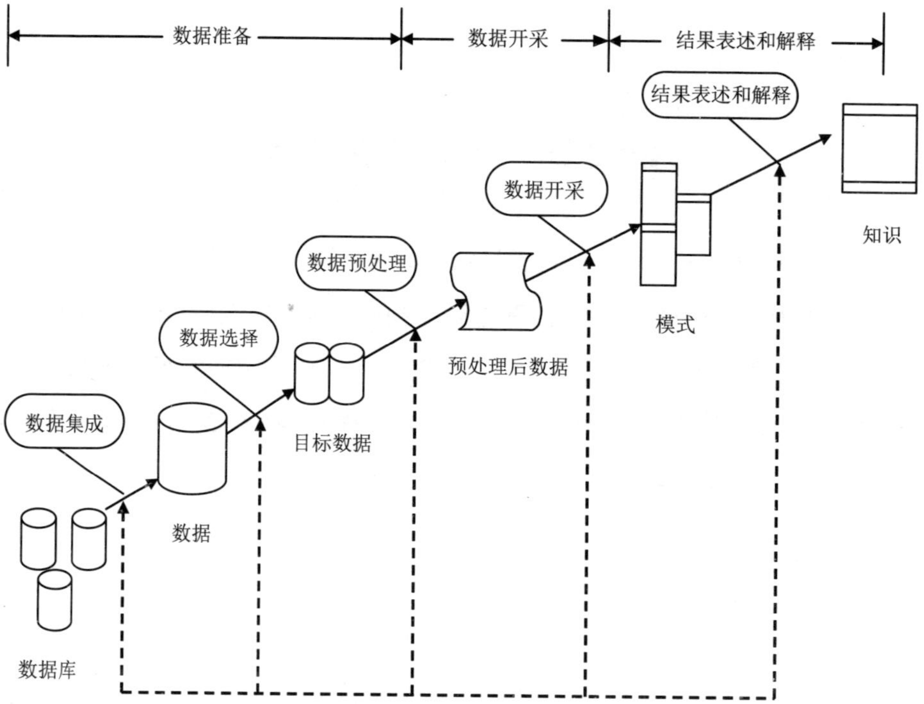

图4-4　数据挖掘规程

（一）数据准备

数据准备是数据挖掘中的一个重要步骤，数据准备工作是否做好将直接影响数据挖掘的效率、准确度以及最终模式的有效性。这个阶段又可以进一步分成三个子步骤：数据集成、数据选择和数据预处理。

1.数据集成。数据集成是将多文件或多数据库运行环境中的数据进行合并处理，消除语义模糊性、处理数据中的遗漏和清洗脏数据等。

2.数据选择。数据选择的目的是辨别出需要分析的数据集合，缩小处理范围，提高数据挖掘的质量。

3.数据预处理。该阶段的目的是将数据转换成适合挖掘的形式，并进行一些必要的约简。

（二）数据开采

选定特定的数据挖掘算法（如关联、分类、回归、聚类等），用于搜索数据中的模式。它是数据挖掘过程中最关键的一步，也是技术难点。

（三）结果表述和解释

根据最终用户的决策目的对提取的舆情信息进行分析，把最有价值的舆情信息区分出来，并且通过决策支持工具提交给决策者。因此，这一步骤的任务不仅是把结果表述出来，还要对舆情信息进行过滤处理。

在理解数据挖掘的具体实施过程时，我们还应该注意以下几点：

1.数据挖掘仅仅是整个挖掘过程中的一个重要步骤。

2.数据挖掘质量的好坏不但取决于所选用的挖掘技术，还取决于所挖掘数据的质量和数量。如果选择了错误的数据或不适当的数据，或者对数据进行了不适当的转换，则挖掘结果不会成功。

3.整个挖掘过程是一个不断反馈的过程。比如，用户在挖掘过程中发现选择的数据不太满意或使用的挖掘技术产生不了期望的结果，这个时候，用户需要重复先前的过程，甚至重新开始。

4.可视化技术在数据挖掘的各个阶段都应起重要的作用。比如在数据预处理阶段，用户可以使用散点图、直方图等统计可视化技术来显示有关数据，以期对数据有一个初步的了解，从而为更好地选取数据打下基础；在数据挖掘阶段，用户则要使用与领域问题有关的可视化工具；在结果表述阶段，则可能要用到可视化技术以使发现的知识更易于理解等。

三、数据挖掘的分类

数据挖掘的任务是从大量的数据中发现模式，所谓模式是指关于数据集的某种抽象描述。一般而言，按照其作用模式可以分为两大类：预测型模式（predictive pattern）和描述型模式（descriptive pattern）。预测型模式能够根据已有的数据集，预测某些（未知的）数据项的值。描述型模式是对数据中存在的规律、规则作出一种描述，或者根据数据间的相似性将数据分组，它一般不能直接用于预测。

1. 关联规则（association rule）。关联规则也称关联模式，是形如XY的逻辑蕴含式，其中X和Y是关于数据库中属性取值的判断。

2. 序列模式（sequential pattern）。序列模式与关联规则相仿，也是为了挖掘出数据间的联系。但序列模式分析把数据间的关联性与实践联系起来（侧重点在于分析数据间的前后因果关系）。为了发现序列模式，不仅需要知道序列是否发生，而且需要知道事件发生的时间。例如，在购买彩电的人们当中，60%的人会在3个月内购买影碟机。

3. 分类模式（classification pattern）。分类的概念是在已有的数据集（训练集）的基础上学会一个分类函数或构造出一个分类模型，即我们通常所说的分类器（classifier）。该模型或数据能够把训练集中的数据记录映射到给定类别中的某一个，从而可以应用于数据预测。

4. 聚类模式（clustering pattern）。聚类是把一组数据按照相似性和差异性分为若干类别。其目的是使属于同一类别的数据之间的相似性尽可能大，而不同类别中的数据间的相似性尽可能小。

5. 回归模式（regression pattern）。回归模式的函数定义与分类模式相似，它们的差别在于分类模式的预测值是离散的，回归模式的预测值是连续的。如给出某种动物的特征，可以用分类模式判定这种动物是哺乳动物还是鸟类；给出某个人的教育情况、工作经验，可以用回归模式判定这个人的工资在哪个范围内，是在6000元以下还是在6000元到1万元之间，或者在1万元以上。

6. 偏差分析（deviation detection）。数据库中的数据常有一些一样的记录，从数据库中检测出这些偏差是很有意义的。偏差包括很多潜在的知识，如分类中的反常实例，不满足规则的特例，观测结果与模型预测值的偏差等。

在实际情况中，数据挖掘系统的任务不是单一的，经常要同时发现多种模式。

四、数据挖掘的技术和方法

数据挖掘的技术和方法很多，这些技术和方法分别从不同的角度进行数据挖掘和知识发现。

（一）神经网络方法

神经网络由于本身良好的鲁棒性、自组织自适应性、并行处理、分布存储和高度容错等特性，非常适合解决数据挖掘的问题。典型的神经网络模型主要分为三大类：以感知机、BP反向传播模型、函数型网络为代表的，用于分类、预测和模式识别的前馈式神经网络模型；以Hopfield的离散模型和连续模型为代表的，分别用于联想记忆和优化计算的反馈式神经网络模型；以ART模型、Koholon模型为代表的，用于聚类的自组织映射方法。神经网络方法的缺点是“黑箱”性，人们难以理解网络的学习和决策过程。

（二）遗传算法

遗传算法是一种基于生物自然选择与遗传机理的随机搜索算法，是一种仿生全局优化方法。遗传算法具有的隐含并行性、易于和其他模型结合等性质使得它在数据挖掘中被大量应用。遗传算法的应用还体现在与神经网络、粗集等技术的结合上。如利用遗传算法优化神经网络结构，在不增加错误率的前提下，删除多余的连接和隐层单元；用遗传算法和BP算法结合训练神经网络，然后从网络提取规则等。

（三）决策树方法

决策树是一种常用于预测模型的算法，它通过将大量数据有目的地分类，从中找到一些有价值的、潜在的舆情信息。它的主要优点是描述简单，分类速度快，特别适合大规模的数据处理。最有影响和最早的决策树方法是由罗斯·昆兰提出的著名的基于舆情信息熵的ID3算法。它的主要问题是：ID3是非递增学习算法；ID3决策树是单变量决策树，复杂概念的表达困难；同性间的相互关系强调不够；抗噪性差。针对上述问题，出现了许多较好的改进算法，如施利默和费希尔设计了ID4递增式学习算法；钟鸣、陈文伟等提出了IBLE算法等。

（四）粗集方法

粗集理论是一种研究不精确、不确定知识的数学工具。粗集方法有三个优点：不需要给出额外舆情信息；简化输入舆情信息的表达空间；算法简单，易于操作。粗集处理的对象是类似二维关系表的舆情信息表。目前成熟的关系数据库管理系统和新发展起来的数据仓库管理系统，为粗集的数据挖掘奠定了坚实的基础。但粗集的数学基础是集合论，难以直接处理连续的属性。而现实舆情信息表中连续属性是普遍存在的。因此连续属性的离散化是制约粗集理论实用化的难点。现在国际上已经研制出来了一些基于粗集的工具应用软件，如加拿大里贾纳大学开发的KDD-R、美国堪萨斯大学开发的LERS等。

（五）覆盖正例排斥反例方法

它是利用覆盖所有正例、排斥所有反例的思想来寻找规则。首先在正例集合中任选一个种子，到反例集合中逐个比较。与字段取值构成的选择子相容则舍去，相反则保留。按此思想循环所有正例种子，将得到正例的规则（选择子的合取式）。比较典型的算法有米哈尔斯基的AQ11方法、洪家荣改进的AQ15方法以及他的AE5方法。

（六）统计分析方法

在数据库字段项之间存在两种关系：函数关系（能用函数公式表示的确定性关系）和相关关系（不能用函数公式表示，但仍是相关确定性关系），对它们的分析可采用统计学方法，即利用统计学原理对数据库中的舆情信息进行分析。可进行常用统计（求大量数据中的最大值、最小值、总和、平均值等）、回归分析（用回归方程来表示变量间的数量关系）、相关分析（用相关系数来度量变量间的相关程度）、差异分析（从样本统计量的值得出差异来确定总体参数之间是否存在差异）等。

（七）模糊集方法

利用模糊集合理论对实际问题进行模糊评判、模糊决策、模糊模式识别和模糊聚类分析。系统的复杂性越高，模糊性越强，一般模糊集合理论是用隶属度来刻画模糊事物的亦此亦彼性的。李德毅等人在传统模糊理论和概率统计的基础上，提出了定性定量不确定性转换模型——云模型，并形成了云理论。

五、数据挖掘技术的难点

数据挖掘技术是一个年轻且充满希望的研究领域，商业利益的强大驱动力将会不停地促进它的发展。每年都有新的数据挖掘方法和模型问世，人们对它的研究正日益广泛和深入。尽管如此，数据挖掘技术仍然面临着许多问题和挑战，如数据挖掘的效率亟待提高，尤其是超大数据规模集中数据挖掘的效率；开发适应多数据类型，以解决异质数据集的数据挖掘问题；动态数据和知识的数据挖掘；分布式环境下的数据挖掘等。另外，近年来随着多媒体数据库的迅速发展，面向多媒体数据库的挖掘技术和软件亦将成为今后开发的难点和热点。

1. 有效处理海量和高维的数据。数据挖掘一般是以大型的数据库为对象，包含上百万个元组和以GB甚至TB为数量级的数据库已经司空见惯。另外，数据库的关系表中所涉及的属性或变量也可能达到成百上千的数量。这种数据的海量性和高维性使得数据挖掘中的模式搜索空间异常巨大，同时还可能导致搜索出无意义模式的概率增加，必须从中搜索出有效的、有用的和用户感兴趣的规则和特性。因此，传统的技术已经难以适用，如常用的机器学习方法一般只能处理不超过几千个记录或例子的数据集。为解决这些问题，需进一步研究高效的特别是线性计算复杂度的（近似）算法、抽象方法、大规模并行处理技术、数据约简等方法。

2.改进“人—系统”的交互性。由于很难准确知道会在数据库中发现什么，因此数据挖掘过程应该是交互的。目前许多挖掘工作的重点还是在提高算法效率上，大多数数据挖掘处理集成系统还没有充分考虑用户的参与，而使得“人—系统”交互性较差。

3.充分利用背景知识。可以使用背景知识或关于所研究领域的舆情信息来指导发现过程，并使得发现的模式在不同的抽象层上以简洁的形式表示。关于数据库的领域知识，如完整性约束和演绎规则，可以帮助聚焦和加速数据挖掘过程，或评估发现模式的兴趣度。充分使用背景知识，使在巨大的模式空间中搜索更有效、目的性更强。

4.数据噪声和不完全数据。存放在数据库中的数据可能反映噪声、异常情况和不完全的数据对象。这些对象可能打乱分析过程，导致数据与所造成的知识模型过分适应，其结果是，所发现模式的精确性可能很差。需要有处理数据噪声的数据清理方法和分析方法，以及发现和分析异常情况的鼓励点挖掘方法。

5.知识的表达和解释机制。许多应用中重要的是用户能够理解发现的知识。这要求知识的表达不仅限于数字或符号，而是有更容易理解的方式，如图形、自然语言和可视化技术等。只有当数据挖掘系统能提供更好的解释机制时，用户才能更有效地评价这些知识，并且能够区分出哪些是真正有用的知识，哪些只是常识性的知识或异常情况。另外，如何精简表示结果也很重要，如系统生成非常多的规则，而其中很多规则可能是明显多余的。

6.数据的动态变化和知识的更新维护。数据的动态变化常常使得模式抽取存在不稳定性，并导致以前发现的模式不再有效。特别是更新数据库，如增加、删除或改变相关的记录。发生这些情况时则要求所涉及的数据挖掘系统必须考虑知识的更新维护。另外，数据挖掘的动态性也提出了新的数据挖掘问题。

7.应用系统的集成。一个单独的数据挖掘系统如果不和具体的应用系统集成和结合，将毫无意义。数据挖掘应和数据库管理系统、电子表单、实时数据采集系统特别是决策支持系统集成在一起。

8.加强对各种非结构化数据的开采。目前数据挖掘的对象，从数据模型看，主要是面向事务处理的关系型数据库。从数据类型看，数据挖掘处理最多的还是数值型数据。随着计算机计算能力的发展和业务复杂性的提高，数据的类型会越来越多、越来越复杂，这要求相应的数据挖掘系统不但有处理数值型数据的能力，还应能处理符号、文本、声音、图像、视频等类型数据。

9.发觉语言的形式化描述。研究专门用于知识发现的数据语言，也许会像SQL语言一样走向形式化和标准化。

思考与练习

1.汉语自动分词的关键问题是什么？

2.舆情信息检索的基本技术有哪些？

3.简述数据挖掘的过程。

4.数据挖掘的方法有哪些？

【延伸阅读】

我国正在跃升为全球领先的舆论媒体大国。

中国互联网络信息中心（CNNIC）于2023年3月发布了第51次《中国互联网络发展状况统计报告》。内容如下（节选）：

截至2022年12月，我国网民规模达10.67亿人，较2021年12月增长3549万人，互联网普及率达75.6%，较2021年12月提升2.6个百分点；我国手机网民规模达10.65亿人，较2021年12月增长3636万人，网民使用手机上网的比例为99.8%；我国农村网民规模达3.08亿人，占网民整体的28.9%；城镇网民规模达7.59亿人，占网民整体的71.1%；我国网民使用手机上网的比例达99.8%；使用电视上网的比例为25.9%；使用台式电脑、笔记本电脑、平板电脑上网的比例分别为34.2%、32.8%和28.5%。

截至2022年12月，我国IPv6地址数量为67369块/32，较2021年12月增长6.8%；我国域名总数为3440万个，“. CN”域名数量为2010万个，占我国域名总数的58.4%；我国即时通信用户规模达10.38亿人，较2021年12月增长3141万人，占网民整体的97.2%；我国网络视频（含短视频）用户规模达10.31亿人，较2021年12月增长5586万人，占网民整体的96.5%；短视频用户规模达10.12亿人，较2021年12月增长7770万人，占网民整体的94.8%；我国网络直播用户规模达7.51亿人，较2021年12月增长4728万人，占网民整体的70.3%。

截至2022年12月，我国网络支付用户规模达9.11亿人，较2021年12月增长781万人，占网民整体的85.4%；我国网络购物用户规模达8.45亿人，较2021年12月增长319万人，占网民整体的79.2%；我国网络新闻用户规模达7.83亿人，较2021年12月增长1216万人，占网民整体的73.4%；我国线上办公用户规模达5.4亿人，较2021年12月增长7078万人，占网民整体的50.6%；我国在线旅行预订用户规模达4.23亿人，较2021年12月增加2561万人，占网民整体的39.6%；我国互联网医疗用户规模达3.63亿人，较2021年12月增长6466万人，占网民整体的34.0%。

5G时代的到来，舆情生态将呈现信息海量化、视频化、移动化、全息化特点，不实信息的传播成本更低，舆情爆发更容易极速化。人人随时都有“移动麦克风”“移动直播间”，通过社交软件以及网络直播平台，终端用户生产海量信息，网络舆论会更加活跃，网络舆情数量和类型都会增多、传播速度会更快、瞬时影响力也会更大。

由于传输速率的大幅提升，信息的呈现方式日益视频化，社会的主要交流方式将从书写文字转为视频语言，泛视频化传播成为常态，视频主流化伴生的是文字的边缘化，随之可能带来的是互联网舆论的进一步非逻辑化、情绪化。

新传播方式、传播平台的出现，会诞生新的传播主体和意见领袖，最典型的是各种新式“网红”会层出不穷。这些新式网红及新式大型全息化媒体平台会成为新闻舆论新的“中心化”节点。

传播的时空观进一步改变，信息的国际化流动会更为快速便捷。随着微信群、朋友圈、网络游戏、车载平台等社交媒体、网络人际传播方式以及各种新型的物联网平台的信息渗透，境外输入型舆情会更多，对舆情监测提出新挑战。

请结合上述材料体会舆情分析技术的重要性，舆情分析技术开发和应用的空间有哪些。

第五章　公安机关舆情分析报告拟制

报告是一种公文格式，使用范围很广。我国《党政机关公文处理工作条例》规定，报告，“适用于向上级机关汇报工作、反映情况，回复上级机关的询问”。按照上级部署或工作计划，每完成一项任务，一般都要向上级写报告，反映工作中的基本情况、工作中取得的经验教训、存在的问题以及今后工作设想等。一般是上行文，包括汇报工作、反映情况、回复上级机关的询问等，有特定的适用范围和写作要求。分析报告是一种比较常用的文体。其标题一般有两种形式：一种是公文式，另一种是新闻报道式。主要部分，一般是写调查分析的主要情况、做法、经验或问题。

本章所述的舆情分析报告是作为报告的一种变异文种，常应用于舆情分析工作中，类似于市场分析报告、行业分析报告、经济形势分析报告、社会问题分析报告等，舆情分析报告也可以作为刊物名称编发。

第一节　舆情分析报告的方法、特点与内容

舆情即“舆论情况”的简称，它是较多民众关于社会中各种现象、问题所表达的信念、态度、意见和情绪等的总和。分析就是将研究对象的整体分为各个部分、方面、因素和层次，并分别加以考察的认识活动。即在感性认识所获得的大量经验材料的基础上进行的一种科学的思维活动。为了认识被研究对象的复杂构成，可以从不同的实践角度出发，提出所需要解决的问题，作出不同的理性

分析。

舆情分析通常用来探测、描述或解释社会行为、社会态度或社会现象。其目的是准确判断舆情的走势，是舆情信息工作的一项重要任务。在实际工作中，进行舆情分析最关键的是要把握好三个环节：关注层次性，即分层次反映问题，完整地反映出民意取向；关注利益性，以其为切入点，抓住这个核心，才能反映舆情的本质；突出政治性，把民众的某些看法，同国家政治联系起来，这样才能抓住要害，对决策起到作用。如果对纷杂多变的舆情不进行深入分析，就不可能抓住舆情的本质，也不可能写出好的舆情分析报告。

舆情分析报告就是舆情发布单位向上级或民众就其对某人、事件、事态的观察、舆情而作的正式陈述。

一、舆情分析的方法

舆情本身是民意理论中的一个概念，它是民意的一种综合反映。现代简述为，舆情是舆情因变事项发生、发展和变化过程中，民众所持有的社会态度。舆情分析就是根据特定问题的需要，针对这个问题的舆情进行深层次的思维加工和分析研究，得到相关结论的过程。一般情况下，舆情分析主要包括两大分析法：

（一）内容分析法

内容分析法是一种对信息内容作客观系统的定量分析的专门方法，其目的是弄清或测验信息中本质性的事实和趋势，提示信息所含有的隐性情报内容，对事物发展做情报预测。它是对大众传播信息如书籍、杂志、电影、广播和电视等的内容作客观、系统和量化描述的一种研究方法。目的是将一种用语言表示而非数量表示的文献转换为用数量表示的资料，并将分析的结果用统计数字描述。最初的内容分析主要是针对文字形式的报刊，现已被广泛应用于社会科学中，成为一种重要的文献研究方法。内容分析作为大众传播研究的内容和方法之一，通过对大众传播内容量和质的分析，认识和判断某一时期的传播重点，对某些问题的倾向、态度、立场，以及传播内容在某一时期的变化规律等。美国传播学者伯纳德·贝雷尔森（Bernard Berelson）在研究内容分析时指出，内容分析是一种对传播内容进行客观、系统和定量描述的研究方法。在进行内容分析时，研究者必须排除个人主观色彩，从现存的材料出发，追求共同的价值观；必须将所有的有关材料看成一个有机的整体，对材料进行全面、系统的研究；用数学、统计方法，对所研究的材料进行量的分析。此外，内容分析也不应排除定性分析，即根据所得到的材料和数据进行一定的逻辑推理和哲学思辨。

就分析对象而言，内容分析不仅包括文本中的显性内容信息，也包括隐性内容信息。显性内容是可见的表面内容，是与内容分析法相关的文本信息中所包含的有形词。相反，隐性内容则区别于显性内容，是指与内容分析法相关的、话语或图像背后所隐含的意义。隐性内容一般是间接通过外在信息表现出来的这些事件现象或过程的特征、性质。

内容分析一般要经过选择、分类、统计三个阶段，可采取以下三种做法：

1. 记录或观察某一传播媒介在某一时期的传播内容。

2. 对同一传播媒介在不同时期所报道的内容进行分析和比较。

3. 对同一时期不同传播媒介就同一事件或同一题材所报道的内容、方式、方法等进行分析和比较，找出异同。

主要步骤包括：

1. 抽样。如抽取若干期报纸以分析该报社论的政治倾向。

2. 界定观察的类别。类别应根据研究目的确定，而且应是详尽、互斥和独立的，如政治倾向可分为保守、中间、激进三类。

3. 界定记录单位。记录单位主要有以下几种：单词或单个符号；主题；人物；句子或段落；项目。

4. 界定语境单位。语境单位指记录单位的语境或上下文，语境单位包括记录单位而又比记录单位大。

5. 界定点算体系，即决定如何使资料以数量表示，如统计各类别出现的频数、语义强度或空间数额。

就分析过程而言，内容分析大致分为定性分析、定量分析等。主要包括以下几种：

1.定性分析。定性分析是为了确定研究对象（舆情）是否具有某种性质的分析，主要解决“有没有”“是不是”的问题。因为要认识某个客观对象，首先就要认识某个对象所具有的性质，并把它与其他的对象区别开来。所以，定性分析是最基本和最重要的分析。主要由研究者通过阅读、收听或观看，然后依靠主观的感受理解、体会和分析来解读、判断和挖掘信息中所蕴含的本质内容。

2.定量分析。定量分析是为了确定客观对象（舆情）各种成分的数量的分析，主要解决“有多少”的问题。客观对象的成分不仅具有质的区别，而且具有量的区别，有些客观对象因其成分在量上的不同而互相区别开来。它用比较规范的方法读取相关的文本资料的内容，把文本资料上的文字、非量化的有交流价值的信息转化为定量的数据，建立有意义的类目分解交流内容，并以此来分析信息的某些特征。

3.因果分析。因果分析是为了确定引起某一现象（舆情）变化原因的分析，主要解决“为什么”的问题。因果分析就是在研究对象的先行情况中，把作为它的原因的现象与其他非原因的现象区别开来，或者是在研究对象的后行情况中，把作为它的结果的现象与其他的现象区别开来。

因果性是自然界现象之间普遍的和基本的联系。虽然在宏观世界和微观世界，因果性的表现形式各异，但是因果性的存在是确定无疑的。古典归纳逻辑的“因果五法”就是分析因果联系的最简单模式。

4.可逆分析。可逆分析是解答作为结果的某一现象是否又反过来作为原因的一种分析方法。自然界有些现象之间的因果联系是不可逆的，而有些现象之间的因果联系却是可逆的，分析这种可逆性也是非常重要的。

5.系统分析。系统分析是一种动态分析，它将客观对象看成一个发展变化的系统。系统分析又是一种多层次的分析，它把对象看作一个复杂的多层次的系统。舆情分析法就是系统分析的方法之一。

（二）实证分析法

实证分析法是通过分析大量案例和相关数据后试图得出某些结论的一种常见

研究方法，是社会科学研究方法之一。着眼于当前社会或学科现实，通过事例和经验等从理论上推理说明，就属于实证分析。它是以经验或观察为依据的“经验分析方法”，也就是实证的分析工具，实证分析要运用一系列的分析工具，诸如个量分析与总量分析、均衡分析与非均衡分析、静态分析与动态分析、定性分析与定量分析、逻辑演绎与经验归纳、经济模型以及理性人的假定等。

经验分析方法与理论分析方法相对，是指主要以经验知识为依据和手段而分析认识事物的一种科学分析方法。经验知识是理性知识的基础和来源，同时，纯经验知识在科学领域内是不多见的，因为感性认识往往是在理性认识的指导下取得的，而且经验有时也指人们在实践中获得的理性知识。由于个人经验有很大的局限性，因此在运用该分析法时，人们比较重视发挥集体智慧的作用。

常用的具体方法有：

1. 专家组集体进行分析讨论（如诊断某种疑难疾病）。

2. 召开座谈会，听取各方面的分析意见。

3. 利用表格进行书面调查分析，把要求分析的项目列成表，由专家、学者填表后，再整理归纳成集体的分析意见，这种方法可实现半定量化。

4. 与现场分析相结合，如事故分析。

经验分析要与理论分析相结合。经验分析有直观性，判断果断，比较切合实际，但具有表观性，不深刻，不易发现隐藏在深处的问题，而且有的经验分析结果靠不住，还需经理论分析深入加工。

任何社会现象不仅错综复杂，而且变化多端，如果在研究中把所有的变量都考虑进去，就会使得实际研究成为不可能。所以任何理论结构或模型，必须运用科学的抽象法，舍弃一些影响较小的因素或变量，把可以计量的复杂现象简化和抽象为为数不多的主要变量，然后按照一定函数关系把这些变量编成单一方程或联立方程组，构成模型。由于建立模型中，选取的变量不同，及其对变量的特点假定不同，因此，即使对于同一个问题也会建立起多个不同的模型。

二、舆情分析报告的特点

所谓舆情分析报告是指对某个舆论情况，经过深入细致的分析后，将分析中收集到的材料加以系统整理、分析研究，以书面形式向组织和公安领导汇报具体舆情的一种文书。其主要特点是：

（一）舆情分析报告的汇报性

一般情况下，报告是下级向上级机关或业务主管部门汇报工作，让上级机关掌握基本情况并及时对自己的工作进行指导。所以，汇报性是舆情分析报告的一大特点。

（二）舆情分析语言的陈述性

报告具有汇报性，是向上级讲述做了什么工作或工作是怎样做的，有什么情况、经验、体会，存在什么问题，今后有什么打算，对公安领导有什么意见、建议。所以，舆情分析报告在行文上一般都使用叙述方法，即陈述其事，而不是像请示那样采用祈使、请求等方法。

（三）舆情分析内容的写实性

舆情分析报告是在占有和分析大量现实数据、舆情信息的基础上，用叙述性的语言实事求是地反映某一客观事物。因此，充分了解实情和全面掌握真实可靠的素材是写好舆情分析报告的基础。

（四）舆情分析对象的针对性

舆情分析报告一般有比较明确的意向，相关的舆情取证都是针对和围绕某一综合性或是专题性问题展开的。所以，舆情分析报告反映的问题集中而有深度。

（五）舆情分析报告行文的单向性

报告是下级机关向上级机关行文，是为上级机关进行宏观指导提供依据，一般不需要受文机关的批复，属于单向行文。

（六）舆情分析报告成文的事后性

多数报告都是在事情做完或发生后，向上级机关作出汇报，是事后或事中行文。

（七）舆情分析报告具有双向的沟通性

舆情分析报告虽不需批复，却是下级机关以此取得上级机关的支持与指导的桥梁；同时，上级机关也能通过报告获得舆情信息，了解下情，报告成为上级机关决策指导和协调工作的依据。

三、舆情分析报告的类型

报告从种类与内容上分主要有汇报性报告、答复性报告、呈报性报告、例行工作报告。舆情分析报告的分类一般有以下几种。

（一）例行的舆情分析报告（日报、周报、旬报、月报、季报、年报等）

例行报告不能变成“例行公事”，而要随着工作的进展，反映新情况、新问题，写出新意。

日报以天为监测周期，罗列出当日各类型舆情信息。根据客户要求每日按时送达。通过日报，客户可在最早时间详细了解到所关注范围的舆情动态。做到“每日一报在手，舆情一目了然”。

周报是以周为单位，罗列出一周所发生的所有舆情信息，包括各类型舆情信息。每周五发出。通过周报，客户可详细了解到一周所关注范围的所有舆情动态，对舆情态势、网络口碑有一个总体认识。

月报、季报、年报分别以月、季、年为单位，为客户总结当期内重点舆情事件，分析舆情走势规律，提供舆情管理策略建议。提供时间分别为月末、季末、年末。通过深入地分析报告，可以制定科学的舆情应对策略。

（二）综合的舆情分析报告

全面汇报本机关工作情况，可以和总结工作、计划安排结合起来。要有分析、有综合、有新意、有重点。

（三）专题舆情分析报告

专题舆情分析报告是指向上级反映本机关的某项工作、某个问题、某一方面的情况，要求上级对此有所了解的报告。所写的报告要迅速、及时、一事一报。呈报、呈转要分清写明。其是从专业的角度对舆情信息进行深度分析后所形成的带有分析、研判性质的舆情分析报告。

此外，根据舆情内容的特点又可以分为以下几种：

1.情况舆情分析报告。是比较系统地反映本地区、本单位基本情况的一种舆情报告。这种舆情报告是为了弄清情况，供决策者使用。

2.典型经验舆情分析报告。是通过分析典型事例，总结工作中出现的新经验，从而指导和推动某方面工作的一种舆情报告。

3.问题舆情分析报告。是针对某一方面的问题，进行专项舆情分析，澄清事实真相，判明问题的原因和性质，确定造成的危害，并提出解决问题的途径和建议，为问题的最后处理提供依据，也为其他有关方面提供参考和借鉴的一种舆情报告。

四、舆情分析报告的内容

报告的内容要求以摆事实为主，要客观地反映具体情况，不要过多地采用议论和说明方式，表达方式以概括为主，语气要委婉、谦和，不宜用指令性语言。舆情分析报告的内容主要由舆情分析报告的标题、导语、主体和结尾组成。

（一）舆情分析报告的标题

标题，包括事由和公文名称。舆情分析报告的标题一般有两种形式：一种是公文式，另一种是新闻报道式。它又分为单标题和双标题两种。双标题是指既有正题，又有副题。

标题可以有两种写法：一种是规范化的标题格式，即“发文主题”加“文种”，基本格式为“××关于××××的舆情分析报告”“关于××××的舆情报告”“××××舆情”等。另一种是自由式标题，包括陈述式、提问式和正副题结合式三种。

陈述式如《××××大学硕士毕业生就业情况舆情》；提问式如《为什么大学毕业生择业倾向沿海和京津地区》；正副标题结合式，正题陈述舆情报告的主要结论或提出中心问题，副题标明舆情的对象、范围、问题，这实际上类似于“发文主题”加“文种”的规范格式，如《高校发展重在学科建设——××××大学学科建设实践思考》等。作为公文，最好用规范化的标题格式或自由式中正副题结合式标题。

（二）舆情分析报告的导语

导语也称前言、总述、开头。目的是给出总概念或引起注意。舆情分析报告一般都要写一段导语，以此来说明这次舆情分析的目的、对象、范围、经过、收获、基本经验等，这些方面应有侧重点，不必面面俱到。或侧重于舆情分析的目的、时间、方法、对象、经过的说明，或侧重于主观情况，或侧重于收获、基本经验，或对公安领导所关注和舆情分析所要迫切解决的问题作重点说明。如果是几个部门共同的舆情分析，还可在导语中写上参加舆情分析的单位、人员等。总之，导语应文字精练，概括性强。应按舆情分析主旨来写，紧扣中心内容，使读者对舆情分析内容获得总体认识，或提出公安领导所关注和舆情分析所要迫切解决的问题，引人注目，唤起读者重视。

导语或前言有以下几种写法：第一种是写明舆情分析的起因或目的、时间和地点、对象或范围、经过与方法，以及人员组成等舆情本身的情况，从中引出中心问题或基本结论；第二种是写明舆情分析对象的历史背景、大致发展经过、现实状况、主要成绩、突出问题等基本情况，进而提出中心问题或主要观点；第三种是开门见山，直接概括出舆情分析的结果，如肯定做法、指出问题、提示影响、说明中心内容等。导语起到画龙点睛的作用，要精练概括，直切主题。

分析报告的开头用语是用来表示行文目的、依据、原因、伴随情况等的。如：为（了）、关于、由于、对于、根据、按（遵、依）照、据、查、奉、兹等。

（三）舆情分析报告的主体

主体是舆情分析报告最主要的部分，一般是写舆情分析的主要情况、做法、经验或问题以及从舆情研究所得材料中得出的各种具体认识、观点和基本结论。主体也是正文，结构与一般公文相同。从内容方面看，舆情分析报告属于报告情况的，应该包括情况、说明、结论三部分，其中情况不能省略。如果内容多、篇幅长，最好把它分成若干部分，各加上一个小标题；难以用文字概括其内容的，可用序码来标明顺序。主体部分有以下四种基本构筑形式：

1.分述式。这种结构多用来描述对事物做多角度、多侧面分析的结果，是多向思维在谋篇布局中的反映。其特点是反映业务范围宽、概括面广。

2.层进式。这种结构主要用来表现对事物的逐层深化的认识，是收敛性思维在文章谋篇布局中的反映。其特点是概括业务面虽然不广，开掘却很深。

3.三段式。主体部分由三个段落组成：现状、原因、对策。如此三段是三个层次，故称三段结构。

4.综合式。主体部分将上述各种结构形式融为一体，加以综合运用，即为综合式。例如，用“分述结构”来写“三段结构”中的“现状”；用“三段结构”来写“层进结构”中的一个层次；用“总分结构”来写“分述结构”中的某一方面内容；等等。

（四）舆情分析报告的结尾

结尾的写法也比较多，可以提出解决问题的方法、对策或下一步改进工作的建议；或总结全文的主要观点，进一步深化主题；或提出问题，引发人们的进一步思考；或展望前景，发出鼓舞和号召。结尾，可展望、预测，亦可省略，但结语不能省。结尾的写法灵活多样，一般有以下几种：

1.自然结尾。如果主体部分已把观点阐述清楚，作出了明确结论，就不必再硬加一条尾巴。

2.总结性结尾。为加深读者的印象，深化主旨，概括前文，把舆情分析后对事物的看法再一次强调，作出结论性的收尾。

3.启示性结尾。在写完主要事实和分析结论之后，如果还有些问题或情况需要指出，引起读者的思考和探讨，或为了展示事物发展的趋势，指出努力方向，就可以写一个富有启示性的结尾。

4.预测性结尾。有的报告在提出舆情分析情况和问题之后，又写出作者的预测，说明发展的趋向，指出可能引起的后果和产生的影响。这是在更广阔的视野上来深化主题。

结尾用语就是特此报告。

第二节　舆情分析报告的拟制

作为行政公文中的上行文种，报告属陈述性文体，是下级向上级汇报工作、反映情况、提出意见或建议、答复询问的陈述性上行公文。写作时要以真实材料为主要内容，以概括叙述为主要的表达方式。“下情上达”是制发报告的目的。

一、撰写舆情信息的注意事项

整理、撰写公安机关的舆情信息是拟制公安舆情分析报告的重要环节，也是加工公安舆情信息“产品”的关键工序。写好舆情分析报告不需要华丽的辞藻，文稿可长可短，结构可松可紧。关键在于选准角度，合理调整写作的切入点。

（一）敏锐的舆情分析意识

敏锐的舆情分析意识，是舆情信息工作者必备的素质。在实践中不断培养和提高舆情分析意识，是一名舆情信息员做好本职工作的前提。舆情分析意识集中反映在对舆情信息的敏感度上，一名合格的舆情信息分析员能够在小事中感悟出大道理，可以在纷杂的事物中抓住主要矛盾；能够在舆情因变事项发生后预测出可能发生的舆情，可以在人们街头巷尾的议论中捕捉到苗头性的问题；能够在日常生活的细微处看到影响社会和谐的隐含诱因，可以透过国内外舆论走势发现对国家政治、经济、外交政策取向产生影响的因素。要做到这些，就必须具有高度的责任心和使命感。实践证明，调整好自身的角色是提高舆情意识的好方法。只有把自己定位为与所反映问题的利益群众相同的角色，才能写出真正有价值的舆情分析报告。

（二）多角度思考舆情问题

拟制舆情分析报告并不难，关键看所写的舆情分析是否“管用”。同一个舆情因变事项发生以后，由于写作的角度不同、主题切入点不同，其“管用”的程度也不同。同样一个舆情可以从不同角度来反映。因此，当某个舆情因变事项发生后，应当从不同角度去思考问题，从不同侧面去分析问题。只有多角度研究、多方面思考，才能选准主题的切入点。

（三）在情感中寻找灵感

写好舆情分析报告不仅要有责任心，更重要的是要有灵感。灵感要从“爱、恨、忧、思、盼”的情感中来。爱的东西就是认为好的东西，就会写出积极评价的舆情分析；恨的东西就是认为坏的东西，就会写出有强烈反响的舆情分析；忧就是深感忧虑的问题，就会写出表示担忧的舆情分析；思就是经常思考的问题，就会写出“几点建议”的舆情分析；盼就是盼望解决的问题，就会写出“有几盼”的舆情分析。总之，在情感中找灵感也是写好舆情分析报告的好方法。

二、拟制舆情分析报告的要求

撰写舆情分析报告的目的是让上级掌握本部门的舆论情况、工作状况及要求，使上级公安领导能及时给予支持，为上级机关处理问题、布置工作或作出某一决策提供依据。

（一）明确拟制舆情分析报告的目的与内容

1. 拟制舆情分析报告的目的是向上级公安机关汇报舆情分析工作情况，它不直接请求上级机关正面回答报告中的问题，所以不带请示事项，这是它与请示的重要区别之一。

2. 拟制舆情分析报告时一般不提建议或意见。如果确实需要在某一领域或某些部门贯彻报告中提出的建议或意见，可建议上级机关批转到有关部门贯彻执行，报告一经批准，便作为批转文件的附件下发，其权威性依赖或附属于批转机关。

3. 拟制的舆情分析报告在内容上不像“请示”那样有“一文一事”的要求，它可在一件公文中综合报告几件事情，层次结构比较复杂。

（二）掌握拟制舆情分析报告的具体要求

1. 拟制的舆情分析报告要广泛适用于下级向上级反馈舆情信息，是沟通上下级机关纵向联系的一种重要形式。向上级及时汇报工作、反映问题、提出建议，也是下级机关必须履行的一项工作制度。

2.写作要求是起草者具有工作实践的基础，懂得工作中许多微妙的关节，而在具体起草中要求有较好的文字语言功夫。分析报告语言总的要求是庄重、平实、概括。语言功夫的核心是选词。选词一要根据所反映的客观实际需要，二要符合明晰、确切、简练的标准，三要根据具体的语言环境，为避免上下文重复而选择不同的词语，注意文中所涉及的对象和阅读对象。多用书面语和文书用语，少用形象和描绘性词语和口语，不用方言土语，用语规范。

三、拟制舆情分析报告的步骤

舆情分析报告一般由标题、受文公安领导、正文、落款、成文时间组成。舆情分析报告的拟写通常按以下步骤进行。

（一）明确发文主旨

舆情分析报告是根据舆情信息分析的实际需要来拟写的。因此，在动笔之前，首先要弄清楚发文的主旨，即发文的主题与目的，包括以下几项内容：

1.明确文件的中心内容，存在哪些问题，解决方式，需协助事项等。

2.根据文件内容，明确准备采用的文种。

3.明确文件发送范围和阅读对象。比如，是向上级汇报工作，还是向全体人员进行传达。

4.明确发文的具体要求。

总之，发文必须明确采取什么方式，主要阐述哪些问题，具体要达到什么目的，只有对这些问题做到心中有数，才能够落笔起草。

（二）收集有关资料，进行舆情研究

发文的目的和主题明确之后，就可以围绕这个主题收集材料和进行一定的舆情研究与分析。如针对问题较为复杂的舆情，要进行具体的分析和归纳：一是要收集和阅读有关的文字材料；二是到实践中收集活材料；三是要分析研究所面临的形势等。总之，收集材料及舆情研究，是一个酝酿的过程，是为了掌握全面、大量的素材，了解问题的各个方面，然后经过分析思考产生一个认识

的飞跃。

（三）拟出提纲，安排结构

在收集材料的基础上，草拟出一个写作提纲。提纲是所要拟写的报告的内容要点，把它的主要框架勾画出来，以便正式动笔之前，对全篇做到通盘安排、胸有成竹，使写作进展顺利，尽量避免半途返工。

提纲的详略，可以根据分析报告的具体情况和个人的习惯、写作的熟练程度而定。篇幅不长的报告，可以大致安排一下报告的结构，先写什么问题，再写什么问题，主要分几层意思等。篇幅较长、比较重要的报告，往往需要拟出比较详细的提纲，包括文件共分几个部分，每一个部分又分作几个问题，各个大小问题的题目和要点及使用什么具体材料说明等。提纲的文字不需要很多，也不需要在文字上推敲。当然，需要集体讨论或送给公安领导审阅的提纲除外。

拟写提纲是一个很重要的构思过程，报告的基本观点，可以召集相关人员进行集体讨论研究和修改，使提纲日益完善。由两人以上分工合作拟写的报告，更需要共同研究写作提纲，以免发生前后重复、脱节或相互矛盾的现象。

（四）落笔起草，拟写正文

结构安排好后，要按照要求所列顺序，开宗明义、紧扣主题、拟写正文。写作中要注意两点：

1.观点鲜明，用材得当。也就是说要用观点来统率材料，使材料为观点服务。运用材料要能说明问题，做到材料与观点统一。在写作中，要注意明确观点，用语不能含糊不清、模棱两可、词不达意、似是而非。如果观点不明，就会令人不知所云。如果只讲观点没有实际材料，就会使人感到抽象空洞、缺乏依据、不易信服。而只罗列材料没有鲜明的观点，则会使人弄不清要说明什么问题，不了解发文的意图。

2.语句简练，交代清楚。拟写舆情分析报告既要尽量缩短篇幅、简洁通顺，又要注意交代的问题清楚明了。

（五）反复检查，认真修改

初稿写出后，要认真修改。写文章，需要下功夫。自古以来，好文章都要经过反复修改，写分析报告也一样，尤其是重要的分析报告，往往要经过几稿才能通过。只要认真、有耐心，写报告也不难。

思考与练习

1.舆情分析报告的特点有哪些?

2.舆情分析的方法有哪些?

3.拟制舆情分析报告的步骤是什么?

第六章　公安机关舆论引导概述

学习要点：本章要求掌握公安舆论引导的概念、媒介化时代加强公安舆论引导的必要性、公安舆论引导的实质。通过学习，从思想上提高对公安舆论引导重要性和紧迫性的认识，从而为公安舆论引导实务有关问题的学习打下基础。

随着我国经济社会的快速发展，社会主义民主法治建设进程的不断加快，以互联网等新兴媒体为引领的大众传媒获得了空前的发展，民众关心国家大事、参政议政、针砭时弊的热情随之得到前所未有的释放，由此而引发的对公权力进行批评、监督的舆论也达到了极为活跃的程度。由于公安工作和警察执法具有影响力大、与民众生活密切相关、公众关注度高等特性，因而近年来围绕一系列涉警事（案）件引发了多起波及全国的涉警舆论事件。涉警舆论是一把“双刃剑”，积极的、有建设性的涉警舆论有助于促进公安工作的发展和公安事业的进步，有助于提高公安队伍的执法能力和水平，而以炒作和丑化警察为目的的涉警舆论只会损害公安机关和人民警察的执法威信和形象，离间党群和政群关系，扰乱人心，破坏社会稳定。因此，充分认识互联网时代公安舆论引导的重要性和必要性，增强公安舆论引导的政治责任感和历史使命感，建立健全有效的公安舆论引导机制，了解和掌握公安舆论引导的方法和对策，是新时期各级公安机关面临的严峻挑战，也是公安机关必须完成好的紧迫任务。

第一节 基本概念界定

一、舆 论

在中国，“舆”字在春秋末期出现，其含义是一种“车子”。后来，“舆”字和“人”字连用转化为造车的人，称为“舆人”。到战国时期，“舆人”的含义进一步扩大，带有老百姓的意味，后来逐渐演化成为“众人”之意。论，即议论、讲述。“舆论”作为一个词单独使用最早见于《三国志·王朗传》。曹魏谏臣王朗在上书文帝的一份奏疏中有“惧彼舆论之未畅也”的表述。此后，《梁书·武帝记》中也有“行能臧否，或素定怀抱，或得之舆论”的记载。《晋书·王沉传》中也有类似的表述：“自古圣贤，乐闻诽谤之言，听舆人之论。”

在西方，舆论的英文表述是“public opinion”，直译就是公众的意见。1762年，卢梭在他的《社会契约论》中首次将拉丁文字体系中的“公众”与“意见”两个词联系起来，用来表达人们对于社会性的或者公共事务方面的意见，即“舆论”。他充分肯定了舆论的巨大力量，认为它是正规法律以外的法律，“既不是铭刻在大理石上，也不是铭刻在铜表上，而是铭刻在公民们的内心里；它形成了国家的真正宪法……我说的就是风俗、习惯，而尤其是舆论”[①]。1922年美国的李普曼的《公众舆论》一书出版，标志着舆论学的形成。李普曼对“舆论”的解释是：“舆论基本上就是对一些事实从道义上加以解释和经过整理的一种看法。”[②]自此以后，舆论成为学者们关注的一个重要问题。但究竟什么是舆论，却始终未能达成一致的看法。美国学者哈伍德对相关的历史文献进行研究，收集到的关于舆论的定义有50多个，我国近年来的舆论学论著对舆论的定义也有数十种。下面介绍几种有代表性的观点：

---

① 转引自陈力丹：《舆论学——舆论导向研究》，中国广播电视出版社1999年版，第4页。

② 转引自王天意：《网络舆论引导与和谐论坛建设》，人民出版社2008年版，第67页。

《简明不列颠百科全书》:“舆论是社会上值得注意的相当数量的人对一个特定问题表示的个人意见、态度和信念的汇集。”

刘建明:“舆论是显示社会整体知觉和集合意识、具有权威性的多数人的共同意见。”①

陈力丹:“舆论是公众关于现实社会及社会中的各种现象、问题所表达的信念、态度、意见和情绪表现的总和,具有相对的一致性、强烈程度和持续性,对社会发展及有关事态的进程产生影响,其中混杂着理智和非理智的成分。”②

综上所述,无论中外学者对“舆论”概念如何界定,都涉及舆论主体(多数人)、舆论客体(社会问题或社会现象)、舆论的表现形式(意见、情绪)这三个共同的要素。因此,综合上述学者的观点,可以对舆论的定义作如下表述:舆论就是社会上具有相当数量的公众对与公共事务有关的人物、事件、现象、问题等公开表达的具有影响力的看法和意见。

二、舆论引导

20世纪80年代末期,随着党对新闻舆论宣传工作的重视,党的领导人明确提出了舆论引导的思想和要求。

党的十八大以来,习近平总书记高度重视新闻舆论工作,亲自主持召开党的新闻舆论工作座谈会,发表一系列重要讲话,到新闻单位调研,在重要时间节点专致贺信,对新闻舆论工作的地位作用、职责使命、实践要求、自身建设等作出一系列重要论述,深刻回答新闻舆论工作的方向性、全局性、战略性重大问题,把我们党对新闻舆论工作的规律性认识提升到一个新的高度。

2016年2月19日,习近平总书记在党的新闻舆论工作座谈会上提出要牢牢坚持正确舆论导向。“舆论导向正确,就能凝聚人心、汇聚力量,推动事业发展;舆论导向错误,就会动摇人心、瓦解斗志,危害党和人民事业。这一点,全党同

---

① 刘建明:《基础舆论学》,中国人民大学出版社1988年版,第10页。

② 陈力丹:《舆论学——舆论导向研究》,中国广播电视出版社1999年版,第26页。

志特别是新闻舆论战线的同志要时刻牢记。要坚持以正确舆论引导人，做到所有工作都有利于坚持中国共产党领导和我国社会主义制度，有利于推动改革发展，有利于增进全国各族人民团结，有利于维护社会和谐稳定。讲导向，这是最重要、最根本的导向。”党的十九届六中全会通过的《中共中央关于党的百年奋斗重大成就和历史经验的决议》指出，高度重视传播手段建设和创新，推动媒体融合发展，提高新闻舆论传播力、引导力、影响力、公信力。

20世纪90年代，伴随着大众传媒特别是网络在我国的迅速发展，舆论引导逐渐成为一个热点问题，引起了学界的重视，许多学者对此问题作了初步的研究。从近几年学者们对该问题的研究情况来看，相继有“舆论导向”“舆论调控”“舆论引导”等不同的提法。虽然使用的概念各异，但共同的思想都是强调要用直接和间接的手段对舆论进行疏导和控制。近年来，随着对该问题研究的深入，学者们更多地使用“舆论引导”一词。

那么，什么是舆论引导呢?《辞海》对“引导”的一个解释是：带领、向导。《南史·王僧辩传》：“自此遂泛安流，有群鱼跃水，飞空引导。”由此可见，“引导”是一种引领和调控行为。就舆论引导而言，从广义上来理解，在社会生活中，任何人、任何机构、任何组织都可以成为舆论引导的主体。但从公共管理的角度来说，舆论引导却有着特定的含义，主要是指以政府为舆论引导主体，以实现政府行政目标的一种政府行为。具体来说，舆论引导就是指特定的政府部门为了实现组织目标，运用传播、沟通、控制等手段对公众舆论进行疏导、引领和调控的一种管理活动。

三、公安机关舆论引导

公安机关舆论引导是政府舆论引导的重要组成部分。近年来，随着涉警舆论事件的多发和频发，舆论引导已成为各级公安机关关注的一个热点问题。

早在2003年，第二十次全国公安会议报告就明确提出，地（市）以上公安机关要“主动引导社会舆论”。这是公安机关在正式的文件中首次提出引导舆论的问题。其后，在一系列的文件中，公安部多次对舆论引导问题提出了明确的要求。随着互联网和舆情信息技术的快速发展以及我国社会转型时期利益关系的调整，公安机关面临的舆论环境更加复杂多变，对公安机关引导舆论的能力和水平也提出了更高的要求。

所谓公安舆论引导，就是指公安机关为了树立人民警察的良好形象，而运用有效的手段和方法对涉警舆论进行疏导和调控的管理活动。

理解公安舆论引导概念的内涵，必须把握以下几点：

第一，公安舆论引导的主体是公安机关。具体来说，包括公安机关负责舆情处置的部门、新闻发言人办公室、指挥中心、宣传部门、法制部门、监督部门、网络监察部门以及相关的警种。简言之，凡是与涉警舆论有关，并具有一定的舆论引导手段和能力的公安部门都是公安舆论引导的主体。

第二，公安舆论引导的客体是涉警舆论。涉警舆论是公众对与公安机关有关的事（案）件的意见、看法和评论。从理论上来说，涉警舆论既包括公众对公安机关和公安民警的肯定和认可，即正面舆论，也包括公众对公安机关和公安民警的批评、指责、不满，即负面舆论。但作为公安舆论引导的客体则是专门指负面舆论，这也就是说，纳入公安舆论引导客体范围的就是那些可能或已经影响公安工作开展、损害公安组织形象，甚至会影响和危及社会稳定的涉警负面舆论。根据近年来涉警舆论的发生情况，可以把需要公安机关进行引导的负面涉警舆论分为以下几类：一是一些公安机关和公安民警违法乱纪行为引发的舆论；二是一些公安机关和公安民警在处置社会敏感问题以及重大事（案）件时，有不当或违规违法的言行引发的舆论；三是一些公安机关和公安民警在协助其他政府部门处置重大事件时，由越权和不当行为引发的舆论；四是一些公安机关出台的事关社会和公众切身利益的政策和规定引发的舆论。上述四类舆论由于都是针对一些公安机关和公安民警的，因而都是需要公安机关进行引导的舆论。

第三，公安舆论引导的直接目的是营造良好的舆论环境，更好地完成公安工作。涉警负面舆论必然或多或少会对公安机关和人民警察的形象造成损害，公安机关和人民警察的形象是公安机关获得执法和管理的合法性的重要基础和前提条件，涉警舆论引导及时有效，无疑有助于树立人民警察的良好形象，而良好的警察形象则是公安机关完成公安工作，顺利履行“巩固共产党执政地位，维护国家长治久安，保障人民群众安居乐业”三大政治和社会责任的重要保障。因此，公安舆论引导的最终目的是营造良好的舆论环境，更好地完成公安工作。

第二节 媒介化时代加强公安舆论引导工作的必要性

一、媒介化时代涉警舆论的特点

“从20世纪末到如今，不管是什么样的对这个时代的定义，都无法逃避两个字眼：全球化和媒介化。”[①]那么，什么是媒介化呢？媒介化是舆情信息技术和媒体发展给社会带来的必然结果，是“对于媒体影响和效果的一种高度概括”[②]。

《公众舆论》一书中曾有关于媒介对社会影响力的精辟论述。其认为现代社会越来越巨大化和复杂化，人们由于实际活动的范围、精力和注意力有限，不可能对与他们有关的整个外部环境和众多的事情都保持经验性接触，对亲身感知以外的事物，人们只能通过各种“新闻供给机构”去认知。这样，人的行为已经不再是对客观环境及其变化的反应，而成了对新闻机构提示的某种“拟态环境”的反应。李普曼所说的“拟态环境”便是媒介化世界的原型，人们依赖于大众媒介制造的媒介事实来认识围绕在自己身边的“真实世界”，并以这样的认识来达成自己的判断，得出自己的想法，并指导自己在现实生活中的行动。[③]

媒介化时代的到来无疑是以20世纪八九十年代媒体特别是网络媒体的飞速发展为前提的。以我国为例，20世纪初，我国的报纸、电视、广播和互联网四大新闻媒体获得了极为迅猛的发展。第51次《中国互联网络发展状况统计报告》

① 汪兴明、李希光主编：《政府发言人15讲》，清华大学出版社2006年版，第87页。
② 汪兴明、李希光主编：《政府发言人15讲》，清华大学出版社2006年版，第87页。
③ 汪兴明、李希光主编：《政府发言人15讲》，清华大学出版社2006年版，第88页。

显示，截至2022年12月，我国网民规模达10.67亿人，互联网普及率达75.6%；城镇网民规模为7.59亿人，农村网民规模为3.08亿人，50岁及以上网民群体占比由2021年12月的26.8%提升至30.8%；全年移动互联网接入流量达2618亿GB；短视频用户规模为10.12亿人，占网民整体的94.8%。

媒体的迅猛发展已经开始形成一股强大的力量，正日益深入地影响着人们社会生活的方方面面，重塑着人们的价值观、思维方式和意识形态。媒体之于人们社会生活的重要性，正如学者所言："吃饭、睡觉和媒介已经成为我们每天最绕不开的三样东西。"[①]可见，人们对媒体的高度依赖和媒体对人们社会生活各方面的深刻影响，构成了媒介化时代最为突出的两个特点。

毫无疑问，媒介化时代的到来，给公众舆论的形成和表达提供了极为有利的条件，同时，也使得舆论具有了与以往不同的特点。就涉警舆论而言，媒介化时代的涉警舆论具有以下几个鲜明的特点。

（一）涉警舆论事件多发和频发

近年来，涉警舆论事件呈现出明显的多发和频发的态势。多发表现为：近年来发生的有全国性影响的涉警舆论事件的数量较之以往明显增多；频发表现为：涉警舆论事件发生的频率增高，有时一个月或几天之内就会发生若干起。与20世纪90年代相比，涉警舆论事件无论是数量上还是频率上都明显增多、增高。

（二）涉警舆论的形成高度依赖网络媒体

对近年来发生的涉警舆论事件所凭借的媒体进行分析，就会发现公众的舆论主要是通过互联网表达的。由于网络具有传播舆情信息快速、网民互动性强、身份隐匿、传播方式自由和自主等传统媒体无法比拟的优势，因而成为公众舆论形成和表达的最便捷和最有效的途径和平台。虽然有时涉警舆论的形成是传统媒体和网络媒体交互作用的结果，但总的来看，网络在其中所起的作用是至为关键的。

---

① 王君超：《解读媒介的负面影响》，载李彬、王君超主编：《媒介二十五讲》，清华大学出版社2004年版，第119页。

（三）涉警舆论影响力大

由于当今网络媒体的高度发达，我国的网民数量已高居世界第一。网民人数的增多，导致主要依靠网络媒体表达的涉警舆论具有了极大的影响力。现实生活中只要发生一些公众不满意的涉警事件，并上传到网上，就会形成少则上千多则上万，甚至百万的网络点击量、发帖量、跟帖量，进而兴起汹涌如潮的涉警舆论。这些舆论或理性、克制、有建设性，或冲动、泄愤、情绪化，无论是何种涉警舆论，只要在网络上作了表达，形成了声势，就会产生巨大的影响力。影响所及包括公安机关和人民警察的形象、党和政府在群众心目中的公信力、对事（案）件的定性和处理、政治的稳定，有时甚至会影响到我国法治的发展进程和方向。

（四）涉警舆论社会关注度高

由于公安机关和公安工作的特殊性，一旦发生涉警舆论事件，就会引起下至百姓，上至公安机关领导甚至中央领导的高度关注。社会各个方面对涉警舆论高度关注，不仅因为涉警舆论在很大程度上反映了民意，必须引起重视，而且还因为涉警舆论非常敏感，若处理不当，就会影响执政党的公信力，削弱社会稳定的根基。因此，涉警舆论事件的高社会关注度是促使其得到及时有效处置的重要推动力量。

（五）涉警舆论易导致行动

涉警舆论虽然主要表现为公众对公安机关和公安民警的看法和评价，即一种意识层面的表达，但人的意识和行动是互动和相通的。特别是涉警舆论往往掺杂着公众的不满情绪，是公众情绪化的表达，加之媒介化时代网民联系的便捷和快速，使得公安机关对涉警舆论如不进行及时的引导和处理，就很容易由网上的言论发展为网下的行动，由对警察及公安机关的不满和发泄演变成为对政府乃至社会的抗议甚至是暴力行为。近年来由于部分公安机关对涉警舆论事件懈怠忽视、反应迟缓，导致涉警舆论由言致行的情况并不鲜见。

二、涉警舆论的双重作用

涉警舆论作为公众针对公安机关和公安民警的舆论反应和表达，绝非只有积极或消极的单一作用。虽然一些公安民警认为涉警舆论只有消极作用，没有积极作用，对其唯恐避之不及，但实事求是地讲，涉警舆论是一把“双刃剑”，它对于公安工作和公安队伍的作用是双重的，既有积极作用，也有消极作用。下面就对这种双重作用作具体的分析。

（一）涉警舆论的积极作用

1.涉警舆论有助于推动公安民警转变执法理念，提高执法能力。公众的议论和批评，可以促使公安机关以此为契机，在全国公安民警中开展执法为民的执法理念教育，从而使公安民警的执法理念和执法能力提高。毋庸讳言，与我国法治建设和和谐社会的要求相比，公安队伍还有许多不适应的地方，公安民警执法不公、执法犯法的问题还在一定程度上存在，许多涉警舆论往往都由此而起。公众表达的对公安机关和公安民警的一些看法虽然尖锐、刺耳，有的甚至带有明显的泄愤情绪，但作为对公安民警执法理念和能力的批评，客观上无疑是对公安机关的一种警示和督促，是公安民警转变执法理念、提高执法能力的重要推动力量。

2.涉警舆论有助于公安机关更好地促进公安组织及民警的持续改进。监督理论和实践表明，公众舆论作为一种重要的异体监督力量，在推动组织和人员的改进和完善方面，往往发挥着比同体监督更为积极和有效的作用。涉警舆论是来自公安机关以外的一种异体监督力量，舆论的压力能够督促公安机关正视和反省自身在组织和人员等方面存在的不足，并以对公众负责任的态度，及时地加以改进。因此，从一定意义上说，涉警舆论是公安机关革除积弊、完善制度、提高队伍素质不可缺少的促进力量。

3.涉警舆论有助于公安机关更好地了解民意，提高人民群众对公安工作的满意度。虽然涉警舆论不乏非理性化的成分，但不可否认，涉警舆论在一定程度上是民意的反映，代表着公众的愿望、呼声和诉求。公安机关是政府重要的职能部门，为了更好地履行打击犯罪，保护人民的职能，践行全心全意为人民服务的宗旨，必须倾听民声、了解民意，而涉警舆论则是公安机关达此目的不可忽视的方面。虽然涉警舆论难免鱼龙混杂，但只要公安机关认真对待，善于抽丝剥莠，还是能够从中感受和捕捉到民众的渴求和呼声的。在公安工作中，公安机关应以人民群众的满意度为检验标准，因此，通过涉警舆论认真倾听和对待公众对公安工作的意见、建议，并以对人民群众高度负责的态度，以更加扎实的工作，努力满足公众的合理需求，这样无疑有助于提高人民群众对公安工作的满意度。

（二）涉警舆论的消极作用

舆论学研究表明，健康的、积极的舆论具有鞭挞丑恶、激浊扬清的作用，而以发泄、丑化和炒作为目的的不当舆论，会对被监督者造成一定的伤害，并损害法治社会正常的舆论环境，进而危及公共利益。涉警舆论的监督客体是公安机关和公安民警，任何以炒作、泄愤和丑化为目的的涉警舆论，或者是由于不实和歪曲报道而引发的涉警舆论，都是针对公安机关和公安民警的不当舆论，这些不当舆论非但无法起到督促公安机关纠偏、提高和完善的作用，反而会起到损害警察形象、影响公安工作、破坏社会稳定等消极作用。

1.不当的涉警舆论会损害警察形象，损害党和政府的公信力。在我国，警察代表党和政府执法，是党和政府的“门面”，因而警察形象就是党和政府的形象。不当的涉警舆论其直接的后果就是损害警察形象，其延伸效应就是损害党和政府的公信力。警察形象说到底是公众对公安机关的评价，这种评价好与坏，都会直接影响到公众对公安机关及党和政府的信任度，影响公众对公安工作的理解和支持程度。因此，在现代社会，警察形象被认为是公安机关继人、财、物和信息之后的第五大资源，形象受损，公安工作在很大程度上就会失去民心这一重要的根基，而不当的涉警舆论损害的恰恰就是警察形象。对此，必须引起各级公安机关的高度重视。

2.不当的涉警舆论会消解公安民警的工作士气，进而影响公安工作任务的完成。在我国社会转型时期，公安工作任务异常繁重，在警力少、任务重的情况下，公安民警对工作的热情和付出在很大程度上要靠其对工作的信念和士气来支撑，而士气的维系则有赖于公众对警察的理解和信任。不当的涉警舆论把本已承受巨大压力的公安民警推上了舆论的风口浪尖，使其成为社会的众矢之的，这无疑会给广大民警的工作士气和工作积极性带来沉重的打击，使警察背负巨大的精神压力，从而导致其在工作中瞻前顾后、畏首畏尾，最终必然会影响公安工作任务的顺利完成。

3. 不当的涉警舆论会扭曲民意，损害和谐警民关系的建立和发展。民意是民众正常愿望和情绪的反映与表达，而不当的涉警舆论虽然也反映了部分公众的情绪和情感，但却不是正常的民意表达，因为它不以反映建设性的建议、督促和解决问题以及推动国家民主法治进步为初衷，而是以吸引眼球、制造轰动效应、丑化政府和警察、赚取名利为目的，这样的舆论必然会拉大警民之间的心理距离，损害警民之间的信任，对于构建和谐的警民关系有百害而无一益。

三、加强公安舆论引导工作的必要性

媒介化时代涉警舆论的特点及其所具有的消极作用，决定了当前加强公安舆论引导工作十分紧迫和必要。

（一）加强公安舆论引导工作是公安机关完成艰巨繁重的公安工作任务的迫切需要

进入21世纪以后，特别是近年来，国内外形势发生了深刻而巨大的变化。国外的敌对势力利用机会煽动群众的不满情绪，公安机关面临的维护社会治安和政治稳定的任务异常复杂和繁重。在这样的社会环境下，公安机关不仅要积极开辟打击违法犯罪活动和妥善处置各类突发公共安全事件的战场，而且要积极开辟占领舆论阵地、加强舆论引导的战场。因为媒介化时代决定了媒体对于涉警事（案）件绝不会袖手旁观，公安机关在维护社会稳定和处置各类突发公共安全事（案）件时，必然会面临着两个任务，即事（案）件处置的任务和舆论引导的任务。这两个任务在媒介化时代是不可分割、融为一体、相辅相成的，只强调事（案）件处置而忽视舆论引导工作，无疑是传统社会忽视和小觑媒体的片面思维和做法，不仅与媒介化时代的要求格格不入，而且也无助于对事（案）件的处置和公安工作任务的完成。因此，在媒介化时代，公安机关和公安民警必须树立和掌握集事（案）件处置和完成公安工作任务与舆论引导于一体的新的工作理念和工作方式。只有这样，才能适应新时期社会发展变化的要求，更好地履行所承担的社会责任和政治责任，不负党和人民的重托。

（二）加强公安舆论引导工作是树立良好警察形象的迫切需要

所谓警察形象，是指公众对公安机关和人民警察的执法和管理活动经过认知而形成的总体印象和评价。警察形象虽然涉及公安机关和人民警察的表现与公众的印象和评价两个方面，但实质上却是公众对公安机关和警察各方面表现的看法和评价，而绝非公安机关和警察的自我感觉和评价。在舆情信息时代，警察形象已经成为警察组织极为重要的无形资产，具有重要的政治价值和意蕴。公安机关要想增强执法的权威性和公信力，获得公众的认同和支持，就必须树立良好的警察形象。因此，树立良好的警察形象，始终是公安机关追求的一个重要的组织目标。

近几年来个别媒体以炒作涉警新闻、吸引眼球为目的，热衷于报道警方的负面新闻，不能不说是影响警察形象的一个重要原因。媒体对公安机关和队伍中存在的问题进行曝光和批评，是媒体履行监督职能的需要，也是督促公安机关改进工作重要的推动力量。但不可否认，任何的涉警负面报道都可能演变为批评、指责和谩骂警察的舆论风波，也极有可能成为影响社会稳定的导火索。无论如何，这种不利的涉警舆论风波在扩大的过程中，都会对警察形象造成越来越大的杀伤力和破坏力。原因很简单，有相当多的公众都是通过媒体报道和人际传播来认识和感知警察形象的，而现代传媒具有巨大的传播力，能快速传播涉警负面报道并由此引发舆论。因此，公安机关在自觉接受舆论监督的同时，正确有效地引导涉警舆论，对于树立和维护警察的良好形象具有极为重要的意义。

（三）加强公安舆论引导工作是公安机关营造良好舆论环境的迫切需要

公安工作的顺利开展有赖于组织内外良好的工作环境。从外部环境来说，政治环境、法律环境、经济环境、文化环境以及舆论环境等，都是公安机关必须面对和依赖的外部环境。其中，舆论环境因其具有的公众性而成为公安机关不可忽视的一个重要的外部环境。公安工作具有社会性，直接面对公众执法，其执法和服务质量的好坏都会成为公众热议和评价的话题，进而形成一定范围的舆论，这种舆论会构成无数个舆论场，成为公安机关无法置身其外的一种舆论环境。对于公安机关来说，舆论环境作为一种无形的监督、制约和影响力量，具有积极的和消极的区分。积极的舆论环境意味着公众对公安机关和公安工作的理解、信任和支持，而消极的舆论环境则意味着公众对公安机关和公安工作的不满、抵触甚至怨恨。公安工作要想顺利开展，就必须有一个积极的良好的舆论环境。而要做到这一点，加强公安舆论引导工作无疑具有十分重要的意义。加强现阶段的公安舆论引导工作是一项关涉公安工作大局的重要任务，只有从思想上高度重视，运用有效的引导手段，才能为公安工作的开展营造良好的舆论环境。

第三节　公安舆论引导的实质

公安舆论引导的实质究竟是什么？这是公安机关在有效开展舆论引导工作时必须思考和明确的一个重要的理论问题。只有对这个问题有了正确的理解和把握，公安舆论引导工作才不会变成对涉警舆论的任意操控和压制，才具有民主社会的合理性和合法性。

一、公安舆论引导实质的内涵

公安舆论引导的实质是指公安机关引导舆论的根本关系和最终目的问题。

公安舆论引导的主体是掌握国家公权力的公安机关，而客体则是广大公众通过媒体所表达的意见和看法，这就决定了在民主社会公安舆论引导归根结底表明的是一种国家公权力和公民私权利的关系，是作为国家公权力拥有者的公安机关对私权利拥有者的公众的一种尊重和满足，这是公安舆论引导实质的第一层含义，即其中所蕴含的公权力和私权利的关系问题。此外，公安舆论引导的实质还包括第二层含义，即公安舆论引导的最终目的问题。无论公安舆论引导表明的是公安机关和公众之间怎样的一种关系，公安舆论引导仍然是公安管理的一项重要工作，既然是一项公安管理工作，它就必须服务于特定的公安组织目标，因而公安舆论引导具有明确的目的性。虽然公安舆论引导的目的不是单一的，具有多元性，但从公安组织的角度来看，公安机关引导舆论的最终目的就是提高自身的公信力。可以说，公信力是公安舆论引导无法回避而必须指向的最终目的。

因此，公安舆论引导的实质就是公安机关通过尊重和满足公众的知情权以期在更大程度上获得自身的公信力。

二、公安舆论引导是为了尊重和满足公众的知情权

从根本关系的角度来看，公安机关舆论引导的实质是公开警务信息，满足公众的知情权，这是公安机关舆论引导实质问题的第一层含义。

中华人民共和国的一切权力属于人民，人民通过选举产生各级人民代表大会，行使国家权力。地方各级政府是地方各级国家权力机关的执行机关。政府掌握和行使公权力的目的就是尊重和保护人民的私权利，政府与人民的关系是权力代理者和所有者的关系。从这个意义上说，政府承担着对人民的权利、需求和愿望予以尊重和满足的多种义务和责任，政府和人民群众的这种关系是思考和解答民主社会诸多政府—人民关系问题的锁钥。失去了这把锁钥，很多问题就会本末倒置，难以得出正确的结论。

公安机关是政府的组成部分，代表政府行使法律赋予的强大的国家权力，因而公安机关对人民群众也具有一种公权力对私权利的尊重和满足的责任。具体到公安舆论引导而言，这是一项公安机关对人民群众公开舆情信息的工作，因而从尊重和满足公众权利的角度来说，公安舆论引导的核心问题就是公安机关对公众知情权的尊重和满足。

知情权，又称知晓权、获知权、资讯权、舆情信息权或了解权，在政治学意义上，知情权是指公民有知政权，即了解社会公共事务舆情信息的权利。在当今时代，知情权已经成为国际社会公认的公民重要权利之一。在民主社会，人民参政议政、管理国家的重要途径之一就是监督政府，即通过政务信息公开，及时了解政府的所作所为以督促政府纠正偏差。而要做到这一点，就必须让人民拥有知

情权。因此，公民的知情权是人民管理国家事务的基础，是人民监督公共权力和保护自身利益的重要手段。

公民知情权实现的前提条件是政府对政务信息的公开，离开公开信息这一政府重要的责任和义务，公民的知情权就是一句空话。建立信息公开制度，保障公民的知情权，已经成为现代民主发展的一个趋势。顺应这个趋势，一些西方国家率先把政府公开信息变成一种法律责任和义务。如“二战”后，美国联邦最高法院通过判例确认了知情权，国会则于1966年制定了《情报自由法》，该法规定每个人都有得到其应知道的信息资料的平等权利。1976年国会又制定了《阳光下的政府法》，这是一部规定美国合议制行政机关会议公开举行的法律。依据该法，公众可以观察会议的进程，取得会议的文件和信息。迄今为止，世界上已有几十个国家制定了信息公开法。譬如，政府每年的行政开支、规模的大小、财政经费的用途，都要向社会公开披露。除了涉及国家秘密和个人隐私等信息外，任何人都可以查阅政府信息，任何人都有权利向政府请求公开信息。

我国越来越重视公民的知情权和政府信息公开的问题。党的十九大报告提出，巩固基层政权，完善基层民主制度，保障人民知情权、参与权、表达权、监督权。2019年修订的《中华人民共和国政府信息公开条例》明确规定，各级人民政府及县级以上人民政府部门应当建立健全本行政机关的政府信息公开工作制度，并指定机构负责本行政机关政府信息公开的日常工作；对涉及公众利益调整、需要公众广泛知晓或者需要公众参与决策的政府信息，行政机关应当主动公开；行政机关应当建立健全政府信息发布机制，将主动公开的政府信息通过政府公报、政府网站或者其他互联网政务媒体、新闻发布会以及报刊、广播、电视等途径予以公开。由此可见，保障公民、法人和其他组织依法获取政府信息，提高政府工作的透明度，是建设法治政府的必然要求，能够充分发挥政府信息对人民群众生产、生活和经济社会活动的服务作用。

公安机关与公众的关系决定了公安舆论引导的实质必然是一个公开警务信息以满足公众知情权的问题。因为公安舆论引导是公安机关通过发布和公开有关警务信息以影响和左右公众意见的活动过程，无论公安舆论引导活动是因何种情况而起，具有怎样的目的追求，公安机关都必须履行信息公开的责任和义务，引导只能是建立在信息公开基础上的影响和导向。或者说，公安舆论引导是公安机关带有很大主观性的一种美好愿望，至于这种美好的愿望能否变为现实，公众舆论是否受公安机关公开信息的影响，在何种程度上受到影响，则是公安机关所无法预测和左右的。对于公安机关来说，唯一能做的，也是有义务做的，就是合理合法地公开警务信息。此外，由于信息的不对称原理，作为信息接受者的公众无疑处于弱势的地位，而要在舆论引导中期望公众的意见朝着一定的方向流动和转变，首先就是要让公众知晓信息，公众知晓的信息越多、越全面、越深入，就越有可能得出正确的结论和客观的评价，也就越有可能实现公安舆论引导工作的目的。因此，对于公安机关而言，公安舆论引导的美好愿望能否变为现实，完全取决于公安机关在警务信息公开方面做得如何。当然，公安舆论引导绝非只是公开警务信息这样简单。在复杂的涉警舆论事件中，有公众因信息闭塞和不对称而对公安机关和警察产生的误解，有公众基于充分了解信息后对公安机关和警察的正常批评和监督，当然也不排除有部分公众故意歪曲事实、丑化警察。面对这样复杂的舆论环境，公安机关除了尽可能地公开警务信息外，还要讲究引导策略，必要时也可以采取行政和法律的控制手段。但无论如何，在公安舆论引导工作中，公开警务信息是公安机关有效引导舆论的基础和前提。

三、公安舆论引导的实质是提升自身的公信力

从目的的角度来看，公安机关舆论引导的实质是提升自身的公信力，这是公安机关舆论引导实质的第二层含义。

这是从公安组织实现自身目标的角度对公安机关舆论引导实质的定位。如果说公开警务信息满足公众的知情权具有外部性，主要表明的是公安机关与公众的关系，那么，提升公安机关的公信力则更多的是基于内部性的一种考量。这种考量之所以必要，是因为无论公安机关舆论引导表明的是公安机关和公众之间怎样的一种关系，它仍然是公安管理工作的一项重要内容，既然是一项公安管理工

作，它就必须服务于特定的公安组织目标，为完成公安工作和组织目标服务。如果脱离公安组织目标和公安工作来谈公安机关舆论引导工作的实质，就会架空这项工作，使这项工作的意义和价值大打折扣，难以得到公安机关自上而下的重视。因此，公安机关舆论引导基于目的的角度考量，应以提升公安机关的公信力作为重要的价值追求，因为只有注重公信力的提升，公安机关舆论引导工作才能切实起到促进公安组织目标实现和公安工作发展的重要作用。

“公信力是政府的影响力和号召力，它是政府行政能力的客观结果，体现了政府工作的权威性、民主程度、服务程度和法治建设程度；同时，它也是人民群众对政府的评价，反映了人民群众对政府的满意度和信任度。”①公安机关是政府的重要组成部分，其执法和管理等各项工作的开展和组织目标的实现也必须建立在公安机关拥有公信力的基础上。具体到公安机关舆论引导上，作为一项管理工作，它必然要为实现公安组织目标和完成公安工作服务，而要做到这一点，重要的前提条件就是要把提升公安机关的公信力作为舆论引导的目的。公安机关舆论引导是一项通过信息沟通来促使公众看法和态度发生改变的工作，而公众的看法和态度发生改变的重要前提是公安机关作为舆论引导主体必须具有公信力，如果缺乏这个最基本的信任基础，那么，舆论引导就必然会被公众看作公安机关为了维护自身利益的一种“作秀”行为，一旦公众产生这样的心理，无疑就会对公安机关所发布的信息产生逆反和排斥。美国著名的社会心理学家霍夫兰提出的态度转变模式，从理论上对此提供了有说服力的解释。霍夫兰指出，影响态度转变的因素有四个变量：宣传说服者变量、信息变量、渠道变量以及信息接受者变量。其中，宣传说服者变量是否具有可信性、吸引力，对人们态度的转变具有重要的影响。霍夫兰通过一个经典的研究测试得出结论，“宣传说服者的可信性往往比信息本身的逻辑性与合理性更重要”②。霍夫兰的研究结论无疑对公安机关舆论引导工作的目的定位具有极大的启示和指导作用，同时也对公安机关舆论引导的实

① 唐铁汉：《提高政府公信力　建设信用政府》，载《中国行政管理》2005年第3期。

② 时蓉华：《社会心理学》，浙江教育出版社1998年版，第559页。

质是提升自身的公信力这一结论提供了理论上的依据。

四、正确处理与人民群众和媒体的关系

既然公安舆论引导的实质是尊重和满足公众的知情权，提升自身的公信力，那就决定了公安机关在公安舆论引导工作中必须正确处理好与人民群众和媒体两个方面的关系。

（一）处理好与人民群众的关系

《中华人民共和国宪法》第41条第1款明确规定："中华人民共和国公民对于任何国家机关和国家工作人员，有提出批评和建议的权利；对于任何国家机关和国家工作人员的违法失职行为，有向有关国家机关提出申诉、控告或者检举的权利，但是不得捏造或者歪曲事实进行诬告陷害。"这表明，人民群众作为舆论监督的主体，依法享有对国家机关和公职人员的批评权和建议权，公安机关对涉警舆论进行引导的合法性前提就是必须尊重人民群众的这种宪法权利。与公安舆论引导工作相比，人民群众享有的这个宪法权利具有次序的优先性，也就是说，公安机关的舆论引导工作只有在尊重人民群众对国家机关和国家工作人员批评权和建议权的基础上，才具有正当性和合理性。

由于公安舆论引导是时代发展向公安机关提出的一项新课题，在警务实践中，必须防止和纠正这样一种带有普遍性的错误认识，即公安舆论引导的目的就是最大限度地控制舆论，不能让不利于警方的声音和意见随意蔓延。且不说在媒介化时代，这是公安机关所无法做到的，也决不能这样去做。原因很简单，公安机关是政府的公权力部门，对于公众舆论这种属于私权利范围的事务，公安机关无权强加干涉，除了最大程度地做到警务信息公开，让公众在了解事实的基础上作出评判，发表意见之外，其他任何非法或不合理的控制手段都与公安机关获得公信力这一目的背道而驰。基于此，公安机关要想通过舆论引导获得公信力，决不能靠公权力控制舆论、剥夺人民群众的批评权和建议权，要在尊重人民群众基本权利的基础上，最大程度地公开警务信息，以真诚和负责任的态度与人民群众进行沟通，赢得人民群众的理解、尊重和信任。

（二）处理好与媒体的关系

在媒介化时代，公安舆论引导在很大程度上要通过媒体来进行，媒体是公安机关开展舆论引导工作必须依靠的桥梁和手段。在民主法治社会，基于政治制度的安排，媒体除了承担告知、引导、宣传、教育、娱乐、服务等功能外，还承担着监督功能，即媒体代表公众通过大众传媒这一公共话语平台的传播及辐射效应，对国家权力的偏差行为实施监督，媒体的舆论监督是民主社会对国家公权力的运行监督的一种重要的社会力量，对于确保权力依法行使，发挥权力的正效应具有极为重要的作用。经过20世纪90年代市场化的改革，很多媒体都获得了面向市场自由竞争和发展的广阔空间，从而为更好地履行监督功能开辟了更加广阔的道路。

我国政治制度的安排决定了媒体和公安机关在政治上是监督和被监督的关系。公安机关掌握着国家法律赋予的十分广泛的权力，这些权力与每位公民生存和发展的权利息息相关。因此，公安机关和公安民警是媒体重要的监督对象。此外，媒体还是信息的告知者和传播者，人民群众知情权的享有和实现很大程度上要靠媒体来实现。媒体依法拥有采访权和报道权，媒体的这些权利只有得到尊重和满足，人民群众的知情权才有望实现。因此，公安机关在与媒体打交道时，应尊重和满足媒体的采访权和报道权，向媒体公开警务信息。《中华人民共和国政府信息公开条例》为公安机关尊重媒体的新闻权利，公开警务信息，提供了具有强制性的约束机制。

基于此，公安机关在舆论引导工作中，其公信力的获得必须建立在尊重媒体的监督权以及与此相联系的采访权和报道权的基础上。因为公信力之于公安机关是公安工作如何取信于民的问题，而媒体则在很大程度上代表人民群众来监督公安机关，是民意的反映者和维护者。尊重媒体的权利就意味着对人民群众知情权的尊重，而打压媒体的权利就是对人民群众知情权的忽视和剥夺，这两者具有内在的一致性和关联性。为此，公安机关在舆论引导工作中，必须正确认识媒体在社会生活中的作用，正确处理与媒体的关系，尊重媒体的权利，自觉接受媒体的新闻舆论监督，满足媒体对信息的需求，提高警务的公开度和透明度，通过多种方式和手段加强与媒体的沟通和交流，努力构建与媒体互利合作的双赢关系。

思考与练习

1. 如何理解媒介化时代加强公安舆论引导工作的必要性？

2. 为什么说公安舆论引导是为了尊重和满足公众的知情权？

3. 公安机关提高自身的公信力对公安舆论引导有哪些积极作用？

第七章　公安机关舆论引导方法

学习要点：通过本章的学习，要求掌握舆论引导的基本方法，能够描述和解释说服模型的四个要素；掌握舆论引导的六种基本理论，灵活运用舆论引导的具体方法。

第一节　舆论引导的基本方法——说服

公安舆论引导是指在涉警事（案）件发生后，公安机关通过信息发布的方法，表明态度，回应互动等，以期满足公众知情权，影响和改变公众的看法，使舆论朝着有利于公安工作和公共利益方向发展的管理活动。在舆论的形成中让公众多一些独立思考而少一些盲目从众，使舆论增加理智的成分，这应当是舆论引导的本来意义。为达到这一目的，舆论引导的基本方式就是通过对公众的说服，改变舆论或者巩固、扩展原有的舆论。说服包含以下两层含义：一是指按信息发出者的要求，使对象自愿地改变态度或行为；二是指通过传递视听信息，有意识地对接受者的行为施加影响。[①]但是，说服是个互动的过程，因此舆论引导主体在说服的过程中要注意唤起公众参与传播的意识，即采用双向交流的方式达到舆论引导的目的。

---

① 龚文库：《说服学——攻心的学问》，东方出版社1994年版，第113—114页。

一、说服模型

说服的过程实际上是一个信息沟通的过程，沟通的完整过程中包含反馈环节，这在说服过程中尤其重要，因为说服必须考虑接受者各种可能的反应，并依据这些反应及时作出相应调整。霍夫兰把说服看作信息交流的过程，并提出了一个标准的说服模型。该模型着重分析了影响态度改变的四个关键因素——沟通者（communicator）、沟通本身（message）、接受者（target或者audience）及沟通情境（situation）。

（一）舆论信息源——沟通者

沟通者是最主要的舆论信息源（source）。沟通者的专业性、权威性、可靠性、吸引力等因素都会影响态度改变的效果。阿伦森等人在1963年进行过一个实验，他们列举了由不同的现代诗人撰写的几首诗，向被试征求意见。这些被试对其中的一首诗作出了否定性的评价之后，他们告诉这些被试，有人认为这首诗写得相当好。他们对其中的一些被试说，作出这一评价的是著名的诗人艾利奥特；而对另一些被试说，作出这一评价的是南方州立师范学院的学生斯特恩。然后让所有的被试重新评价这首诗。不出所料，听到艾利奥特意见的被试中有更多的人改变了对这首诗的评价。这个实验表明，威信高的传播者比起威信低的传播者，能更有效地改变舆情信息接受者的态度。

涉警事（案）件中，公安机关应该是明确而权威的信息源，但这取决于公安机关的公信力和公安机关发布信息的真实、可信度。因此，公安机关进行有效说服的前提是提高民众对公安机关的信任感。

（二）沟通本身

在沟通过程中，信息的安排与选择、信息的情绪特征（恐惧唤起）、信息的单方面呈现或双方面呈现、信息传递途径等都会影响说服效果。霍夫兰等人在1945年做了一个单方面信息呈现和双方面信息呈现的对比实验，以考察哪种信息传递方式在说服士兵上的效果更佳。“二战”后期，虽然意、德失败了，但盟军与日军还在持续一段艰苦的战争。该实验在单方面信息传递中强调，由于从美国本土到太平洋的盟军基地的补给线很长，不容易迅速接济各种补给品；日方控制着许多占领地资源，日军人数多、士气高，并有拼死到底的武士道精神，因此，盟军与日军的战争至少还要持续两年。在双方面信息传递中，除了上述的说法以外，也承认一些不利于日军持续作战的因素，如盟军海军的实力比日本海军强大，意、德投降后，日军已呈孤立之势等，在综合了有利于日军及不利于日军的因素之后，估计盟军对日作战还要持续两年。霍夫兰等人将两种信息分别传递给两部分军人，然后考察态度改变的效果如何。结果发现，单方面信息传递与双方面信息传递对态度改变的效果受如下因素制约：

1. 目标对象的教育程度。单方面信息传递更能有效地改变教育程度低的军人；双方面信息传递更容易有效地改变接受过高中以上教育的军人。

2. 信息与原态度的方向是否一致。二者一致时，单方面信息传递更有效；二者不一致时，双方面信息传递效果更好。

因此，公安机关在说服过程中，要注意提供事（案）件信息的方式，针对具有不同认知程度的公众，应根据公众的认知特点（如首因效应、近因效应、选择性注意）来呈现警方的观点，比如先呈现警方的观点会引起公众的注意，而后呈现警方的观点会加深公众的记忆。

（三）目标对象——接受者

被说服者身上的某些特征会影响说服的效果。一是被说服者的人格，它包括个体的易受暗示性（suggestibility）、智力和自尊。自尊和态度改变的关系大致为：由于低自尊的个体比较关心自己的不足，对待自己比较容易抱否定态度，不大相信自己，所以他们一般比高自尊的人更容易被说服。二是被说服者的心境（mood）。詹尼斯等人在1965年通过研究指出，心情好的人更易于接受他人的说服性观点。在一项实验中，他们让有些被试在读说服性信息的时候有东西吃（可以让其心情好），而另一些被试则无，结果前一组发生了更大的态度改变。此外，被说服者的卷入程度、自身的免疫力以及认知需求、自我监控性和年龄等个体差异也都会以某种方式影响说服的效果。

公安机关面向的公众对象极为广泛、复杂，具体到每一起事（案）件中，应根据公众分类情况，使用定位理论，细分公众，而不是向所有的公众采用同样的说服方式。

（四）沟通情境

说服过程不是在沟通者和说服对象之间孤立地进行的，而是在一定的背景条件下和特定的情境中进行的。这些背景或情境因素，对说服效果也有着重要的影响。在某种背景或情境条件下，说服效果可能很好；然而换一种情境条件，说服效果就可能很差。霍夫兰通过大量研究，提出了两种可能会影响说服效果的情境——预警（forewarning）和分心（distraction）。预警指一个人在遭受某一与之相反的观点说服前，预先知道（预警）将会发生的情况。预警会促使被说服者产生防御心理，从而降低说服效果。分心指在说服过程中，情境中的某些刺激因素使被说服者难以把注意力集中在所接受的舆情信息上。

公安机关在说服的过程中，面对的沟通情境远比上文提到的更为复杂。预警和分心多发生在一对一的说服情境下，而涉警事（案）件中的说服，更多的是一对多或多对多的过程，因此，沟通情境除包括预警和分心这两个影响因素外，还包括大量社会结构性因素，比如警民关系现状就是一个重要的约束性条件。

二、说服的两个阶段

（一）内部调整阶段

这一阶段指的是接受者在接触媒介或舆情信息时的内在心理活动。首先是对舆情信息的注意度，其次是理解力，最后是接受程度。这一过程会受到个体的选择性接受及舆论不同形态的影响。

（二）可见效果阶段

这一阶段公众的态度发生改变。这种改变可以分为四种不同的效果程度，较为初步的是表面的态度变化；然后是认识变化（这里指的是信念的变化）；达到这个程度以后，可能会产生对某个问题、事件、人物或媒介本身的感情变化；最后促成行为变化。

说服的最高境界是能达到第三、第四种效果，但是我们目前的舆论引导通常只能达到第一种效果。这是因为舆论引导主体常常代表着一定的权力，具有以这种权力为背景的权威性；而达到后两种情况需要更多地与公众进行真诚的交流和相互理解。

借由说服影响公众的态度，继而影响公众的行为，使公众支持与认可公安机关，并能与公安机关在打造共建共治共享的社会治理新格局中产生合作，是新时代公安机关在舆论引导方面的最终目标。

第二节　舆论引导方法的理论假设和基本类型

采用不同的舆论引导方法，有其不同的理论假设，基于不同的理论假设，形成不同的舆论引导类型。

一、理论假设

（一）议程设置理论

议程设置理论是直接探讨媒介如何引导公众形成舆论或转变已有舆论的。

议程设置的基本思想来自李普曼。他在《公众舆论》一书中说："新闻媒介影响我们头脑中的图像。"此后我们进一步认识到，无论是媒介现实还是人们头脑中的主观现实都有别于客观现实。

与议程设置论研究最有直接关系的是科恩于1963年在《新闻与外交政策》一书中所提出的观点。科恩有一句名言："报纸或许不能直接告诉读者怎样去想，却可以告诉读者想些什么。"[①]这是议程设置理论的最直接来源。

1968年，美国传播学者马克斯韦尔·麦考姆斯和唐纳德·肖等人在一项对美国总统选举期间传媒报道对选民所产生影响的实证研究中发现，媒介加大对某些问题的报道量或突出报道某些问题，能影响受众对这些问题重要性的认知。

---

① 李彬：《传播学引论》，新华出版社1993年版，第142页。

1972年，麦考姆斯等人在《舆论季刊》上发表了研究报告《大众传播媒介的议程设置功能》，将媒介的这种传播效果命名为“议程设置”。“议程设置”遂成为传播学研究的一个经典性理论学说。其中心思想是：公众通过媒介知晓事件或问题，从媒介提示的角度思考，按照媒介对各种问题的重视程度来调整自己对这些问题重要性的看法，或者说媒介对某一事物的强调程度同公众对同一事物的重视程度成正比。

媒介为影响舆论的形成而将一些公众尚没有注意的问题提上日程，引起公众的兴趣，展开讨论，从而逐渐形成与媒介倾向一致的舆论，是我国经常使用的一种舆论引导方法。①

在议程设置理论的实证研究中，人们发现，媒介设置的议题与公众对它的重视程度并非简单地吻合，一般来说，媒介在界定某一社会问题的初期，设置的议题对公众的影响较大。一个议题若持续较长时间，则随着时间的推移，公众对议题的重视程度会低于媒介的期望。韦弗于1977年提出的“依需求引导”的概念，对于检验媒介设置议题的效果较为有效。他谈到三种公众的需求：公众的不确定性情况；兴趣；舆情信息与公众的相关性。这三方面满足公众的需求，设置的议题可能深刻地影响舆论。②

孟小平对议程设置理论的可行性作了补充说明：（1）在舆论环境发展的不同阶段，新闻媒介影响人们具体看法的程度各不相同；（2）议程设定只涉及具体的舆论问题，在舆论环境的层次上是不适用的；（3）公众越是熟悉的问题，如有关吃穿住的问题，媒介议程安排的作用越小。③

（二）社会化和间接影响理论

议程设置理论涉及的是对具体舆论的形成和发展方向的影响。“社会化和间接影响理论”则是另一组关于大众媒介间接、长远地影响舆论的传播学理论假

---

① 陈力丹：《舆论学——舆论导向研究》，中国广播电视出版社1999年版，第80页。

② 王石番：《民意理论与实务》，黎明文化事业公司1995年版，第190页。

③ 孟小平：《揭示公共关系的奥秘——舆论学》，中国新闻出版社1989年版，第182页。

设，它把大众媒介视为人在社会化过程中受到的重要社会影响之一。[①]

社会化是指一个人获得自己的人格和学会参与社会或群体的方法的社会互动过程。[②]这个过程充满了模仿的意识和行为，大众传播为这种社会学习性质的“模仿”提供了几乎所有可以想象的行为样式和象征符号。传播学者德弗勒指出：“丰富的文献显示出，儿童和大人都从各种媒介，特别是从电影和电视，学到态度、情绪反应和新的行为风格。”[③]态度、情绪反应和行为风格，正是舆论的几种常见形态。媒介从这个角度对舆论的影响，被称为“模仿论”。这种模仿有时是有意识的，而有时则是无意识发生的，受众可能并不知道自己在模仿，新闻从业者也许并没有故意地想要人们去模仿，但这种模仿的确在影响受众的态度、情绪、行为。

个体在社会化过程中，不断与所在社会群体进行各种互动，个体承担各种不同的社会角色，每一种社会角色都对个体有一种行为期待，个体试图满足这种社会期待，以实现心理平衡。而媒介传递着各种不同层次的社会群体、组织和人物的社会行为规范和道德准则，进而对个人意见形成间接影响，继而对舆论形成影响，这被称为“社会期待论”。

还有一种研究电视的“培养论”，也叫“涵化理论”，是把电视看作一条强烈的文化脐带，因为电视把表面丰富实则单调的许多共同的日常仪式，同时提供给广大的毫无限制的公众，融入他们的日常生活，传播学者摩尔根和西格诺里利在1992年就电视的这种影响力说：“由于经常观看电视受到涵化而培养出一种主流效果，其表现是不知不觉地消弭了平常受到其他影响而养成的观念和行为差异性。”[④]换言之，电视节目看得多，每个人原来的背景特征会逐渐消失，看法慢慢与电视相一致。

社会化和间接影响理论旨在说明大众传播媒介在态度形成、情绪反应和行为

① 陈力丹：《舆论学——舆论导向研究》，中国广播电视出版社1999年版，第81页。

② ［美］戴维·波普诺：《社会学》，李强等译，中国人民大学出版社1999年版，第142页。

③ ［美］梅尔文·德弗勒、桑德拉·鲍尔-洛基奇：《大众传播学诸论》，杜力平译，新华出版社1990年版，第143页。

④ 王石番：《民意理论与实务》，黎明文化事业公司1995年版，第211页。

规范等方面有着间接而缓慢的影响，因而在舆论引导过程中，不仅需要及时对舆论进行引导，还需要在社会整体发展过程中考虑长远的对舆论的引导。

（三）“沉默的螺旋”理论

诺埃勒－诺依曼的“沉默的螺旋”理论，是从社会心理学角度对舆论形成的研究。她以人害怕在社会中被孤立的心理为主要依据，认为为了防止自己被孤立和受到社会制裁，一般人在表明自己观点之前首先要感觉一下“意见气候”，如果自己的意见与现有的多数人意见相同或相近，便会较为大胆、积极地发表，如果发觉自己处于少数方，便会迫于无形的舆论压力而趋向于保持沉默。于是舆论的形成，便产生了一个“一方越来越大声疾呼，而另一方越来越沉默下去的螺旋式过程”[①]。

诺埃勒－诺依曼的论证角度对舆论引导具有重要意义，提供了一种引导非主流舆论转向主流舆论的思想。但是，“沉默的螺旋”基于社会心理学中“从众”的大众心理现象，从众虽然广泛发生，但是不同的个体会有不同的反应，比如对于受教育程度较高、自主意识较强的个体，以这种方式进行引导，效果可能不太好。而且也可能虽然在短期取得了表面的一致，但是由于个体感到了“受压迫”，会为未来更大的冲突埋下危险的种子。

（四）选择性四要素

采用不同的舆论引导方法要注意个体心理上的几种“选择性”：

1.选择性注意。心理活动或意识对一定对象的指向与集中，叫作注意。[②]注意的指向性和集中性，使个体在面对大量的舆情信息时，会选择重要的、自己感兴趣的舆情信息给予注意，而大量的其他舆情信息则被过滤掉。不同类型的群体所关注的舆情信息内容，会呈现界限分明的区别。处于牢固社会关系中的人或群体，更加注意与他们相关的舆情信息，而忽略其他舆情信息。选择性注意也意味

---

① Elisabeth Noelle–Neumann，*The Spiral of Silence*：*Public Opinion–Our Social Skin*，the University of Chicago Press，1993，p.61.

② 彭聃龄主编：《普通心理学》，北京师范大学出版社1988年版，第189页。

着对不合心意的舆情信息的排斥，在这个意义上，选择性注意是个体和群体对舆论引导舆情信息的一种无形的消极防卫圈子。

2.选择性理解。面对相同的舆情信息，个体会根据自己的认知水平、态度、情感等对其赋予不同的意义或解释。李普曼曾说："对于所有的听众来说，完全相同的报道听起来也不会是同样的。由于没有完全相同的经验，每一个人的领会也就不同，每个人会按照自己的方式去理解它，并且加入他自己的感情。"①

3.选择性记忆。记忆是通过识记、保持、再现（再认、回忆）等方式，在人们的头脑中积累和保存个体经验的心理过程。②人们感知过的事物、思考过的问题、体验过的情感或从事过的活动，都会在人们头脑中留下不同程度的印象，其中有一部分作为经验能保留相当长的时间，在一定条件下还能恢复。多数情况下这种记忆是无意识的，但是被记忆的内容无形中说明了当事人和群体的价值取向，会沉淀为新的信念或知识，成为新的意见或舆论的深层结构。

4.选择性行为。个体不会因为接受相同的舆情信息而采取相同的行为方式，即行为具有选择性。个体不同的需要、不同的动机，会引发不同的行为。

这四种选择性差异主要考察的是舆论的主体（公众），而舆论的客体（现实社会以及各种社会现象、问题）、舆论自身（信念、态度、意见和情绪表现的总和）、舆论的数量、舆论的强烈程度、舆论的持续性、舆论的质量、舆论的功能表现等构成舆论的基本要素，都是进行舆论引导时需要考虑的。

（五）交往行动理论

交往行动理论主要考虑的是外界影响与舆论间的关系。哈贝马斯认为一群人在某个问题上达到"意见一致"是一种数量最大化的舆论。而这种"意见一致"应当通过交往和理解的合作活动来达到，才具有合法性。

"集体相同情感并不体现一种意见一致的条件，如果他们达到意见一致，他们就终结这种进行理解的尝试。一种通过交往要达到的，或者在交往行动中共同作

① [美]沃尔特·李普曼：《公众舆论》，阎克文、江红译，上海世纪出版集团2006年版，第114页。

② 彭聃龄主编：《普通心理学》，北京师范大学出版社1988年版，第292页。

为前提的意见一致，在命题上是不相同的。根据这种语言结构，意见一致是不能只通过外部的影响就能达到的，意见一致必须由参与者同意接受。因此，这种意见一致与一种纯粹实际上存在的意见一致是不同的。理解过程的目的是要达到一种意见一致，这种意见一致要求具有合理动员的对一种表达内容的赞同的条件。”①这里讲的外部的影响即指舆论引导的主体，舆论引导主体要通过与公众的合作与相互理解达到意见一致（或叫形成舆论），强调舆论引导主体与公众间的真正互动，只有这样引导舆论的形成才是合理的。而在舆论形成前业已存在的集体情感造成的一致，由于没有经过“交往行动”，是一种纯粹存在的意见一致，合法性不高。

从这种认识出发，我们可以看到，公安机关作为舆论引导主体，要与公众达到意见一致，唯一的方法就是双方的合作与理解。“虽然对一种意见一致可以在客观上进行强迫，但是，凡是有意地通过外部影响，或运用暴力所形成的意见一致，在主观上都不能算作意见一致。意见一致是以共同信任为基础的。”②

（六）舆论发展的十阶段和“因果漏斗模型”

把握舆论形成对于引导舆论来说十分重要，引导舆论要找到适当的切入口，在舆论形成中的某一阶段及时给予引导，其效果比舆论形成后的补救性引导要好。

1958年戴维森提出舆论形成的十个阶段：

1. 当话题从一个人传到另一些人时，话题萌芽。

2. 在一定范围内，人们开始议论，话题形成。

3. 热心人士参与或社会团体关心这个话题。

4. 政党领袖谈论这个话题。

5. 大众媒介或专业机构参与这个话题。

6. 这个话题被简单化地加以概述。

7. 话题引起广泛的注意，舆论开始形成。这时的舆论是“一个较大的个人集

① ［德］哈贝马斯：《交往行动理论·第一卷——行动的合理性和社会合理化》，洪佩郁、蔺青译，重庆出版社1994年版，第363页。

② ［德］哈贝马斯：《交往行动理论·第一卷——行动的合理性和社会合理化》，洪佩郁、蔺青译，重庆出版社1994年版，第364页。

合体的意见，这些人互不相识，但他们对一个问题作出反应，期望一些其他人在这个问题上表现出类似态度”。

8.更多人虽然相互不认识，但议论时持有相同的看法。这时舆论完全形成。

9.公众开始面对面讨论，并在自身体验、团体影响、固有信念、个人期望的综合作用下付诸行动。

10.舆论涉及的问题消失，或舆论已经变成立法、风尚和社会规范，新的话题出现。[①]

康倍尔于1960年提出的“因果漏斗模型”是综合性的研究舆论形成的代表性理论。这个模型可以说明关于某个舆论客体的各种舆论，在时间的长河中如何从很多种趋向于少数几种甚至一种。漏斗的开口或大或小，同时“装进”很多种意见或舆论。随着时间的推移，舆论客体的情形也显得比较清晰，人们在做决定时，开始考虑事情的利害关系、轻重缓急，于是比较不重要的意见便会被放弃，相近的意见更为接近，关键性的意见、焦点问题显示出来，各种意见相互碰撞、融合，经过一定的时间，舆论的种数减少到有限的几种。如果画个图，便形成漏斗状，漏斗状可以用来解释意见形成的逻辑，漏斗内的意见碰撞和融合有点像“黑箱”作业，其中包括生长、发展、社会影响、政治和经济因素、理性思考等各种考虑。

随着时间的推移，影响意见形成的许多因素也会逐渐减小自己的影响而让位给关键性的因素，最后只有很少的几种因素在舆论形成中起决定性作用。这同样是个漏斗状的过程。

这个模型，其实是一种思路，旨在提示如何考虑、想象舆论的形成，以及影响舆论形成的因素，把握时间进程中舆论的变化。需要注意的是，一个模型不能概括所有舆论形成的可能情况。例如，有时舆论形成之初不同意见较少，漏斗开口很小，但随着时间的推移，各种意见相持不下，漏斗的开口就可能成了上下粗细几乎完全相同的“细长形”；有时一开始意见较多，开口较大，但是在较短的时间里各种意见很快得到过滤，意见集中起来，这时漏斗就变得很短，收口较

---

① 王石番:《民意理论与实务》，黎明文化事业公司1995年版，第102页。

急。所以，漏斗的形状是很多的。

二、舆论引导方法的基本类型

任何舆论都是当时、当地社会公众的价值观、社会规范和行为方式的反映。但是，这种反映是自然形态的，而不是像哲学等其他社会科学那样的科学意义上的反映，这就需要加以引导，使之与社会主导文化相契合，使一个国家或民族的文化得以代代传承。1950年，美国社会学家理斯曼和他的两位助手在其著作《孤独的人群》中提出的三种引导方式，已成经典之说。

（一）传统引导类型

理斯曼将现代启蒙之前的漫长社会阶段称为传统社会。在这样的社会中，人们生活在一种依赖传统引导的社会环境中。理斯曼将之称为“火炉旁的引导”。他说：“传统引导的社会通过讲家史、神话、传说，唱歌等形式传播其相对稳定的社会价值观。”①

当然，所谓“火炉旁”仅仅是一种地点的借用，这种引导具有全社会特征，讲故事的人可以是族长、元老和家里的老人等，这种传播活动贯穿每个人的一生，并世代传承。对老人所讲述的故事的信奉、尊崇，本身就是传统社会的一种舆论。因而传统引导类型下的舆论，变化是极为缓慢的。

这种引导具有明显的既成性，“故事”无论是虚构的还是真实的，总是将“过去时”的、既成的东西当作学习、模仿的楷模，从古老的史诗到当代的儿童教育故事，都带有这一相似的特征。另外，这种引导还具有直接性影响的性质，因为它是面对面地“讲”，直接传达并带有亲情色彩。但是随着信息社会的到来，大众传播媒介替代了这种直接的口头传播，这是舆论环境的一种改变，在舆论引导时需要注意。

（二）内部引导类型

当传统社会走向现代社会之时，书刊作为人们产生观念并形成新舆论的主要

---

① ［美］理斯曼、格拉泽、戴尼：《孤独的人群——美国人性格变动之研究》，刘翔平译，辽宁人民出版社1989年版，第85页。

媒介，发挥了重要的作用。由于这个时期的引导方式主要是阅读书刊，而不同于以往的讲述故事，这是一种文字对人思想的影响，读者需要自己思考后才能接受，因此这种引导被称为“内部引导”。

传统引导类型中接受者是被动的听众，而书籍传播中接受者是主动的读者。书刊对公众的引导是通过读者的选择、阅读、理解、认同而产生的心灵内部的引导方式，有助于形成具有自主倾向的内部引导性舆论。当代以电子媒介为代表的大众传播，使舆情信息的传播范围大大增加。因此适当地通过大众媒介引导公众体验读书的内部引导，是当前舆论引导中需要提倡的一种提高舆论质量的方式。

（三）他人引导类型

随着工业化进程的发展和大众传播媒介的普及，理斯曼指出：“人们与外界及其与自身的关系都要以大众传播的流通为媒介。”① 人的观念和行为的变化不再主要依靠长辈而是外界的同辈群体，由于能够直接接触到的同辈群体比较有限，因而大众传媒相当程度上成为人们需要的广义同辈群体。于是一种新的更为广泛的引导方式——他人引导类型形成了。

第三节　舆论引导的具体方法

一、进行议程设置

（一）议程设置的作用、特点和条件

议程设置具有引导舆论的功能，这已经过实证检验。大众媒介通过日复一日的新闻选择和发布，影响着公众对什么是当前最重要信息或事件的感觉；在媒介的议程和公众的议程之间，存在着一种因果关系，即经过一段时间，媒介的优先议题将成为公众的优先议题。

---

① ［美］理斯曼、格拉泽、戴尼：《孤独的人群——美国人性格变动之研究》，刘翔平译，辽宁人民出版社1989年版，第19页。

在进行议程设置时，较大的通讯社和威望较高的报纸往往为众多较小的媒介设置议题，记者或编辑个人作为把关人的作用实际上无形中受到消息来源的影响，媒介之间传播消息，包括消息的选题、角度，对记者和编辑个人的影响也较大。

媒介的议程设置能够对舆论发生作用是有条件的。麦考姆斯和肖在后期的研究中曾指出，媒介的议程设置效果还要受公众与媒介的接触频率、公众对媒介的需要程度、当时人际交流的情况、不同公众的兴趣等因素的影响。另两位传播学者帕姆格林和克拉克在一次媒介调查中发现，媒介的议程设置对舆论的影响力，地方一级的媒介比全国性媒介要弱得多。他们认为，地方的人际交流和亲身观察，以及许多偶发因素，都会减弱地方媒介议程设置的影响力。因此我们在引导舆论时，要注意央视、《人民日报》这种主流媒体议题设置的情况。

时间在媒介的议程设置中也是一个重要的因素。萨尔文于1988年在研究环境保护的媒介议程与公众议程的关系中发现，媒介议程设置的效果开始呈现对公众议程的影响是在新闻报道以后的5—7周，对公众议程冲击最大的时间是在出现这类报道以后的8—10周。

公众对于外界舆情信息的接受是有限度的，因而媒介的议程无论设置得多么巧妙，一旦过量，可能只有部分的议程被接受，即我们前面提到的选择性注意。因此，任何特定的时刻，公众的议事日程不能超出7个议题。

（二）使用议程设置引导舆论时的注意事项

1.引导舆论要避免“推定效果”。媒介的议程确实对公众的议程有很大的影响，但并非只要上了媒介，安排显著位置或黄金时间，就会对公众的议程产生决定性影响。不能仅根据媒介的内容就推定一定会发生某种效果。公众本身的兴趣、认知水平、接受引导的需求及人际交流情况，都会影响议程设置的效果。特别是地方媒介和涉及公众生活的议题，对其议程设置的效果估量要有所保留，因为公众可以通过直接的体验与媒介的议程进行比较，如果差距过大，传播效果会相反。

2.引导效果的最佳时间选择。大众媒介对舆论的引导是一个较为宏观的社会性工作，即使对具体观念的引导，由于是“点”对“面”的传播，也不会像人际交流那样立即产生效果。因此，对舆论的某种倾向，媒介的引导需要同类舆情信息传播的积累，效果表现为持续的过程。公众的议程往往受最近接受的媒介舆情信息的影响较大，媒介舆情信息的流动性决定了公众对这类舆情信息的选择和记忆的特点：暂时性，对未来舆情信息的不断期待。我们在舆论引导方面要重视时效性，不要在舆论出现明显偏差以后才以集中说服的形式来进行引导，即要重视利用媒介对舆论的近期影响力，要研究议程设置产生最佳效果的时间。

（三）使用议程设置引导舆论的具体做法

1.热点引导法。热点问题是指一段时间内受到社会关注的，令人们焦虑不安、争论不休、迷惑不解、苦恼不已、亟须解决的社会矛盾、社会疑难问题。舆论导向何方，要看议题设置的走向。舆论引导不应回避热点问题，而应通过连续的评价性社会“热点”，唤起公众的参与热情，从而逐步确立新的符合社会规范的生活态度和理性观念。

2.提问引导法。提问引导法是典型的议程设置方法。舆论引导主体在公众面前提出一个问题，这个问题也许是客观存在的，也许是“准问题”或“宣传性问题”，使这个问题成为公众议论的焦点，并形成舆论引导主体所预期的舆论或社会情绪。

3.理论引导法。个人的情绪和意见，除了在所处的各种社会群体中，可能与本群体的意见趋同外，个人和他的群体在更大的范围内，还同时受到各权力组织及其领导人和大众传播媒介的影响，而形成更大范围内的舆论。

首先要重视理论上的灌输，从理性思维上加深认识，是坚持正确舆论导向的根本和灵魂。实践证明，理论引导，能有效地克服舆论引导上深度和力度不足的问题。强化理论引导首先要从实际出发，有针对性地确定选题，组织力量写作，有计划地发表，始终保持理论宣传的气候。其次要循序渐进，确保理论学习的质量。最后要保证学习的方向。

4.渗透导向法。渗透导向是一种有意操纵舆论的方式，使传播的消息成为舆论的酵母片，促使可能发生的舆论提前产生，策动群众意见，制定某种社会政策和防止社会危害行为的发生。比如，先行获取一定信息内容的人们的议论给制定政策的人提供社会整体意识的参数，这就属于渗透导向。

此外，还有直接导向法和选择导向法。直接导向是通过作报告、发文件和利用大众传播媒介发表言论，热烈而直接地陈述自己的观点，批驳其他异己舆论，扭转某些人原来的观点。选择导向是指一方面选择大量能说明自认为这种舆论正确的事实，另一方面极力回避、封锁不利于这种舆论的事实，既让人们有所知，又让人们有所不知。对自己有利的事实让群众广而知之，而对自己不利的事实则使人们尽量少知或不知。这种选择导向方式以隐蔽的手法表达自己的舆论倾向，运用“截流”事实的办法引导人们，使舆论有利于自己。

二、社会控制——“沉默的螺旋”

（一）“沉默的螺旋”现象与大众媒介控制舆论的机制

公众是生活在舆论环境中的，舆论环境是指身外的各种舆论的总和，它们由无数外界可感知的舆情信息符号和其他人脑海里的知识、观念所组成，人们模糊地感觉到它的存在，并无形中受到它的控制，因而表达的观念和行为与舆论环境高度相关。特别是公开发表意见的时候，人们会很自然地观察舆论环境，瞬间或者经过一段时间的权衡之后，才会表达自己的意见。这种情形说明，业已存在的舆论环境对于形成新的舆论，是一种无形而强大的社会控制力量。而客观的舆论环境，是由人际传播、组织传播和大众传播造就的，其中大众传播媒介在当代社会是能够感觉到的负载舆论环境的最主要的社会性媒体。特别是在走出人们直接感知范围的视野中，媒介对形成中的新的舆论的引导力是十分强大的。

而大众媒介，由于它们本身具有一定的权威性，传播的内容具有公开性、显著性，传播几乎无处不在，加之报道内容的雷同、传播时间上的持续和造成的舆情信息积累，它们所提示和强调的意见很容易被视为主流意见，或者是未来有发展前途的意见，这些意见可以从容表达而不会受到孤立。于是，“沉默的螺旋”现象大量地出现于公众接受媒介意见之时，这种认知带来一种心理上的压力或对安全感的需求，使得多数公众在公开表达意见时采用媒介上不断重复的词汇和观念，并产生判断和行为上的连锁反应。于是，大众媒介在引导舆论的过程中获得了一种控制舆论的社会机制。自觉不自觉地利用这种机制引导舆论向某一方向发展。这就是我们经常使用的一种控制舆论的方法，“大造舆论”“造声势”等做法，便是这种社会机制的体现。

诺埃勒-诺依曼写道：“作为社会控制的舆论，它的任务是促进社会一体化，保障基本行为和观念达到足够的一致水平。”[①]她所说的“舆论”，实际上最初是媒介所提示和强调的意见，后来在“沉默的螺旋”作用下，可能转变为实际的舆论。

（二）具体方法：正面报道为主

媒介的正面报道，运用的便是大众媒介对舆论的这种社会功能，迫使负面的舆论越来越沉默下去，难以发表，正面舆论得到弘扬，从而达到正确引导舆论的目的。

对舆论引导的目的，是希望舆论朝着符合社会规范和一般道德准则的方向发展。“沉默的螺旋”无形中提示了媒介控制舆论时发生的公众意见内外两张皮的现象，即公开发表的意见与公众自己的真正意见可能并不是一回事。如果出现这种情况，也许表面上舆论相当一致，也显得颇为平稳，但潜在的社会意识和舆情信息交流方面的某种危机，并不利于社会长远稳定。媒介对于舆论的社会控制机制虽然在多数情况下能造成相当的公开表达的一致，但是与公众真正的信服尚有距离。无限制地追求媒介制造声势的效果，可能会遭到一定的逆向报应。因此，对于媒介引导舆论的效果，要具体分析。

使用社会控制方法来引导舆论，一定要体现舆论引导的价值本意。要尊重公众，深刻理解已有的舆论，多提供一些选择，努力使公开意见内化为公众自己的意见。

当然，坚持正面报道，并不是不进行负面报道，而是应侧重于从正面角度进行报道。

三、二级传播理论

传播学理论中有二级传播理论。二级传播理论认为大众媒介的传播过程是，

---

① Elisabeth Noelle-Neumann，*The Spiral of Silence*：*Public Opinion-our Social Skin*，the University of Chicago Press，1993.

媒介讯息首先被意见领袖所接收，然后他们再将其以一种人际传播的方式传给其他不甚活跃的社会成员。换句话说，传播是分两步走的：第一，大众媒介影响某些个人；第二，这些个人影响其他人。也就是说，信息以自上而下的方式从媒介传播到意见领袖，再到大众。在公众中活动，耸立在公众之上，提出指导性见解、具有广泛社会影响的人，叫意见领袖，又称作舆论领袖。[①]

意见领袖是公众的代言人，是社会的先知先觉者，最先对社会问题提出系统的见解。意见领袖与舆论人的差别在于，意见领袖具有较高的社会威望，能够产生意见；而舆论人则是在社会基层、不被整个社会所知晓的传播意见的人。

意见领袖大多是有较大社会影响的人。比如政治家、当权者、学者、专家、著名记者、网络大V等。当社会发生重大转折和出现突发事件时，应寻找合适的意见领袖出来引导民意。涉警负面事件发生后，警方应立即寻找专家、学者、著名记者对此事发表评论，正确引导舆论，不致使片面的、不利于警方开展工作的意见占据舆论主导。专家和专业组织在本领域的权威性意见会形成社会主流意见。

网络上的意见领袖需要培养。版主作为网络突发事件中网络舆论的管理人员，在一定程度上是作为网络舆论意见领袖发言的，其意见具有一定的引导性。因而选择具有良好素质的版主是网络舆论培养意见领袖的一个途径。网络记者也扮演着意见领袖的角色。

网络时代，平台、算法也发挥了意见领袖的作用。互联网平台，有能力决定人们看到的内容、在何种场景下看到它们以及何时看到它们。而且，这些平台通常具有更改信息或阻止信息到达目标对象的能力。算法是经过精确定义的序列化的计算机指令。例如，社交网络允许大量个人根据一己标准来选择和组合信息。它们得到了基于算法的服务的补充，无论是搜索引擎还是新闻聚合者，都致力于在Web上和App中重新分发和导引信息。诸如新闻推荐系统之类的算法不仅从根本上改变了人们选择阅读什么新闻的方式，也改变了人们对新闻的态度。

综上，根据二级传播理论，意见领袖、平台、算法作为把关人，其筛选过的

---

① 刘建明：《社会舆论原理》，华夏出版社2002年版，第46页。

意见会成为主流意见，从而起到引导舆论的作用。具体有以下两种做法。

（一）苗头引导法

苗头引导法主要针对的是潜舆论。潜舆论包括两种类型：一是没有公开表达的信念，二是察觉到而又不易确切捕捉到的公众情绪。在舆论客体出现之前，每个人不论是否意识到，都有着预存立场，即以往积累的生活经验和较为固定的判断事物的标准。这些东西有意无意地决定着个人意见的基本倾向。在这个意义上，舆论的深层次内容——信念，是一种潜在的舆论。研究这种看不见的不同人群的信念，是做好舆论引导的基础。苗头引导法就是要发挥记者、专家等意见领袖先知先觉的作用，在舆论处于潜在状态或在某种有全局意义的动向刚露头时，就紧紧抓住这些新事物新趋势新动向，通过舆论领袖对此导向的评论加以引导，形成舆论力量。社会舆论的存在是第一性的，谁也不能人为地制造舆论，但可以主动地引发舆论。所谓引发舆论，就是舆论引导主体能敏锐地抓住公众中处于萌芽状态但体现了时代本质特征的事物加以引导，形成舆论。

（二）评论引导法

专家、名流等舆论领袖发表评论是正面引导最直接的一种方式，也是最重要的一种方式。

舆情信息社会中，人们习惯于接受和操控各种自身无法直接接触的舆情信息，生存于大大超出自身感受的感性世界的另一个世界中。这个世界不是实实在在能够感觉到的事件本身，而是关于它们的复制符号或摹写。其是与感性世界并存的拷贝世界和象征世界，位于感性世界与人的心理世界之间，并通过人的心理世界，影响着个人意见和舆论的发展方向。在这个拷贝世界中，由于人们的选择性注意、选择性记忆等知觉特点，连续的、权威人物发表的评论会起到引导舆论的作用，甚至形成“沉默的螺旋”，使非主流舆论“沉默”。

四、社会模仿——典型引导法

人们观察社会情境中其他人的行为并模仿他们的行为。榜样的影响是社会模仿的核心，因而在舆论引导中可以使用典型引导法进行正面报道引导舆论。

所谓典型，是指在社会生活中具有代表性的人或事。“典型报道的普遍意义，正是由于它引导人们从对一个典型的认识而形成对大量同类事物的正确意见，从而激发人们去赞扬、支持一切先进人物的正义事业，批评、抨击一切丑恶和危害社会的行为。这种放大舆论指向的功能通过报道典型才能奏效，才能从正面有效地影响广大受众的意向、情感，引起人们的共鸣，从而扩大新闻舆论引导的效果。”①

典型人物经历的典型事件，往往能在社会上引起强烈反响，成为舆论关注的焦点。加强典型人物的报道，用榜样的力量引起人们的注意，强化他们的意见，最能发挥舆论引导的作用。比如，对任长霞的典型报道，对警察良好形象的树立起到了良好的作用。

“模仿”是人类的本性，是人的社会化的重要途径之一。典型引导法之所以在舆论导向中发挥重要作用，是因为它能为社会公众提供一个认识世界的桥梁和窗口，提供一个学习和模仿的“模特”。这个世界是人们知觉到的世界，而不是世界本身。分散的社会公众很难全面准确地把握住纷繁复杂的世界，需要各种各样的典型人物给他们以帮助、引导。

典型引导法是我国社会主义舆论引导的一大特色，它既是党的思想方法和工作方法在新闻工作中的反映，又是新闻传播规律的具体运用。要注意的问题是，典型一定要真实，是“活生生”的，具有鲜明的个性与时代特色，具有较强的示范性、说服力和影响力。典型的力量在于典型本身，切不可添枝加叶，强扭“角度”，随意拔高，更不能弄虚作假。典型报道要适时、适度。要“人化”地宣传典型，而不要“神化”典型。要依据典型的社会关系和社会行为，把握好典型宣传的“度”。

五、接受理论与舆论引导

内部引导和他人引导是现代舆论引导的两种基本方式。在这两种方式中，我

---

① 丁柏铨等：《新闻舆论引导论》，中国社会科学出版社2001年版，第264页。

们把重心移到公众如何接受舆情信息方面，对舆论引导来说，显得格外重要。

让新闻受众直接参与新闻传播活动，现身说法，以影响社会舆论，是舆论引导的重要方法。其具体方式有问题讨论、对话交流、点评节目、发表受众来信、民意测验等。在传播社会学中有一种理论，叫“社会参与论”，也叫“受众介入论”，其主要观点是：（1）大众传播媒介就是公众的讲坛，而不是少数人的传声筒。（2）时代在发展，受众在变化，许多人已不满足消极地当一名接受者。一种试图积极参与报刊的编写、广播电视节目的制作与演播的自我表现愿望正在增长。（3）让受众参与传播，正是为了让他接受传播。因为“人们对于他们亲身积极参与形态的观点，要比他们被动地从别人那里听到的观点容易接受得多，且不易改变”。（4）参与传播也是受众表达权、反映权和言论自由的具体表现。上述基本观点已得到联合国国际传播问题研究委员会的认同，并在1980年的报告中指出：“不要把读者、听众和观众当作消息情况的被动接受者，大众媒介的负责人应该鼓励他们的读者、听众和观众在舆情信息传播中发挥更加积极的作用，办法是拨出更多的报纸篇幅和更多的广播时间，供公众或有组织的社会集团的个别成员发表意见和看法。”①

公安舆论引导工作启动的前提是涉警事（案）件发生。一旦涉警事（案）件发生，公安机关的新闻发言人、相关部门的领导或其他授权人员，就要迅速启动舆论引导工作，恰当运用具体方法，这些具体方法在事（案）件当中是综合使用的，以影响和说服公众对公安机关的态度与看法，最终达到满足公众权利、推动公安工作顺利开展、提升公安机关公信力的目的。上述公安舆论引导方法只是一个理论，在实际工作中，由于涉警事（案）件的类型、复杂程度各有不同，公安机关的处置、媒体应对、表态等能力和水平参差不齐，导致公众舆论的强度、持续时间等也差异很大，这就决定了针对某个涉警事（案）件的舆论引导工作，往往不是靠一次简单的信息发布就宣告结束，它一定是一个信息发布——公众反馈——有针对性地回应，再反馈、再回应，直至公众舆论平息的反复多次的警民

① 邵培仁、陈建洲主编：《传播社会学》，南京大学出版社1994年版，第47—48页。

信息沟通的过程。

思考与练习

1. 分析说服模型的四要素。

2. 议程设置理论的基本内容是什么？在使用时要注意哪些问题？

3. “沉默的螺旋”理论的基本内容是什么？在具体应用时应注意哪些问题？

【延伸阅读】

“某某医院专家被警方带走”事件[①]

一、事件经过

2018年4月24日，上海某医院脑外科主任赵某某被警方铐走，现场视频在网络上广泛传播。相关视频显示，赵某某在接诊过程中与患者一方发生纠纷。在警方到达医院后，医务人员也与民警产生了冲突。

当天接处警的属地派出所上海市公安局浦东分局塘桥派出所所长黄某回忆说，警方接到报警是15时49分左右，当事人称“某某医院9号楼3楼有人打架”。处警民警赶到现场后找到报警人，是一名坐在轮椅上的女性患者陈某，情绪十分激动。其丈夫韩某称与赵某某发生冲突受伤，撩起衣服后示意民警看自己的受伤痕迹。于是一名民警留下维持秩序并继续了解情况，另一名民警则进入医生诊疗室找赵某某。当赵某某表示希望接诊完正在诊疗的病人再处理该起纠纷后，民警退出了诊疗室。经两位处警民警现场工作，陈某夫妇同意先行到派出所制作笔录，但也提出希望赵某某尽早到派出所。黄某表示，将报警人带离现场，对就医秩序有利。从公平公正的角度，一方当事人提出双方同时到派出所的要求是可以理解的。

留守现场的民警要求赵某某尽快完成手上工作前往派出所时，他表示当天的

① 本文根据《人民日报》微信公众号推文《【关注】“医生被警察铐走”最新！双方都自认“欠妥”》刊载的采访报道编辑整理，原文载https://mp.weixin.qq.com/s/dZy-u7onJst0ITgFVP9YvQ，最后访问日期：2023年6月19日。

工作非常忙碌，不愿立刻随民警前往派出所。最终，一名民警架住赵某某往电梯方向走，双方在肢体接触中同时倒地。另一名民警根据现场情况，就拿出了手铐铐住赵某某。

当天16时15分左右，赵某某跟随民警到达派出所。在此期间，陈某夫妇也一直在派出所接受调查。民警核实赵某某身份后，警方对为何强制传唤赵某某进行法理解释。在简单了解情况后，就让赵某某马上回到诊室继续诊疗工作了。

大概当日19时30分，赵某某在医院人员的陪同下，再次回到派出所，完成笔录后，警方又让赵某某回到了医院，准备第二天的手术。

二、事件处置

事件发生后，网络舆论几乎一边倒地支持医生，批评执法民警，更有夸大医生与警方之间误会冲突的言论，在网上引起舆情。

4月26日傍晚，上海警方发布信息，对相关案情予以通报。通报显示，网传患者陈某无理插队与事实不符。患者陈某系预约就诊，并经医生赵某某同意后正常挂号，按预约时间前来就诊，非网传的无理插队。网传涉事医生系维持就医秩序，未涉嫌违法，直接被民警使用手铐带离与事实不符。现场处置民警是在对纠纷产生的原因、双方发生肢体冲突的事实及患者家属韩某的伤势等情况初步调查的基础上，以涉事医生赵某某涉嫌违法，口头传唤其配合调查，非网传直接戴手铐带离。在对赵某某口头传唤遭到拒绝，并与处置民警发生肢体冲突的情况下，现场使用手铐强制传唤，符合《公安机关办理行政案件程序规定》等法律规定。

4月27日，辖区派出所所长黄某在接受采访时表示，一般情况下，处理纠纷类警情需要涉事双方同时到公安机关接受调查。但这个事件特殊在赵某某仍在接诊中，当事民警只考虑到如果另一方没有到所接受调查，可能导致报警人产生误解，怀疑警方偏袒医生，所以现场并没有同意医生提出的等候要求，而且当时没有把这方面的考虑和医生进行充分的沟通解释，以至于出现了双方都坚持己见、僵持不下的局面。在对医生使用手铐带离的问题上，民警事先没有设法通过其他的渠道，比如寻求院方的帮助和支持等，来做通医生的工作，使医生的情绪平稳下来，而是比较机械地按照法律条款采取了比较强硬的方式，没有有效避免矛盾的升级。复杂的执法环境，更加考验民警的执法素质。如果民警能控制好自身情绪，或者在现场耐心陪同等候医生将后续的病人问诊完毕，更加精细化、人性化地操作，不至于升级到肢体冲突最终使用手铐。那样的话，最终的执法效果也会更好一些。现在回头来看这件事情，民警处警的整个过程还是符合工作程序的。但是，合法不够合情，怎么兼顾法与情、刚与柔，把握好工作的时、效、度，值得我们思考和进一步改进。警方的表态，有很强的说服力，既认可了当事民警处置的合法性，也指出处置中存在的不足。

4月27日，赵某某在接受采访时表态，感谢警方对他医疗行为的理解和支持。赵某某表示，如果这些情况能事先沟通好，肯定不会发生后续的事情。这件事情应该得到大家的冷静对待和思考。赵某某认为，警方始终是保护者，这次事件之后，他本人对执法流程也有了更深的理解。身为一线医生，将来会更警惕避免这样的事情发生。赵某某反复对媒体强调，他始终相信上海警方的执法合法性，这本身只是一件小事情，不应该如此夸大。

三、事件评析

1.依法严格执法，平等地保护每一个人。民警为什么不答应赵某某等待的要求？当地派出所所长黄某在采访中，说出了一个人人都能理解的大实话，“如果另一方没有到所接受调查，可能导致报警人产生误解，怀疑警方偏袒医生”。在这起医患纠纷中，民警并非预设了支持某一方的立场。恰恰相反，兼听则明，接到患者报警后的警察也需要听到医生的声音，所以才要传唤医生到派出所接受调查，以便弄清医患双方发生矛盾的真正原因，判断孰是孰非。这既是很容易理解的情理，也是法律明明白白的规定。

2.执法和守法始终都在相互促进中前行。警方在这次执法中有何反思？派出所所长黄某把问题剖析得明明白白：“民警事先没有设法通过其他的渠道，比如寻求院方的帮助和支持等，来做通医生的工作，使医生的情绪平稳下来，而是比较机械地按照法律条款采取了比较强硬的方式，没有有效避免矛盾的升级。”在处理这起纠纷后，执法者不仅能够在执法中“挺直腰板”，还能在各种繁杂的声音中“俯下身子”倾听。把握社会心态和群众情绪，不断改进执法方式，做到融法、理、情于一体，坚持以法为据、以理服人、以情感人，如此这般，才能达到执法效果的最大化，维护好法律的尊严，在执法过程中动态地增强执法者的执法权威。

在这样一个当口，执法者没有抱着“我没错”的态度冷眼看待不同的意见，也没有机械地向社会各界解读法律法规，而是主动反思，让老百姓、让执法对象对执法者了解得更加感性和具体，从而更能树立起对法律的共同信仰，让严格执法和全民守法形成良好的互动。徒法不足以自行，只有逻辑和原则的法律是空洞的，也是冰冷的。法律的生命在于实施，法律的权威也在于实施。正是因为每一个执法人员都代表着国家和法律，网友对此事的关注给所有执法者都提了个醒：人民群众对严格、规范、公正、文明执法的要求和期盼，比以往任何时候都要高。

请运用舆论引导方法的相关理论，分析从沸沸扬扬的“警察铐走医生”到双方达成共识的舆论引导过程。

第八章　公安机关舆论引导策略

学习要点：通过本章的学习，了解舆论运行规律，并理解如何遵循舆论运行规律，提高公安机关舆论引导的有效性；了解舆论引导的长效工作机制的建立；了解突发事件的舆论引导策略。

我们处在一个资讯无孔不入的现代舆情信息社会和社会转型期，原有的社会秩序正逐步被打破，新的社会秩序逐步开始形成，由人们的利益矛盾引发的社会冲突不断增加，重大突发公共事件、社会热点问题等方面的舆情信息传播与扩散十分迅速，受关注的广度和强度很高，并且能够迅速形成强大的舆论风暴。这时的舆论往往呈现出片面性、尖锐性、冲突性、非理性的特点，如果不及时、正确、有效地加以引导，极有可能造成社会舆论的混乱，或酿成群体性事件，或引发社会恐慌，构成对社会公共安全的严重威胁，阻碍社会的良性发展。不断提高公安机关舆论引导的有效性，正确引导社会舆论，抑制负面舆论，维护社会公共安全秩序，推进和谐社会的构建，就要善于研究并掌握舆论引导的基本策略。

第一节　遵循舆论运行规律，提高舆论引导的有效性

舆论引导是以政府为主体的国家机关为维护公共利益和社会秩序，通过新闻媒体等传播途径，运用各种手段和方法对社会舆论加以影响和引导的行为。政府

是具有主导作用的舆论引导主体，这由政府本身的性质、职能所决定。[①]本书第六章第一节对公安机关舆论引导的概念作出定义，明确了公安机关舆论引导是疏导和调控的管理活动。近年来，我国各级公安机关重视舆论引导工作，尤其是对突发事件的舆情信息传播和舆论引导的重视程度日益提高。但是从总体上看，公安机关舆论引导不当的现象仍存在，反映出公安机关在舆论引导工作中的薄弱环节。因此，公安机关提高舆论引导的有效性，有意识地正确引导舆论，必须了解和遵循舆论形成和传播的特点及规律。

一、政府在舆论引导中的主导作用

舆论引导工作的参与者是政府、媒体与公众，政府在其中发挥主导作用。

（一）政府是舆论引导的主体，也是舆情信息资源的最大拥有者

政府对媒体尤其是主流媒体的利用比其他个人、团体和行业处于更加有利的位置，特别是在突发事件中，政府是新闻舆情信息的主要来源。政府可以通过召开新闻发布会等途径向媒体提供充分的舆情信息，传达政府的政策和行为，形成强大的正面舆情信息流，从而有效影响舆论导向。

（二）政府管理媒体

政府对国内所有媒体（既包括党报党刊、广播电视等传统媒体，也包括以互联网、手机报为代表的新兴媒体）都负有管理职能。2018年中共中央印发《深化党和国家机构改革方案》，明确指出："为加强党对新闻舆论工作的集中统一领导，加强对出版活动的管理，发展和繁荣中国特色社会主义出版事业，将国家新闻出版广电总局的新闻出版管理职责划入中央宣传部。中央宣传部对外加挂国家新闻出版署（国家版权局）牌子。"政府对媒体的管理主要体现为，国家新闻出版署（国家版权局）负责起草新闻出版、著作权管理的法律法规草案，拟订新闻出版业的方针政策，制定新闻出版、著作权管理的规章并组织实施；负责对新闻出版单位进行行业监管，实施准入和退出管理；负责全国新闻单位记者证的监制

① 刘伯高：《政府公共舆论管理》，中国传媒大学出版社2008年版，第154页。

管理，负责国内报刊社、通讯社分支机构和记者站的监管，组织查处重大新闻违法活动等。2011年5月国家互联网信息办公室成立，其主要职责包括落实互联网信息传播方针政策和推动互联网信息传播法治建设，指导、协调、督促有关部门加强互联网信息内容管理，依法查处违法违规网站等。政府管理媒体，能够使政府通过强有力的管理手段，组织协调各种主流和非主流的媒体，使其保持动作一致、报道口径一致，从而主导舆情信息传播，形成主流舆论。一方面，通过主动及时公布最新舆情信息，最大限度地满足公众知情权，有效地影响并引导舆论向积极的方向发展。另一方面，主流网络媒体密切跟进，配合政府的行动，以开设评论专栏或专题的方式深度介入舆论中心，从而使政府主导的真实舆情信息传播得到不断加强。[①]

公安机关是政府各部门中极易引起社会关注的热点部门，执法中稍有不慎，就可能引起不良后果。与以往相比，公安机关舆论引导工作水平整体上有了明显提高，但仍需在舆情分析研判、新闻发布、议程设置等方面发挥主导作用；加强舆论引导，及时、有效地平息涉警舆情危机。

二、舆论引导不当的典型表现

目前，政府对公众的知情权更加重视，对社会热点、突发事件的舆情信息公开和新闻报道逐步朝着制度化、规范化的方向发展。随着《突发公共卫生事件应急条例》《中华人民共和国政府信息公开条例》《中华人民共和国突发事件应对法》《外国常驻新闻机构和外国记者采访条例》《中华人民共和国网络安全法》《互联网新闻信息服务管理规定》等一系列法律规定的发布，政府的舆论引导工作经历了从“绝对不说”到“主动说”的转变，但在具体舆论引导工作中仍然存在“不慎说”“不善说”等不足，给社会问题或突发事件的处置造成了很大困难，同时也极大地损害了政府的权威和公信力，主要表现为以下六个

① 蔡尚伟、唐丕跃：《论网络新媒体环境下政府舆论引导力的提升——以成都“6·5”公交车燃烧事故为例》，载《东南传播》2009年第7期。

方面：

（一）封锁消息，不愿说

在突发事件发生后，因为担心消息公开会造成社会恐慌，影响社会稳定，所以封锁消息，造成谣言满天飞，严重影响政府形象和公信力。

（二）应对媒体不当，不会说

在问题或事件发生后，有些公安机关在面对媒体的采访或质疑时，应对不当，不会说话，给媒体炒作提供口实。此外，虽然及时召开新闻发布会，主动提供舆情信息，但舆情信息发布不够慎重，仓促发布结论，提供的关键舆情信息在内容上前后存在差异，反而加深社会猜疑，致使问题复杂化。

（三）不及时说，反应迟缓

突发事件发生后，反应迟缓，不能及时通过主流媒体表明自己的态度，不能积极引导舆论为处置工作创造良好的外部环境，造成工作被动。

（四）不说真话，发布"善意的谎言"

面对突发事件，政府的首要职责是尽快公开真实舆情信息。但现实中有些政府部门总是担心公众的承受能力，担心真实舆情信息公开后会引起社会恐慌，而对公众关心的重要内容讳莫如深，不敢公布事实真相。

（五）"选择性公开"舆情信息

事件发生后，有些公安机关在公开舆情信息时，屏蔽对自己不利的舆情信息，只公开有利的舆情信息。"选择性公开"不符合客观规律，发布的是过滤了负面信息的舆情信息，实际效果往往事与愿违。

（六）态度强硬，敷衍塞责

有些政府官员在面对质疑或问题时，态度强硬，敷衍塞责，结果引发公众更大的质疑和不满。

三、遵循舆论形成规律，提高舆论引导的有效性

舆论反映了社会公众对共同关心的社会事件和热点问题的关注。伍德罗·威尔逊认为，"对于舆论来说，掌握它的人总是占着绝对优势，而要改变舆论则几

乎是不可能的"[①]。因此，任何政府都不可能去改变舆论，只能遵循舆论的形成规律去有意识地引导舆论。

（一）舆论形成的特点

舆论的形成有其特殊的规律性，了解其形成特点对于公安机关有效引导舆论是十分必要的。

1.舆论的产生直接源于外在的客观刺激。舆论学研究表明，这种外在的客观刺激可以是社会变动、重大的政策调整，也可以是新近发生的重大事件、社会热点问题。现实社会中特别是那些带有争议性的、需要解决的、突出的社会现象、社会问题极易成为公众的注意对象，而刺激公众发表种种意见或产生多种情绪性表现，成为引发社会舆论的直接根源。

2.意见互动促成舆论形成。作为舆论的主体，公众围绕共同关心的社会现象、热点问题，通过公开的意见表达、讨论而形成能动的社会群体，并在群体中通过模仿、说服、劝诱、情绪感染等心理上的互动，使个人的信念、态度、意见或情绪汇聚为舆论。

3.意见领袖对于舆论的形成起着相当重要的作用。意见领袖，是指公众中比其他人更多地接触媒介或消息源，并热衷于传播消息和表达意见的人，或者是某一方面的专家，其意见往往能够左右周围的人。研究者归纳出了意见领袖不同于一般人的因素，包括价值观的人格化体现（其人为谁）、能力（其人的知识）和可利用的社会位置。意见领袖有较多的社会联系，能更多地接触到与其影响范围相关的新闻媒介，能给公众提供较多的舆情信息和意见，因而对社会舆论的形成起着相当重要的作用。[②]

4.舆论运行具有不可抗拒的巨大威力。舆论所代表的是公众的一致意见和对社会公共事务的共同判断，一经形成就具有自身独立发展的自发性和坚定性，其

① 彭和平、竹立家等编译：《国外公共行政理论精选》，中共中央党校出版社1997年版，第12页。

② ［美］沃纳·赛佛林、小詹姆斯·坦卡德：《传播理论：起源、方法与应用》（第四版），郭镇之等译，华夏出版社2000年版，第231页。

运行过程具有排除一切外在压力、呈现出自主发展状态的不可抗拒性。因此，舆论运行具有不可抗拒的巨大威力，不会为强力所主宰或消灭，政府的舆论引导工作只能因势利导，横加干涉或强行堵塞都是有一定限度的。①

5.舆论运行具有持续性。舆论的持续性是舆论存在的标志之一，舆论一旦形成，就要持续一段时间，并不会马上消失。人们对舆论的深刻印象，一定程度上就是由于它的持续性存在，给人不断刺激造成的。这就可能给政府正确引导舆论造成很大障碍。

6.“成见”对舆论形成存在一定程度的影响，在突发事件中表现得尤为明显。李普曼在谈到舆论产生时提出了“成见”理论，“不管我们认识什么熟悉的东西，我们都会借助于我们脑子已经有的形象”，也就是说人们在认识客观事物的时候会受到头脑中已有的认知的影响。公众一旦对现实社会中的某些特定群体或事物产生了固定化、简单化的观念，那么在面对相应情况时，往往表现出具有明显倾向性的情绪和意见表达。因此，了解舆论的形成规律，除了对社会现象、热点问题的考察外，还要了解公众已有的观念体系，深入了解舆论产生的深刻背景，加强舆情的分析研判。

7.在舆论形成的过程中，大众传播媒介始终扮演着重要的角色，发挥着不可替代的作用。现代人生活在一个迅速变化的媒介环境之中，媒介向公众提供那些与公众和社会生活密切相关的重要舆情信息，并对舆情信息进行选择和解释，影响公众的判断，“媒介在使人们怎样想这一点上很难奏效，但在使人们想什么这点上却十分有效”。②大众传播媒介是舆论最重要的载体，在舆论由一个分散的、带有情绪性和偏颇性的个人态度或意见，经过媒介的传播、推动、整合而成为强大的公众意见的过程中，媒介实际发挥了主导性作用，成为政府和公众的特殊中介力量。没有媒介的积极传播和推动，就不可能形成具有足够影响力、一致性的舆论。

---

① 王雄：《新闻舆论研究》，新华出版社2002年版，第124页。

② 刘伯高：《政府公共舆论管理》，中国传媒大学出版社2008年版，第62页。

（二）控制好不同发展阶段的舆论引导侧重点

了解舆论的形成，对于准确把握舆论引导策略是至关重要的。有效引导舆论需要把握适当的切入点，只有把握舆论形成过程的大体发展脉络，才能在舆论形成中的每一个阶段给予有侧重点的引导并取得事半功倍的效果。

关于舆论形成的过程，舆论学理论从心理学、社会学、社会心理学等不同学科视角对此进行了研究，有关描述和分析存在不同。较著名的是1958年戴维森提出的十个阶段理论。[①]我国学者赵兴伟则在《社会舆论形成机制的哲学分析》一文中，把公共舆论的形成过程分为酝酿、表达、整合、形成四个阶段，提出政府可以根据舆论形成的不同阶段，适时进行引导。[②]

舆论的形成过程一般可分为潜伏期、爆发期和缓解期，处在不同阶段的舆论呈现出不同的特点，公安机关舆论引导的侧重点也应有所不同。

1.潜伏期的舆论引导。具有争议的、突出的社会现象、社会问题、重要事件的存在是舆论发生的直接根源，但舆论的形成不是一蹴而就，而是一个逐渐形成的过程。当有关社会矛盾发展到一定阶段时，潜在性舆论才逐步转化为显在性舆论。“潜舆论不是一般的纯粹个人的情绪表现，而是指有着规模公众、既定舆论客体的情绪性意见，它预示着多数人的预存立场，并有可能进一步形成显舆论。”[③]处于潜伏期的舆论形成之初，伴随着相关的舆情信息传播活动。这一阶段的舆情信息传播呈现出明显的特点：（1）非正式的传播方式。公众对舆情信息通常采用口头传播，且带有很大的随意性，并在舆情信息接受者和舆情信息传播者两种角色之间转换，反馈迅速，舆情信息传播速度很快。（2）舆情信息容易失真，传播带有很强的主观性和情绪性。非正式的传播缺乏约束、管制，舆情信息在传播过程中容易被歪曲和误传，公众在接收过程中也容易受到个人主观因素的影响。（3）传播方式多样。除了传统的人际传播和媒体报道以外，通过新兴媒体

---

① 陈力丹：《舆论学——舆论导向研究》，中国广播电视出版社1999年版，第38页。

② 刘伯高：《政府公共舆论管理》，中国传媒大学出版社2008年版，第159—160页。

③ 陈力丹：《舆论学——舆论导向研究》，中国广播电视出版社1999年版，第16页。

如互联网、手机等传播舆情信息成为新的传播渠道，这种传播覆盖面更广，影响更大，也使传播效果更难以控制。

对于公安机关的舆论引导来说，注意潜舆论非常重要。这一阶段的引导侧重点应当放在了解舆论发生的深刻背景上，加强舆情分析。同时要及时有效地解决社会矛盾，如果问题、事件得不到有效处置，可能会激化矛盾，使越来越多的人把注意力集中到这一问题上来。

2.爆发期的舆论引导。在舆论高涨的时期，舆论客体如社会现象、热点问题、重要事件等备受关注，意见领袖、各种传媒纷纷介入，网上网下形成呼应，舆情信息传播速度快，影响范围大，形成的舆论风暴对政府造成一定的压力。舆论处在爆发期时，公安机关应当借助主流媒体第一时间以公开、透明的方式发布权威舆情信息，告知公众事实真相，充分掌握舆论的主动权，并采取措施积极引导舆论情绪理性地宣泄，对舆论热议的主题主动采取行动。

3.缓解期的舆论引导。处于缓解期的公众舆论总体稳定并逐渐趋于理性，流言和小道消息得到澄清。但舆论有时还会有反弹，因此公安机关在这一阶段必须密切跟踪新舆情，把握民意，适时回应，不断地把权威、正确的舆情信息通过公安宣传部门、主流媒体传播给公众。

第二节　建立健全舆论引导的长效工作机制

建立健全舆论引导的长效工作机制，是从制度上保证舆论引导工作有法律保障，有专门的机构和人员负责，有工作方案可循，各项工作能有序进行；也有利于舆论平息后，公安机关及时总结经验教训，提高舆论引导水平。

一、舆论引导的原则

公安机关的舆论引导需遵循以下基本原则：

1.及时主动原则。及时主动是指公安机关要在第一时间主动发布权威舆情信息，及时公布澄清事实真相，掌握主动权和话语权。舆论引导中时间的把握非常关键，公安机关应尽可能在第一时间作出反应，并主动组织新闻发布，积极引导社会舆论。现代社会舆情信息传播手段多样，传播速度尤其是网络传播速度以分秒计，"真理还在穿鞋的时候，谣言已走遍半个世界"。不及时主动发布权威信息，并不能降低公众的关注度，相反却会给谣言、流言提供传播空间，并先于权威信息进入公众认知领域，这时公安机关要想改变人们的认识或澄清事实，则需要付出双倍的努力。"来自政府的消息都有着天然的权威性，是公众最想知道的，只要主动出击就能占得引导舆论的先机。"①

2.真实准确原则。真实准确原则要求公安机关要尽快将真实准确的舆情信息传递给公众，防止公众因舆情信息闭塞或不了解事实真相而引发不良反应。公安机关不公开有关真实舆情信息，致使谣言四起，既引起公众恐慌或社会动荡，又严重损害政府公信力和公安机关形象，得不偿失。

3.口径一致原则。口径一致原则要求公安机关对外发布舆情信息要统一口径，不能提供互相矛盾的舆情信息。信息发布口径不一容易引起混乱，不利于事件的处置和问题的解决，因此对外公布的口径要事先拟定好，由专人负责发布信息以确保口径一致，必须杜绝未经授权就擅自发布信息的情况。

4.留有余地原则。留有余地原则要求公安机关在坚持及时主动发布权威、真实信息的同时，也必须注意慎说、善说，"快报事实、慎报原因"。对于一时尚未查清的问题，不要随意表态，尤其是对事件或问题原因的定性，要特别慎重。公安机关应当针对公众舆论进行必要的议程设置，发布信息时做到先简后繁、滚动发布、逐步披露，牢牢掌握舆论引导的主动权。

二、建立健全科学的舆论引导管理体制

加强公安机关舆论引导工作，必须建立健全舆论引导的管理体制，从组织体制和管理制度上保证舆论引导工作的有序进行。

---

① 叶皓：《突发事件的舆论引导》，江苏人民出版社2009年版，第137页。

（一）建立舆论引导的组织体制[①]

建立舆论引导工作领导体系。成立舆论引导工作领导小组，由公安机关相关部门组成，各单位在领导小组的指导下开展工作，负责新闻发布、舆情信息监控、综合协调等与舆论引导工作有关的各项工作，各司其职，密切配合，改变以往公安宣传部门单打独斗的局面。

建立分工协作机制，明确相关部门工作职责。舆论引导工作领导小组成员来自相关处置部门和单位，在领导小组的统一领导下，分工负责，互相协作。在舆论引导工作中，领导小组主要负责制定工作预案、有关规定，汇总各方面舆情信息，协调各部门开展工作；各职能部门负责收集与本部门工作有关的舆情信息，在公安宣传部门的指导下，对舆论引导提出建议和意见。

制定新闻处置工作预案，规范舆论引导分析规程。针对不同问题或事件，舆论引导的范围、重点、目标、手段均有不同。公安机关必须在有关问题或事件发生之前，根据不同事件的处置要求，制定应急预案，规范相应的舆论引导分析规程。一般情况下，舆论引导领导小组负责舆论引导工作，对于突发公共事件要做好现场记者管理工作；收集相关舆情信息起草新闻通稿，统一口径；组织召开新闻发布会，指派专人向媒体发布消息；收集媒体报道和社会舆情，提出舆论引导建议和措施。

（二）建立舆情收集、分析、研判工作模式

有关问题或突发事件出现时，全面掌握与问题或事件密切相关的各种舆情信息极其重要，越早发现问题或事件的苗头和公众关注的热点，越早对可能产生的舆论焦点、走向进行分析，就越能帮助公安机关提前做好应对危机和引导舆论的准备。因此，公安机关建立完善的舆情预警、分析、研判工作模式就显得非常重要。

舆情收集、分析、研判机制应该包括：成立专门机构或部门，指定专人收集舆情信息，每日对各类媒体报道进行收集分析，严密监控传统媒体和新兴媒体的

---

① 叶皓：《突发事件的舆论引导》，江苏人民出版社2009年版，第139—141页。

有关舆情，及时掌握舆情动态；对收集到的相关舆情信息，有专门力量进行归纳整理和分析研判，对苗头性、倾向性舆情信息及时评估影响，制定对策，为领导决策提供参考；舆论引导工作领导小组成员单位定期召开碰头会，对一周以来的重要舆情信息进行总结评估。遇重大突发敏感事（案）件，由领导小组主要负责人召集各成员单位负责人，随时会商，提出预警舆情信息并研究应对措施。

（三）完善公安机关新闻发布制度，提高应对媒体的能力

新闻发布是“政府通过新闻发言人以及其他舆情信息传播途径，向媒体和公众公布有新闻价值的舆情信息，传达政府的立场和态度”①。公安机关新闻发布可以通过大众传播媒介有效、主动地引导社会舆论，最大限度地抢占话语权和传播的先机。公安机关舆论引导不当，问题往往出在应对媒体不当上。因此，要解决公安机关“不愿说”“不善说”等问题，必须完善新闻发布制度，提高公安机关应对媒体的能力。

新闻发布制度是“约束政府新闻发布行为的一系列规则，包括新闻发布的法律、法规、惯例、内容、渠道和目的等等”②。完善公安机关新闻发布制度，需要从进一步完善新闻发布的法律法规，明确公安机关新闻发布的责任，提高各级公安机关新闻发言人的职业素养，加强公安机关各部门之间的舆情信息交流，形成公安机关舆情信息收集、分析、发布和反馈的有机系统等几方面入手，以进一步增强公安机关新闻发布的组织、策划和控制能力，提高其新闻传播效果。③

（四）建立与媒体的日常沟通协调机制，提高同媒体打交道的能力

媒体的号召力、公众影响力、说服力、整合力是公安机关在现代信息社会不可或缺的依赖力量，尤其是非主流媒体、以互联网为代表的新兴媒体在种类、规模上打破了主流媒体一统天下的局面，社会影响力迅速扩大。在舆论引导中，

① 曹劲松、庄传伟：《政府新闻发布》，江苏人民出版社2009年版，第29页。

② 曹劲松、庄传伟：《政府新闻发布》，江苏人民出版社2009年版，第29页。

③ 曹劲松、庄传伟：《政府新闻发布》，江苏人民出版社2009年版，第34—43页。

公安机关应善于利用媒体设置议程，为媒体提供舆情信息源，“以我为主，积极引导”。

公安机关应当充分认识媒体的作用，遵循新闻规律，重视媒体的兴趣；树立“服务媒体”的意识，处理好与媒体的关系；建立与媒体的日常沟通协调机制（如建立高层互动机制，由公安机关宣传部门的负责人定期参加媒体总编辑联席会和编委会，互相通报各自的工作动态，及时争取对方的理解支持等），从而与媒体建立良性互动、合作互赢的关系。

第三节　突发事件的舆论引导策略

突发事件是突然发生的、对整个社会的正常生活构成威胁的事件或状况。当前，我国正处在经济快速发展的社会转型期，社会矛盾凸显，突发事件高发。而随着媒体传播功能的日益强大，越来越多的突发事件进入社会公众的视野并形成强大的社会舆论，给各级公安机关对突发事件的处置造成很大的压力。如何有效应对突发事件的舆情信息传播，不断提高舆论引导能力，成为各级公安机关亟待解决的问题。

一、突发事件中的舆论构成

根据2007年8月通过的《中华人民共和国突发事件应对法》的规定，突发事件是指突然发生，造成或可能造成严重社会危害，需要采取应急处置措施予以应对的自然灾害、事故灾难、公共卫生事件和社会安全事件。突发事件的发生大多具有突然爆发、危害严重、与公众利益密切相关等特点，处置不好就会引发连锁反应，危及国家安全和社会稳定。

每逢突发事件，都会伴随着各种舆论。突发事件中的舆论包括两个层面：一是社会舆论；二是新闻舆论。社会舆论是社会公众针对突发事件所表达的态度、意见、观点和情绪的总和，其中混杂着各种理智和非理智的成分。社会舆论具有相对的一致性、倾向性、强烈性和持续性，对事件发展及事态进程都会产生深远影响。而新闻舆论则是通过新闻媒体所传播的新闻信息而形成的舆论。其中，由于媒体具有强大的公众影响力，使得新闻舆论的影响范围大，传播速度快，对社会舆论的形成有着举足轻重的影响作用。

二、突发事件的舆论引导策略

在突发事件中，舆论引导的过程由政府、媒体和公众三方共同参与，政府在其中发挥着主导作用。因此，“政府引导媒体，媒体引导舆论”是舆论引导的应有之义，即政府通过引导媒体，以新闻舆论引导社会舆论。

在突发事件中，政府引导舆论的目标是把公众的认识和行动置于可控制的范围内，为突发事件的顺利处置营造有利的舆论环境。但由于舆论引导不具备硬约束力，不能强迫公众接受，因而要特别注意研究突发事件舆论引导的策略问题。

我们认为，要实现舆论引导效能的最大化，公安机关需要突出地注意以下策略。

（一）必须坚持“两条战线”作战，即事件处置与舆论引导同步进行，不可偏废

突发事件的处置要与舆论引导工作同步安排、同步进行，不可偏废。

一方面，公安机关应积极、有效地处置突发事件，为有效引导舆论奠定良好的民意基础。

另一方面，应第一时间发布权威、真实的舆情信息，并且“快报事实、慎报原因”。从传播心理学的角度看，先入为主是受众接受舆情信息的普遍规律。当突发事件发生时，公众迫切需要得到舆情信息。如果公安机关有意隐瞒或封锁舆情信息，谣言、流言就会率先进入公众的认知领域，以后再纠正就难了。这表明，及时发布权威舆情信息可以换取信任，使谣言止于公开。因此，对于突发事件，公安机关和新闻媒体尽早介入，不仅是对公众知情权的尊重，而且有利于突发事件的处置。

（二）滚动发布突发事件的进展信息，掌握舆论引导的主动权

国务院新闻办曾把突发事件的舆论引导策略概括为“四讲”，即尽早讲，政府要尽快抢占舆情信息发布制高点，第一时间表明对事件的态度及应对措施；持续讲，向公众不断披露事件进展情况；准确讲，发布舆情信息真实全面，争取公众的认可；反复讲，采取各种方式对公众进行答疑解惑。这是对突发事件舆论引导经验教训的深刻总结。

以滚动方式发布信息，既能在第一时间发布准确信息，压缩谣言、流言的传播空间，又能持续、不间断地向媒体提供公众关心的信息，主动吸引媒体和公众的关注，形成有利于处置突发事件的舆论氛围。实践证明，突发事件进展的动态性和不可预见性决定了滚动发布信息的必然性，只有不断向媒体和公众介绍有关的最新信息，才能确保真实可信的信息通过公安机关的权威发布而获得良好的传播效果。

（三）重视新闻发布的口径准备

公安机关在发布突发事件有关信息时，要重视新闻发布的口径准备。要根据突发事件的处置预案，由专门部门及人员收集相关舆情信息起草新闻通稿，统一发布口径，并指派专人向媒体发布消息。形成统一口径之前，不能随意发布信息或发表意见。

（四）加强突发事件处置现场的记者管理

突发事件具有很高的新闻价值，社会公众的关注度高，因此是媒体争相报道的热点和媒体间相互竞争的焦点。突发事件发生以后，不仅政府有关部门会立即赶赴现场进行处置，媒体记者也会在第一时间赶到现场进行采访报道。为了保证在第一时间发布权威信息，避免出现歪曲性报道并防止谣言传播，公安机关要加强对身处事件处置现场的媒体记者的管理，包括了解现场记者及其采访情况；核实并确认记者身份，做好记者的接待和服务工作；规范记者的采访活动，比如规定记者活动区域，要求记者遵守有关规则、服从现场指挥，不得干扰现场处置工作等；根据事件性质、发展趋势、社会影响程度等因素，对记者报道内容提出相应要求，确保报道口径一致。

（五）在保证真实的前提下设置议程，通过发布警方通报主动引导舆论

当下，“蓝底白字”的警方通报已经成为公众获取涉警事（案）件信息的主要渠道，具有强大的“议程设置”功能。“议程设置”理论的核心观点是，“大众传播媒介在一定阶段内对某个事件和社会问题的突出报道会引起公众的普遍关心和重视，进而成为社会舆论讨论的中心议题”[①]。面对突发事件，公安机关应及时在符合真实情况的前提下充分发挥警方通报的“议程设置”功能，找准舆论的关注点。比如四川泸县学生坠楼事件。2017年4月1日，四川泸县太伏中学学生赵某被人发现在学校宿舍楼外死亡。随后，网上传出视频和图片称赵某被五个孩子殴打致死后扔至楼下，其中一个孩子还是“官二代”。2日，网络中又出现“大量防暴警察围堵家长”“政府私自拉走尸体”“村民签字可领50元封口费”等传言。尽管事发三日内，泸县官方先后三次通报赵某系坠楼身亡并“排除他杀”，但多个版本的谣言盛传，导致官方简单说辞未被舆论认可。7日，四川警方发布近万字的通报，从现场勘查、尸检报告、死者生前的社会关系走访、案发当天的现场还原四个方面进行了详细介绍，并回应了社会关切疑点，揭露谣言是如何造假的。四川警方这篇通报被网友评价“近乎完美”，逻辑清晰、调查详细、证据充分、措辞得当，甚至“蓝底白字”的底色、字体选择都被网友赞赏有加。

通过主动对突发事件进行议程设置，充分发挥警方通报的作用，能够在很大程度上满足公众的信息需求，影响公众对事件的认识和判断，最终形成并引导对扭转局面有利的舆论。

（六）加强舆情分析，充分重视网络舆论的引导工作

网络舆论就是公众以互联网为传播媒介、针对公共事务和社会现象发表意见所形成的舆论，主要是网民在媒体官网、新闻客户端、论坛/博客、微博、微信、知乎、抖音等网络平台上，发表自己的意见。

当今中国，互联网发展迅速，深刻改变着人们的思维方式、行为方式和生存

---

① 谢耘耕、曹慎慎、王婷：《突发事件报道》，上海交通大学出版社2009年版，第138页。

方式，也使得以互联网为核心的新兴媒体以信息传播的快捷性、信息流通的海量性、信息发布的互动性、信息表达的立体性等有别于传统媒体的鲜明的传播特点，在信息传播和舆论形成方面发挥着越来越重要的作用。在新媒体传播环境下，一条突发事件的信息可以在瞬间传播到世界的任何一个角落，加上网络的放大效应和信息发布的隐匿性特征，在迅即引发信息海量繁衍和瞬间爆炸的同时也产生众多非理性的情绪和观点。在互联网这个高度开放的信息空间里，人人都可能成为信息的传播者和受传者。在这样的传播空间里，信息源头和流向的不确定性与无序，新旧信息和真假信息并存混杂且难以甄别，都给政府的信息管理及舆论引导带来极大难度。

《2022年中国互联网舆情分析报告》①指出，互联网进入全民围观时代。1995年后出生的年轻网民开始进入网络舆论场，并逐渐成为热点事件舆论声量的主力之一。各种网络舆论载体的力量对比发生着变化，主流媒体进一步迈入移动互联网时代，政务新媒体凭借权威发布、社会评论、直播连麦、短视频等方式频频“出圈”。微博、微信朋友圈仍是舆论的重要信源，但抖音等短视频平台逐渐成为传播与讨论社会热点的主阵地。截至2022年6月，我国短视频的用户规模达9.62亿人，占网民整体的91.5%，在主要互联网应用用户中增长率最高。该报告认为，短视频平台将深刻改变网络舆论格局，更多网民将会通过短视频爆料信息，公众也开始转向短视频平台探讨公共事务，行使话语权。

由此，深入研究互联网环境下突发事件的舆论引导，找到适宜的舆论引导策略，显得尤为重要和紧迫。

1.加强舆情分析，掌握舆论引导的主动权。在突发事件发生时，公安机关要注重研究社会公众的心理和需求，加强对舆情的调查与分析，以增强舆论引导的针对性与说服力。要在坚持早说、主动说的同时，遵循留有余地的原则，“快报事实、慎报原因”，因势利导，增信释疑，牢牢掌握舆论引导的主动权。

---

① 祝华新、潘宇峰、廖灿亮：《2022年中国互联网舆情分析报告》，载《2023年中国社会形势分析与预测》，李培林、陈光金、王春光主编，社会科学文献出版社2022年版。

2.重视网络舆论，及时应对，主动引导。互联网时代，网民的表达意愿和参与意识持续高涨，踊跃发声建言。在一系列突发事件上，网民进一步显示出巨大的舆论能量。面对网络舆论影响与日俱增的形势，从中央部委到地方政府，普遍建立了快速应急机制，回应网民关切，舆情应对提速。

不可否认，网络舆论的发展削弱了政府的话语主导权，从政府角度看，对此视而不见或采取回避甚至扼杀的态度，显然不可取。要掌握并巩固网络舆论的话语主导权，只能顺应潮流，以主动的姿态主导网络舆论。这就要求政府转变思想观念，改变把控方式，正视网络舆论的作用，承认其存在的合理性，同时也要根据自身的优势，即掌握着大量权威的第一手舆情信息和可靠的优秀专业人才，引导网络舆论向有利的一面发展。

3.培养自己的专业网络工作人员。《2008年中国互联网舆情分析报告》提出了“新意见阶层”这个概念，用于描述关注新闻时事、在网上表达意见的网民。“新意见阶层”具有巨大的舆论能量，对中国社会发展中的种种问题畅所欲言，特别是遇到突发事件时，往往会在极短的时间内凝聚共识、发酵情感、诱发行动，影响社会稳定。时事评论、价值评判，首先由“新意见阶层”的核心人群提出，再由他们传递给大众。他们在涉及公民权利保护、公共权力监督、公共秩序维护和公共道德伸张等一系列重大社会公共问题上发表意见，对政府施政形成巨大舆论压力。

突发事件发生以后，加强正面、积极的舆论引导刻不容缓。因此，要注重培养自己的专业网络工作人员，在“新意见阶层”中形成正面引导力量。比如针对公安机关通报的情况，由专业网络工作人员配合公安新闻宣传部门放大正面声音；针对网上流传的谣言、流言，由专业网络工作人员予以批驳，阐明真相；引导和启发网民理性思考和判断是非等。

思考与练习

1.公安机关在舆论引导工作中应发挥什么作用？

2.如何建立健全舆论引导的长效工作机制？

3.联系实际阐述突发事件的舆论引导策略。

【延伸阅读】

成都“6·5”公交车燃烧事件[①]

2009年6月5日8时许，成都公交公司牌号为川A49567的9路公交车从天回镇行驶至北郊三环路川陕立交桥下桥处发生燃烧。成都市公安局在接到报警后，调集消防车辆到达事故现场迅速将明火扑灭，并将伤员送往附近医院紧急救治。经核实，共遇难25人，受伤76人，其中特重6人。

据当时的目击者说，公交车先发生了爆炸，然后猛烈燃烧起来。据说当时乘客闻到有异味，就要求司机立即开门。当时车辆正在下坡，司机认为开门不安全，下了立交桥后立即停车，发现车门无法打开，于是从驾驶位旁的车窗跳出，跑到公车外侧，和当时路边群众一起扒门砸窗救人。

成都市政府新闻办公室于6月5日10时40分左右在事故现场附近进行了简短的新闻发布，成都市市长助理、政府新闻发言人介绍了有关情况，公布了最新伤亡情况。成都市公安交管部门介绍说，这辆公交车并非新车，在目前成都天气并不炎热的情况下，该车是否发生自燃以及具体原因，需要经过技术部门详细的勘查后才能下结论。

6月5日下午，召开第二次新闻发布会，向媒体通报最新伤亡数据，并对当时公众质疑声最大的“驾驶员是否逃离现场”做了回应，宣布已成立专案调查小组。

6月5日23时20分，召开第三次新闻发布会，表示将依法对事故进行责任认定。

6月6日16时左右，召开第四次新闻发布会，详细通报了燃烧公交车和驾驶员的相关信息，表示将迅速对事故定性。

6月7日23时左右，召开第五次新闻发布会，公布事故的初步调查结果，认定事故为“有人携带汽油上车”。

2009年7月2日，成都“6·5”公交车燃烧案告破。警方查明，此案是一起

---

① 本文根据成都市人民政府网等媒体上的相关新闻编辑整理。

特大故意放火刑事案件，犯罪嫌疑人张云良已当场死亡。经调查，6月5日7时40分左右，张云良携带装有汽油的塑料桶在9路公交车天回镇始发站上车。有乘客证实当车辆由北朝南向城内方向行驶至三环路川陕立交桥处时，张云良在车内倾倒所带的汽油，并点燃引起车辆燃烧。

请结合本案例，体会舆论引导策略的具体内容和实施过程。

第九章　公安机关舆论引导机制

学习要点： 通过本章的学习，客观认识公安机关舆论引导存在的问题及原因，把握公安机关舆论引导机制的具体内容，了解公安机关舆论引导重点工作和基本模式。

"机制"这个概念原本用于表示有机体内发生生理或病理变化时，各器官之间相互联系、作用和调节的方式。其后，人们将"机制"一词引入经济学的研究，用"经济机制"一词表示一定经济机体内，各构成要素之间相互联系和作用的关系及其功能。我国词典对"机制"一词的注解有"机器的构造和工作原理""有机体的构造、功能和相互关系""某些自然现象的物理、化学规律""一个工作系统的组织或部分之间相互作用的过程和方式"等。机制以什么为载体呢？或者说是通过什么形式建立的呢？主要是两个方面：一靠体制，二靠制度。所谓体制，主要指的是组织职能和岗位责权的调整与配置。所谓制度，广义上讲包括国家和地方的法律、法规以及任何组织内部的规章制度；狭义的制度通常是指规则或运作模式，规范个体行动的一种社会结构，要求成员体共同遵守的办事规程或行动准则。也可以说，通过与之相应的体制和制度的建立（或者变革），机制在实践中才能得到体现。本章以"机制"为核心问题，系统阐述公安机关舆论引导应完善的机制体系和具体内容。

第一节 公安机关舆论引导存在的问题及原因

一、公安机关舆论引导存在的问题

由于公安工作的特殊性，一直以来，公安工作始终是媒体“青睐”的对象。总体来看，媒体对于警察形象的正面报道要比负面报道多，但由于受众对信息的关注取向不同，往往是“好事不出门，坏事传千里”，同时由于公安机关舆论引导工作存在不足，致使少数涉警的负面报道对警察形象造成恶劣影响。归纳起来大致有以下几种情况：

1.当某一涉及公众安全的事件发生时，媒体因为追求第一时间报道，可能因仓促报道而失真；为追求更大的关注度而报道了不应报道的信息，造成泄密；渲染了不宜报道的细节，造成不良的社会影响。

2.媒体对于正在侦查、起诉或审理的案件，超越法律程序抢先作出定性报道，或者在监督中发表带有明显倾向性的评论，干扰了公安机关侦查活动的正常进行；媒体为对警方的侦破活动进行全方位跟踪报道，采取隐蔽摄像、窃听信息等手段，一定程度上暴露了警方的破案过程和手段，造成泄密，极易让犯罪嫌疑人掌握反侦查的手段；在报道中过多披露犯罪嫌疑人的作案过程细节，客观上也起到教唆或渲染犯罪的作用。

3.个别职业素质和职业道德水平不高的新闻工作者过分地追求轰动效应，吸引“眼球”，寻找“卖点”，把公安机关执法与管理行为等同于一般的商品，利用公众情绪肆意炒作，给警察形象带来了极大的负面影响。

4.因个别民警执法管理行为不规范、不合理，导致意外情况发生，由此引发网曝，新闻媒体借题发挥、深挖爆料，导致短时间内出现涉警舆情，严重影响公安机关形象，甚至正常工作的开展。

上述几方面问题已凸显出当前公安机关舆论引导工作的缺失，由此给公安工作的正常开展造成困难。

二、公安机关舆论引导不力的原因

综观公安机关舆论引导不力的原因，无外乎以下几点：

1.公安机关自身主动宣传的意识不强。强化形象建设一直是公安政治工作的重要内容。但是，这种形象建设从近些年实际情况看，更多的是从队伍建设角度，对民警个体素质提出要求，缺乏从公安形象建设的战略角度出发，构建社会“大宣传”格局，对公安形象作整体上的宣传和塑造。缺乏对公安工作和队伍建设先进事迹、先进典型的系统深入挖掘和宣传，点不多，面又少，没有形成声势、形成规模、形成影响，致使公众对公安机关英勇顽强、无私奉献，甚至流血牺牲的感人事迹了解不多、知晓不详，从而对警察工作不理解、不支持。

2.公安机关危机公关的意识不强。公安机关有时低估舆论监督的作用和公众的理解承受能力，对已经形成公众热点、焦点的问题、事件，应该解释的不去解释，或不及时回应，过于相信“清者自清”，任凭舆情发酵，使人生成误解；对于经调查属实的报道，不能及时通过公安机关公开报道处理结果，消除不良影响；对经调查存在不实之处的报道，也不能及时地向媒体通报事实真相，通过媒体还事实本来面目，从而使人误会、误解，积怨随之产生。

3.公安机关主动介入的意识不强。当涉警危机事件发生后，不能在第一时间介入，统一口径，及时表明公安机关对问题处理的立场和态度，而让记者抢先采访报道，以其个人片面掌握的情况，去报道诠释，致使公众对事件的真实性缺乏全面客观公正的了解和掌握。

4.公安机关应对负面报道舆论引导机制有待完善。公安机关舆论信息收集工作存在滞后问题，没有规范的刚性的舆论信息报送、分析、通报、应用和评估机制，舆论信息的预警能力和实战能力较弱；缺乏有效应对突发事件和民警违法违纪案件等负面报道的工作预案；现行公安机关舆论引导工作模式依然存在以静态舆论事后处置管理为主的情形，缺乏舆情动态管控的前瞻和预测，不适应网络迅猛发展和媒体竞争日趋白热化的客观需要。

三、公安机关舆论引导工作面临的困难

综观公安机关舆论引导工作的具体实践，存在的困难和问题突出表现在以下几个方面：

1.公安民警的综合素质现状难以在短期内适应动态舆论引导工作的要求。面对日益发展的舆论手段、技术以及快速、动态的舆论传播环境，民警普遍缺乏应对媒体的基本常识和经验，没有或很少接受比较系统的媒体公关专业训练，缺乏加强公安舆论引导工作的意识和必要的涉警舆情认识敏感性。

2.缺乏明确的涉警舆情危机定性判断标准。怎样判断一个事件或者一篇报道已经引起或即将引起危机，没有明确的定性标准。随着涉警舆情、舆论事态的发展，危机可能转化为契机，契机也会转化为危机。即使看似正面积极的报道，对同一件事，不同的人从不同的角度去看，也会得出截然相反的结论。比如，抓获了辖区内隐藏多年的外省逃犯，或是办结了一起上访多年的信访案件，诸如此类，人们仅仅看到事件的一个方面，往往忽略了可能引发危机的潜在因素。一篇看似不起眼的报道有可能引起轩然大波，导致公安形象或公安整体荣誉受损。对这些问题难以有可操作的危机评判标准，所以应对工作存在疏漏。

3.处理涉警舆情危机时缺乏法定依据和指导性规范的合理运用。面对媒体显而易见的负面炒作采访，公安机关除一些法定的情形外，既无更多的理由拒绝媒体采访，更无权阻止媒体报道。舆情危机发生时，因缺乏法定依据和指导性规范的合理运用，处理危机通常能做的只是事后沟通协调，效果微乎其微。面对媒体的不实报道、负面涉警舆情，也只能依靠人际关系、感情交流进行商榷，在媒体表现强硬时，因考虑到今后的合作，往往采取简单的删、堵、封手段。

2009年，公安部印发了舆论引导工作相关规范，各级公安机关应加大对规范的学习、宣传，结合典型案例，开展针对性专业培训，不断提高涉警舆情危机应对水平和质量。

第二节　公安机关舆论引导机制构建

一、建立公安机关舆论监督的法律体系和制度机制

通过立法明确媒体报道的内容、报道的界限，以及恶意报道应当承担的法律责任，同时规范对公安机关的新闻舆论监督，对传媒有关公安题材特别是侦查活动的新闻报道实行资格认证制度。只有经公安政工部门和侦查机关批准授权的才可参与侦查活动的新闻监督报道。实行新闻采访准入制度，与媒体协商，发放专门部门核发的公安特约采访证，选定专人从事公安新闻采访，对持有公安特约采访证的记者，开展业务培训，明确纪律要求和职业操守规范，对于合规采访全力配合，主动介绍情况；对没有公安特约采访证的记者，热情接待，婉言谢绝。

二、构建警方与媒体的沟通联谊机制

本着合作双赢的原则，以主动积极的态度促进与媒体的联系与沟通，建立和谐融洽的合作关系。成立警方传媒俱乐部，邀请媒体和记者作为警方传媒俱乐部会员，举办警媒联谊恳谈会，通报情况，征求意见和建议，加强交流，增进感情，赢得媒体的理解和支持。积极与媒体合作，有效利用新闻单位的人力、物力优势，“借船出海”“借水行舟”，开辟公安专刊、电视专栏、广播专题等宣传阵地。

三、建立公安机关新闻资源管理机制

完善公安新闻宣传管理体制机制，加强监管力度，整合公安机关新闻信息资源，搭建权威的新闻发布平台，由公安新闻发言人统一进行新闻发布，重大涉警事件披露形成通稿，统一提供新闻稿件、新闻背景资料，使新闻信息同出一口，

同发一声。

四、规范公安机关舆论信息处理机制

一方面，组织专门警力及时跟踪和定期分析新闻舆论信息，形成有思想、有深度、有影响的新闻舆论信息；另一方面，建立问题反映和新闻舆论监督反馈制度。安排专人对媒体反馈或曝光的负面报道及时调查，及时回复；对于媒体记者反映公安机关问题但不宜公开见报的采访素材或稿件，及时与纪委、督察联系，查明真相，并将处理结果反馈给记者，既履行社会责任，又满足其个人被尊重的需求；对于直接在媒体上曝光的稿件，更应及时处理，查明情况，与媒体联系沟通，防止炒作，努力消除负面影响，尽可能地把损坏公安机关良好形象的“危机”变成树立公安机关良好形象的“契机”。

五、建立涉警舆论预测机制

增强公安舆论引导工作的主动性，就要在机制建设上下功夫，如成立涉警新闻舆论预测机构，预测涉警新闻舆论未来总体走势，对可能成为新闻舆论热点的事件提前作出目标预警，组织有针对性的控制。要对各类负面报道较多的媒体平台进行跟踪预测，重点联系。要加强有关涉警负面事件和突发性事件的新闻舆论预测，及时发现热点、焦点问题。对出现或可能出现的涉警负面新闻舆论要采取积极主动、灵活有效的处置措施，力争使负面新闻舆论的影响降到最低。

六、建立网络涉警新闻舆论引导机制

通过完善公安网站、完善融媒体平台、建立公安新闻传媒体系等，掌握网站新闻舆论宣传阵地的主动权。公安网络媒体可以有意识地设计主题或话题，引导网民注意力。精心打造培养一批主流新闻网站的融媒体平台，让主流、权威、真实的声音占领公众意见市场。组建公安网上评论员队伍，以普通网民的身份发表意见和看法，积极参与网站对公安机关问题的讨论。在网络媒体出现公安负面报道后，及时发布真相，正面引导人们对负面报道的关注程度及看法。

七、建立警察危机处置机制

警察危机事件好比一把“双刃剑”，它可能会使警察形象受到影响，导致公众对警察的不信任；但若处理得当，也能使警察在公众面前树立勇于承担责任的形象，从而赢得公众更多的好感和支持。警察危机一般可分为酝酿、爆发、持续三个阶段，因此机制建设也应当对应三个阶段加以完善。一是危机酝酿阶段。这是化解警察危机的最佳时机。公安机关应及时答复来自媒体的各种质询，向媒体做好说明解释，主动积极提供改错、查处、整肃等正面信息，促使媒体放弃进行炒作性报道的打算。与此同时，要做好应对危机爆发的各项准备工作。二是危机爆发阶段。多种强势媒体争相在显著版面或黄金时段刊播有关危机事件的报道，公众高度关注，网民参与讨论，真假难辨、似是而非的各种消息和情绪化的评论排山倒海而来，迅速形成强大的社会舆论压力。公安机关必须在第一时间启动危机公关机制，迅速向媒体发布官方声音。对于媒体的误会和讹传，要展示证据予以澄清；对由于警察不当行为造成危害的，要诚恳道歉，表示认真改错和全力善后的态度；对情况不明、责任不清的事实，应表示认真调查、决不护短的态度。同时，公安机关应以最果断的态度、最快捷的速度对警察不当行为进行调查和处理，并把查处情况及时通报媒体，缓解社会公众情绪，促使危机事件尽早转入持续阶段。三是危机持续阶段。公安机关要继续向媒体通报查处、善后情况以及整肃措施，争取公众的进一步谅解；还可以组织策划一些具有正面轰动效应的新闻宣传事件，转移媒体和公众的注意力，尽早结束危机持续阶段，并使公安机关的声誉和公信力得到修复。

八、完善应对媒体能力的警察教育培训机制

提高民警的新闻媒介素养，把媒介素养教育和公安新闻宣传纪律教育纳入公安队伍思想教育规划、公安领导干部培训规划、公安院校教育规划、民警履职能力提升规划等方面，作为岗位练兵的普训课程，通过采取举办专家讲座，邀请记者现场讨论、交流、对话，组织民警开展实训、典型案例分析、情景模拟演练以

及媒体与公安机关开展互访共建等形式，逐步提高民警驾驭媒体、应对媒体的能力。

第三节　公安机关舆论引导工作模式

各级公安机关应重点建立“一个制度”、“四项工作机制”、“一个垂直管理”、舆情“四期”处置模式和“三步走”步骤处置模式，有效开展公安机关舆论引导。围绕中心，服务大局，坚持正面宣传、弘扬主旋律，顺势而为，主动接受社会、舆论监督，不断提升自身建设能力和水平，不断适应社会的发展变化，积极探索新形势下公安宣传工作的规律和特点，加强对热点、难点问题和特殊敏感问题的引导作为，顺应时代潮流，因势利导做好舆论引导工作。

一、“一个制度”

要建立“一个制度”，即建立由本级党委、政法委和政府牵头的公安宣传舆论工作联席会议制度，努力形成横向紧密联系的公安宣传和舆论工作格局。联席会议定期召开，议题是传达学习和贯彻中央、省委、市（州）委、县（区）委重大工作部署和公安宣传舆论工作的重要精神，通报一段时间内公安宣传舆论的有关情况，分析公安宣传舆论中值得关注的敏感、热点问题，研究公安宣传舆论引导的意见和措施，明确阶段性任务和目标要求。针对舆论宣传和维护稳定面临的新情况，及时掌握带倾向性、苗头性的敏感问题，引导媒体坚持正确的舆论导向，严格公安机关新闻宣传工作纪律，坚持以正面宣传为主，防止和杜绝对群体性事件、突发性事件和重大、敏感案件的恶意炒作，健全突发公共事件报道的规范管理措施，进一步规范政法新闻报道工作，不断提高主流媒体的舆论引导能力。

二、“四项工作机制”

要重点建立健全公安机关内部“四项工作机制”，形成纵向到底的锁链式工作模式。本级公安机关要始终坚持超前谋划、快速反应、稳妥处置、有力引导的原则，以省、市、县（区）政法委为龙头，建立健全公安机关内部开展公安宣传和舆论工作“四项工作机制”。一是完善政法委统一领导下的公安宣传工作责任机制。以整合资源、提升宣传效果为目标，公安机关在本级政法委的统一领导下，各级各部门切实加强对新闻宣传工作的领导，成立以主要公安领导为组长的公安领导小组或专门机构，专人负责本级本部门对内对外宣传工作。二是建立完善的公安宣传和管理机制。以各类宣传媒体为依托，本级公安机关各部门共同参与，并努力通过网络等媒体，切实提高公安宣传工作水平，建立健全多视角、多层面、立体化、规模化的公安宣传工作体系和网络新闻管理机制。三是切实加强对网络媒体的监测机制。掌握网络舆论宣传阵地的主动权，正确引导网上舆论和媒体宣传工作，使热点、难点处在可调可控之中，敏感问题上的一些炒作攻击有限，社会舆情不出现大的波动。四是建立本级公安机关的快速传递、反应灵敏和有效处置的机制。广辟信息来源，及时收集、整理和上报，在本部门内部形成上下贯通的快速传递、反应灵敏、有效处置的机制。遇有群体性事件、突发性事件和重大、敏感涉警案件的相关信息后，需要其他公安机关密切配合的，由最先获取信息的公安机关迅速向省、市、县（区）政法委报告，省、市、县（区）政法委快速反应，在及时协调其他公安机关积极配合的同时，迅速向党委、政府报告，并积极争取相关部门的支持，稳妥快速进行处置。

三、“一个垂直管理”

建立公安机关系统内部对公安宣传工作的垂直管理，形成上下紧扣的链条式管理模式。应坚决贯彻落实《中共中央、国务院关于加强基层治理体系和治理能力现代化建设的意见》《中华人民共和国国家安全法》《中华人民共和国网络安全法》《互联网新闻信息服务管理规定》等规定，建立本系统内部对公安宣传和舆论引导工作的垂直管理机制。同时，各部门还应建立一整套公安宣传的程序、规范，包括信息的收集、整理、审核把关和对内对外宣传的尺度等，均由上级进行统一规范，实行下级对上级负责制。

四、舆情“四期”处置模式

在完善公安机关舆情处置机制基础上，实行舆情“四期”处置模式，即将舆情分为“预防预警期、突发期、持续期和消失期”，积极采取相应的对策措施，妥善进行处置。一是在“预防预警期”，公安机关要充分发挥先进技术的作用，建立内容丰富的信息资源网络、应急处理服务的信息管理系统和“标准化”的信息处理模型。二是在“突发期”，舆情从隐性变为显性并且快速扩散，舆情信息内容丰富、真假共存、迅速传播，公安机关要做到快速反应、归口管理、引导舆论。三是在“持续期”，事件得到了初步控制但未彻底解决，舆情信息数量依然不少，虚假信息传播的情况依然存在，公安机关要充分利用自身优势，努力做好预测舆情走向的信息分析工作。四是在“消失期”，事件得到基本解决后，舆情信息的数量一般会明显减少，但并不会完全或绝对地消失。公安机关要切实强化事后的追踪、回访、救助和落实，了解有关信息，对突发性、群体性事件进行常备不懈的全程监控，确保长期处置效果。

五、“三步走”步骤处置模式

公安机关要注重与网络媒体打交道的技巧，按照“三步走”步骤处置模式妥善快速处置突发舆情。提升公安机关与网络媒体打交道的能力和技巧，要注重平时工作的沟通与协调，以便在突发涉警舆情之际，按照“一回应、二表态、三处置”步骤，妥善快速进行处置。具体要求是对突然出现的涉警舆情及时作出原则性说明，亮明基本态度，提出处置意见和措施。

总之，公安机关舆论引导工作，关乎公安队伍形象，关乎警民关系和谐，关乎公安执法公信力，关乎各项公安工作的顺利进行。在实际工作中，应大力强化公安机关舆论引导，充分发挥新闻宣传树立警察形象、密切警民关系的“黏合剂”“催化剂”作用，积极构建和谐警民关系，为各项公安工作的顺利完成提供强有力的舆论支持和保障，不断促进社会和谐与稳定。

思考与练习

1. 公安机关舆论引导机制的意义和特征是什么?

2. 公安机关舆论引导机制的具体内容有哪些?

3. 阅读下列资料，体会舆论引导机制建立的重要性。

【延伸阅读1】

新形势下突发事件舆论引导机制的构建①

……

三、构建四重机制，增强对突发事件的舆论引导能力

"快报事实、慎报原因"，"快讲话、讲真话、会讲话"，这些已成为对突发事件进行舆论引导的基本原则。但原则需要机制加以保障才会收到实效，否则就会被束之高阁，好看而无用。笔者提出，应在监测、预警、应急处置、问责四个环节构建相应的运行机制，以提高对突发事件的舆论引导能力。

1. 强化信息共享，构建舆情监测机制

……

2. 提高研判能力，构建舆情预警机制

……

请阅读原文，体会新媒体环境下舆论引导机制建设的核心内容。

【延伸阅读2】

请阅读《网络信息内容生态治理规定》，重点熟悉第六章"监督管理"。

① 喻发胜、赵振宇:《新形势下突发事件舆论引导机制的构建》，载《新闻记者》2010年第10期。

第十章　公安机关新闻发言人制度

学习要点：通过本章的学习，了解新闻发言人制度的内涵、意义，重点掌握公安机关新闻发言人制度的内容以及完善措施。

新闻发言人制度，在我国历经了几十年的发展过程。它作为一种制度，既是民主政治发展的要求，也是政府公共关系实施的必然结果。随着全球传播时代的到来与网络媒体的快速发展，抢占舆论制高点成为国内外媒体的共同目标，也成为公众参与政治生活的突出体现。世界各国在政治、经济和文化等各个领域的全面接轨，使得新闻发言人制度成为政治领域一种全球的普遍现象。党的十八大以来，公安机关紧紧围绕平安中国、法治中国建设两大主题，以习近平法治思想为统领，贯彻落实全面依法治国基本方略。习近平法治思想是新时代全面依法治国的根本遵循，也是新时代法治舆论传播的根本指南，是法治舆论传播工作的灵魂。以习近平法治思想和习近平总书记对新闻舆论工作的系列重要论述为指南来指导法治舆论传播活动，才能确保法治舆论传播工作的正确导向，使法治舆论传播更具科学性、理论性和思想性。

公安机关新闻发言人制度也以平安中国、法治中国为目标营造公安舆论环境。在新的理念导向之下，公安机关新闻发言人通过全媒体时代的全时空传播创造“安全的政治环境、稳定的社会环境、公正的法治环境、优质的服务环境”，致力于增强“人民的获得感、幸福感、安全感”，为续写经济快速发展和社会长期稳定“两大奇迹”新篇章作出了重要贡献。

公安机关是我国政府部门的重要组成部分，其积极引入新闻发言人制度是我国民主政治发展的客观要求，是新时代全过程人民民主的生动实践，是树立现代传播理念，努力创新与拓展民意沟通的重要渠道，也是新时代加强公安机关新闻舆论引导工作、积极推行警务公开的重要途径，对于加强公安工作与促进和谐警民关系具有重要的积极意义。

第一节　公安机关新闻发言人制度概述

一、公安机关新闻发言人与新闻发言人制度的概念

美国学者格伦·布鲁姆认为：新闻发言人是政府公共关系策略中舆情信息传播的一个重要组成部分，通过发布政府舆情信息，来沟通媒体与公众，尤其是旨在填补大众政府与官僚政府之间的鸿沟，以获得良好的舆论支持，从而逐渐成为政府施政中的一个有效手段。[①]学者刘建明对新闻发言人的定义在我国获得广泛共识，他将新闻发言人定义为“国家、政党、社会团体任命或指定的专职（比较小的部门为兼职）新闻发布人员，其职位一般是该部门中层以上的负责人。新闻发言人的职责是在一定时间内就某一重大事件或时局的问题，举行新闻发布会，或约见个别记者，发布有关新闻或阐述本部门的观点立场，并代表有关部门回答记者的提问”[②]。相对于新闻发言人，国内学者郎劲松对新闻发言人制度的定义比较有代表性，他认为新闻发言人制度是“由指定的授权代言人，在一定时间内就某一事件或时局问题，代表政府部门或个人举行新闻发布会或约见个别记者，发布有关新闻或阐述政府、本部门的观点立场，并回答提问的一种新闻发布机制”[③]。

现实生活中，新闻发言人制度往往被简化为新闻发言人，作为制度的新闻发

① 郎劲松：《新闻发言人实务》，中国传媒大学出版社2005年版，第7页。

② 刘建明主编：《宣传舆论学大辞典》，经济日报出版社1993年版，第357—358页。

③ 郎劲松：《新闻发言人实务》，中国传媒大学出版社2005年版，第7页。

言人，是一种常设机制和组织部门。新闻发言人制度的明确含义因各国国情的不同，在解释的侧重点上也有所差别。从法律依据上比较，我国的新闻发言人制度更强调“凝聚人心”“执政为民”等政治诉求。因此在中国，新闻发言人制度的实质是一种新闻发布制度，新闻发言人的职责就是在一定时间内就某一重大事件或时局问题，举行新闻发布会或约见个别记者，发布有关新闻或阐述政府、本部门的观点立场，并代表政府或部门回答提问。新闻发言人背后有一个强大的工作集体，从事材料收集和了解情况等各项工作。同时，新闻发言人也十分注重与其他有关部门的合作和沟通，以保证舆情信息的全面性、准确性和权威性。可见，新闻发言人制度是政府或组织控制新闻传播的手段，也是通过新闻媒介和公众沟通的方式，更是实现公民知情权的重要途径。

顺而言之，公安机关新闻发言人即是在公安机关中承担有关重大警务舆情信息公开和新闻发布职责，就相关问题回答媒体提问，代表各级公安机关立场的公安机关工作人员。公安机关新闻发布的主要内容有：各级公安机关党委的工作部署、重大决策、重大举措和成效，各级公安机关的工作动态、舆情信息及重大战果；各级公安机关公安工作与队伍建设全局或广大人民群众关注的热点问题的有关舆情信息。公安机关新闻发言人还应负责协调、组织重大案件或重大突发事件的新闻报道工作，包括主持召开临时新闻发布会，或根据重大案件、重大突发事件的影响和侦破、处置情况等，召集本级公安机关有关主管业务部门和下级公安机关负责人共同审定重大案件或重大突发事件的新闻发布口径，审定重大案件或重大突发事件连续、深度报道的宣传方案并及时组织实施。

公安机关新闻发言人制度包括以下内涵：公安机关新闻发言人是指面对记者，从事新闻发布的制度人（非自然人）；公安机关新闻发言人制度以塑造公安机关良好形象为目标；公安机关新闻发言人制度是公众知情权的重要保障，必须具备以舆情信息公开、舆情信息自由为立法旨趣的法律保障；公安机关新闻发言人发布舆情信息应该有一套相关组织体系做保障；公安机关新闻发言人制度是新闻发布制度的组成部分，是一种公安机关发布舆情信息的机制，也是我国公安机关警务公开建设的一部分。

二、公安机关新闻发言人制度的产生与发展

19世纪上半叶，新闻发言人制度开始萌芽，19世纪末20世纪初在政府与媒体一起发展的基础上，新闻发言人制度开始在美国出现，迄今为止已有百年历史。①随着20世纪下半叶政府制度的发展和传播媒介的更新，现代的新闻发言人制度在全世界范围内逐渐普及开来。迄今，新闻发言人制度早已成为一种国际惯例，成为政府控制新闻传播的一种手段以及政府、新闻界和公众三者之间进行沟通的方式之一，是各个国家、各级政府、各个部门普遍存在的通用制度。

（一）新闻发言人制度在中国的产生与发展

我国真正对新闻发布工作予以规范化始于1983年。1983年初，中央对外宣传领导小组起草了关于设立新闻发言人制度的请示，同年3月，外交部第一次以外交部发言人名义举行了新闻发布会。次年4月，中国记协首次向中外记者介绍国务院各部委和人民团体的新闻发言人，正式宣布我国建立新闻发言人制度。这时的新闻发言人制度是在改革开放的形势下，为了满足对外宣传的需要建立起来的。实践中，基本局限在中央一级人民政府。1988年中央进一步明确要逐步建立和完善新闻发布制度。此后，中国政府的新闻发布工作进入了制度化建设阶段。外经贸部、国家统计局、国务院台湾事务办公室都是较早设立新闻发言人制度的机关。

2003年是我国政府新闻发言人制度发展中具有里程碑意义的一年。北京市建立了专门的新闻发布会机制。同年，上海市政府建立新闻发言人制度，随后，广东、云南、南京、青岛等省市纷纷建立新闻发言人制度。此后，我国政府新闻发言人制度得到稳健发展。各部委、各地各级政府也仿效制定了自己的新闻发布机制。

目前，我国三个层次的新闻发布体制已基本建立，新闻发布的频率越来越

---

① 吴建：《西方新闻发言人制度起因探析》，载《新闻界》2005年第1期。

高，参与发布的主体逐步增加，新闻发布的内容也进一步丰富。

纵观我国新闻发言人制度从产生到不断发展的过程，大致经历了三个阶段：外交部新闻发言人——中央政府及中央各级部委新闻发言人——各省市、基层政府、行业、区多层次条块式的新闻发言人制度。新闻发言人制度从无到有，从中央到地方，从对外到对内，政府部门从过去的“不说话”到“主动说话”，反射出我国政治传播形态与政务公开制度的变化，对整个社会民主政治制度的发展具有重要意义。

（二）公安机关新闻发言人制度的发展历程

在公安工作领域，对警务舆情信息一度采取保密措施，缺乏完备的舆情信息公开机制和警务舆情信息公开的具体手段，但是在舆情信息流与人流、物流、资金流高度融合和社会高度开放透明的情况下，公安机关意识到，要全面提升公安机关维护社会稳定的能力和水平，必须树立现代传播理念，注重群众的需求和感受，在加强与社会公众沟通上下功夫；要在不影响侦查破案的前提下，最大限度地公开警务舆情信息，提高警务透明度，有效保障公众知情权，推进依法行政。在这种理念的支配下，公安机关新闻发言人制度不断得到完善与发展。

1.公安部牵头实施新闻发言人制度。

公安部自1990年开始开展新闻发言人工作，成立了新闻发言人办公室。1999年，公安部向各省、自治区、直辖市公安厅、局下发《关于在全国公安机关普遍实行警务公开制度的通知》，要求各级公安机关要加强对警务公开的监督检查，要建立、完善新闻发言人制度，定期不定期地召开新闻发布会或情况通报会，向社会公布、通报警务公开工作、队伍建设、社会治安状况和有影响的重大刑事案件侦破等情况。

2003年7月，公安部进一步规范了新闻发言人工作，成立了新闻发言人工作小组，建立了由有关单位人员兼职组成的新闻发言人办公室，并健全了有关工作制度。2003年8月7日，公安部在国务院新闻办公室举行新闻发布会，发布公安部30项便民利民措施。2003年9月29日，公安部新闻发言人通报当前社会治安情况。

2.全国公安机关普遍建立新闻发言人制度。

2003年12月17日，公安部召开电视电话会议，部署在公安部和省、自治区、直辖市公安厅、局及省会市、副省级市公安局进一步健全新闻发布制度，实行定期新闻发布。公安部正式组建了专职的新闻发言人办公室。2003年12月22日至24日，公安部在北京举办全国公安机关首期新闻发言人培训班，来自各地公安机关的近130名新闻发言人接受了为期3天的培训。

2004年，公安部发布相关规定，决定从当年起在全国公安机关实行定期新闻发布制度，及时主动地向媒体和公众发布重要舆情信息。公安系统自上而下推出定期新闻发布，这在中央国家机关尚属第一家。这项制度的主要内容是：在公安部和各省、自治区、直辖市公安厅、局及省会市、副省级市公安局普遍建立健全新闻发言人制度，实行定期新闻发布。原则上，公安部和省、自治区公安厅每一个月举行一次新闻发布活动；直辖市、省会市、副省级市公安局每半个月举行一次，也可以根据需要每周举行一次。为确保上述制度顺利实行，公安部要求各地公安机关建立健全新闻发言人工作机构和工作机制。

3.新闻发言人制度在各地公安机关不断发展与完善。

为贯彻落实公安部新闻发布制度，使新闻发布制度真正发挥“用正面声音”引导社会舆论、“用事实真相”回应群众关注、“用权威舆情信息”稳定群众情绪等作用，各省公安厅纷纷制定了专门的新闻发言人制度的若干规定，使研究制定突发公共事件新闻报道应急办法和工作预案、突发公共事件快速反应机制、公安形象危机处理机制、公安机关经常性联系沟通机制等相关机制走上了规范化、制度化、法治化的轨道。2009年1月8日，江苏省公安厅将有关新闻发布工作的要求以通知的形式下发到了13个省辖市公安局、厅各处级单位。其中对新闻发布工作的要求为：省厅每季度召开一次新闻发布会，通报全省社会治安形势和公安工作主要情况；通过新闻发布会向社会宣传出台的各项重大措施、组织开展专项斗争及重点工作；通过及时召开新闻发布会对热点负面报道和网上舆情信息进行回应和澄清。江苏省辖市公安局也被要求参照省厅的做法，对新闻发布工作进行规范，明确了发布规程和工作要求。2009年4月，承担江苏省公安厅新闻发言人办公室日常工作的“舆情导控科”也正式组建成立，并配备了4名专职工作人员。

2009年7月，孟建柱在全国公安机关新闻发言人培训班结业式上强调，要进一步完善发言人制度，突发事件发生后，发言人要第一时间掌握现场情况，及时发布权威舆情信息。新闻发言人代表着公安机关的形象，要有广博的知识储备和丰富的工作经验，要不断提升自身素养，具备透彻了解事件现场情况和较强的分析判断能力，掌握与媒体沟通的艺术，发挥好发言人的应有作用。[①]

公安部依据新时期习近平总书记关于新闻工作的重要指示精神提出了对公安政治传播的新要求。2016年2月22日郭声琨在公安部新闻中心和部直属新闻出版影视单位调研时强调，党性原则是公安新闻文化宣传工作的根本原则。同时指出：“要积极推动传统媒体和新媒体的融合发展，努力建设一批引导力强、影响力大的公安新媒体，打造公安新闻舆论工作的生力军。”[②]

新媒体的发展为公安机关新闻发言人制度提供了更宽广的阵地。一大批公安机关运营的官方微博、微信账号打响了知名度、提升了社会影响力，“微警务”成为公众关注的热点。经过多年的发展，形成了公安新媒体矩阵。据统计，全国政法机关各类新媒体账号达11万个，占全国政务新媒体的一半。公安新媒体中出现了“@平安南粤”“@平安北京”“@公安部打四黑除四害”“@江宁公安在线”等一批活跃度高、影响力大的新媒体品牌。[③]2016年3月2日，公安部官方“头条号”正式入驻今日头条客户端，成为公安部在移动互联网领域新的权威发布平台，也标志着公安机关在全面推进“两微一端”建设方面迈出了新的步伐。

由中新智库（北京）文化发展中心、中新智库网共同主办，中国人民大学新

---

① 参见《孟建柱：树立现代传播理念　拓展民意沟通渠道》，载中华人民共和国国务院新闻办公室网站http://www.scio.gov.cn/xwfb/fyrpx/202207/t20220715_159521.html，最后访问日期：2023年6月19日。

② 参见《郭声琨：让新闻文化宣传成为助推公安事业发展的强大动力》，载中国政府网https://www.gov.cn/guowuyuan/2016-02/23/content_5044848.htm，最后访问日期：2023年6月19日。

③ 贺铁光：《新媒体时代的公安宣传》，中国人民公安大学出版社2017年版，第256页。

闻与社会发展研究中心、复旦大学国际公共关系研究中心提供学术支持，以“新时代、新使命”为主题的“中国新闻发言人制度化建设十五周年论坛”于2018年6月24日在北京举办。论坛对十五年来新闻发言人制度化建设的发展进行了回顾和总结，推举出了在中国新闻发言人制度化建设进程中具有开创、探索、推动作用的八位“贡献人物”，并向他们颁发了“贡献人物”纪念牌。赵启正在致辞中说，十五年前，一场突如其来的“非典”灾难降临，让北京市政府，乃至于中央政府遭遇了严峻的考验。在面对这种公共危机的管理过程中，信息发布和信息公开的重要性第一次广泛深刻地被社会各界所认知。今天，中国的全面深化改革带来了更深层次、更大范围的变革，社会的发展变化之快速与剧烈远远超出了人们的预期。与此同时，中国已经日益融入国际社会，我们面对的国际环境日益复杂。在这种变革的时代，新闻发言人需要加强理论、政策、法律等方面知识的学习和积累，充分认识和了解当代全新舆论传播格局下的新闻传播规律，扩张知识领域，增强品格修养，提高专业能力，使自身的工作适应中国改革开放和社会发展的需要。

截至目前，公安机关新闻发言人制度的实践大体上经历了从公安机关“宣导的”指令式发布模式逐步转向指令式发布与交互式发布相结合的模式。指令式发布指“政府授权或指示官方媒体发布政府新闻”，交互式发布指“政府主动召开新闻发布会、吹风会，政府主动接受记者采访、主动在互联网上公布信息”。从被动接受舆论监督，到健全新闻发言人制度，主动引导新闻舆论，新闻发布规范，舆情信息处置到位，舆论引导得当，警媒关系融洽，当前公安机关对外宣传工作得到根本性扭转。

三、公安机关新闻发言人制度的重要意义

新闻传播方式的迅速发展，对公安机关维护国家安全和社会稳定工作，以及各项社会管理提出了新要求和新挑战，如何做好新形势下的公安新闻舆论引导已经成为摆在各级公安机关面前的一个重要课题，公安机关新闻发言人制度正是应对这一难题的有效举措。

（一）新闻发言人制度是公安机关积极适应社会主义民主政治的必然要求

发展全过程人民民主，是习近平总书记总结中国民主政治建设的实践提出的一个重大命题，新闻发言人制度是我国全过程人民民主的生动实践。首先，从社会和公众的角度看，民主的发展表现为政治参与。政治参与是社会活力和创造力的源泉，也是汇集民众智慧推动公安机关采取有效行动的方式。政治参与的前提是获得足够的舆情信息，并以此来指导自己的行动，而舆情信息来源于负责公共事务的公安机关。新闻发言人制度为公众进行政治参与提供了舆情信息平台。其次，从公安机关的角度看，公安机关是民意实现机关，负有推动实现民主和满足民意的义务。舆情信息公开和透明政治的发展，既是民意的要求，也是公安机关主动顺应民意的努力。政府的合法性建立在民众的支持之上，主动将舆情信息公开内化为一种责任和意识，是公安机关接受公众监督获取公众支持的最好方式。最后，从权力制约的角度看，公安机关的权力虽然由人民赋予，但如果不加以适当限制，这种权力就会无限制地膨胀并最终伤害到人民自身的利益，不利于和谐警民关系的建设。党的二十大报告中强调，要坚持以人民为中心。要把体现人民利益、反映人民愿望、维护人民权益、增进人民福祉贯穿到公安各项工作中，以扎实有效的工作保民安、护民康、惠民生、聚民力。新闻发言人制度切实保障了公民在民主政治生活中的知情权、参与权，生动体现了中国特色社会主义民主政治的深刻内涵。

（二）新闻发言人制度是警务舆情信息公开的必然产物

知情权作为公民的一项基本权利，它的基本要求就是舆情信息供应方把舆情信息向权利人公开，使权利人知情。公民的警务知情权要求公安机关依法实行警务公开，使警务公开在一定的原则下达到一定的透明状态，满足权利人需要的一定条件。使民众认同警务工作的前提是向民众公开警务，阳光运作。民众对警务工作产生认同和信任就可以产生明显的积极效应，一是对警务依据的认同，有助于警务工作的制度和规范获得合法性，这是社会政治稳定和长治久安的重要前提之一；二是对警务工作的认同，可以使警务工作获得更多人的积极参与和支持，使警务工作中提出的各项要求得到有效贯彻和落实；三是对警务工作目标的认同，有助于民众树立共同目标，激发为此共同目标奋斗的热情和信心。建立新闻发言人制度定期或不定期公开警务舆情信息，正是警务公开的重要手段，对于维护社会政治稳定和治安秩序具有明显作用。

2018年公安部出台《公安机关执法公开规定》，2019年国务院修订《中华人民共和国政府信息公开条例》，这些规定的出台既是公安机关"互联网+"警务发展的见证，也对公安机关的警务信息公开提出了更高要求。"互联网+"时代警务信息公开是新闻发言人制度在新时代背景下的进一步改革与创新，有助于公安机关深化"放管服"改革，进一步规范执法行为，构建和谐警民关系，提高公安机关公信力和良好形象。

（三）新闻发言人制度是公安机关应对突发事件和处理危机的重要手段

公安机关危机管理，是指为了应对突然爆发的威胁甚至危及公安工作、社会生活和群众利益的重大事件或灾难，公安机关在常态管理的基础上，采取的非常态管理措施与程序。危急状态下，公安机关与公众的关系处于非常状态，公安机关需要全力以赴应对危机事件的解决，而取得公众的理解和支持是至关重要的，否则就会导致危机的加剧和蔓延。公安机关新闻发言人制度是公安机关危机管理的重要措施，也是危机过后修复公安机关形象的重要凭借。公安机关时常处于处置危机的第一线，危机的发生往往对公安机关形象造成一定程度的冲击和挑战，其声誉可能因此受到损害，公安机关新闻发言人在取得公众谅解和促进公安机关形象修复方面发挥着必不可少的作用。

（四）新闻发言人制度是加强舆论引导工作的重要举措

坚持正确舆论导向是新闻舆论工作的生命线，是舆论引导的根本所在。2016年2月19日，习近平总书记在党的新闻舆论工作座谈会上指出，要坚持以正确舆论引导人，做到所有工作都有利于坚持中国共产党领导和我国社会主义制度，有利于推动改革发展，有利于增进全国各族人民团结，有利于维护社会和谐稳定。舆论导向正确与否，对舆论走向影响很大，会产生巨大的社会作用。舆论导向正确，就能凝聚人心、汇聚力量，推动事业发展；舆论导向错误，就会动摇人心、瓦解斗志，危害党和人民事业。党的新闻舆论工作要以传达正确的立场观点态度为己任，把“四个有利于”作为根本导向，贯穿采编发各个环节，落实到采编审各类人员。完善坚持正确导向的舆论引导工作机制，建构网上网下一体、内宣外宣联动的主流舆论格局。舆论引导能力是当前公安机关领导应具备的“五个能力”之一，各级公安机关新闻发言人要从公安机关的立场出发，根据国家、公众以及政策运作过程的需要，设定政策议程，以此影响媒体议程，进而设定公众议程。这样，新闻发言人制度通过向社会公众宣传其政策、立场、观点，渗透或占领媒体和公众的思想阵地，引导媒体和公众的舆论导向，使公安机关的政策目标和公众的追求目标趋于一致，从而促进公安机关目标的顺利实现。从这个意义上讲，新闻发言人实质上肩负着“议程设置者”和“舆论引导者”的角色。党的二十大报告指出，“意识形态工作是为国家立心、为民族立魂的工作”，当前“意识形态领域存在不少挑战”，要“牢牢掌握党对意识形态工作领导权，全面落实意识形态工作责任制，巩固壮大奋进新时代的主流思想舆论”，“加强全媒体传播体系建设，塑造主流舆论新格局”。因此，健全和完善新闻发言人制度，建立顺畅的舆情信息传播渠道，可以积极、正确地引导社会舆论，营造对公安机关有利的良好舆论环境，是我们把握好政治家办报的时代要求、做好新形势下党的新闻舆论工作的重要途径。由此，可以最大限度地阻止谣言散布，有效地消除民众的猜疑和恐慌情绪，从而维护社会稳定，最终赢得国家的长治久安。

第二节　公安机关新闻发言人制度的主要内容

作为政府舆情信息公开制度的一部分，公安机关新闻发言人制度是以新闻媒介为载体，以扩大公民知情权为途径，以促进公民有序政治参与为目的的政务舆情信息公开制度。作为公安舆情信息化建设条件下舆论引导工作的一部分，公安机关新闻发言人制度要求定期向社会公布最新工作部署，刑事、治安案件，突发事件以及需要公安机关澄清或消除不良影响的事项等，是新时代下加强公安工作的重要内容。建立公安机关新闻发言人制度，既符合国际惯例，也适合我国的实际情况；既是新时代公安机关践行全过程人民民主、完善自身民主化建设、增进警民沟通、凝聚警心民心的重要途径，也是公安舆情信息化建设中改进警务模式，推进公安工作改革创新，加快构建符合新时代要求、体现实战化特点、具有中国特色的现代警务体系的重要内容。具体而言，公安机关新闻发言人制度主要包括以下两项内容。

一、公安机关新闻发言人制度的组织架构

新闻发言人不仅是个人，而且是一项制度，主要任务是发布消息、宣传政策、解疑释惑、澄清事实。因此，落实这项制度需要建立组织架构予以保证。

（一）我国已普遍建立多层次的新闻发布机制

2004年9月召开的党的十六届四中全会要求完善新闻发布制度和重大突发事件新闻报道快速反应机制。在党中央和国务院的高度重视下，2004年，中国“新闻发言人制度”朝着建立“三个层次的新闻发布架构”迈进。一些部委、省级政府也仿效制定了自己的三级新闻发布机制，如深圳市的“政府新闻发言人、政府新闻办公室新闻发言人、区和政府各部门新闻发言人”三级新闻发布机制。公安部也于2004年建立“部、省（自治区、直辖市）、市（地）”三级新闻发布机制。

当然，我国的新闻发言人制度并没有停留在由上至下的三级发布机制上，许多省级以下的基层政府也已制定了新闻发言人制度，2004年6月北京市朝阳区率先推出街乡新闻发言人还曾引起舆论界的热切关注。中央到地方各级政府的新闻发布机制，以及各行业系统内部多层次条块式的新闻发言人制度，构建起当前中国新闻发布的主要框架。比如从2004年6月开始，北京市火灾情况通过“火场新闻发言人”在第一时间对外发布；2004年11月，中国男篮甲A联赛设立“新闻发言人”制度。各种针对突发事件、社会中的弱势群体及大型活动的新闻发布，贴近群众的日常生活，从普通大众的实际需要出发，使新闻发言人制度更具人文关怀，并对规范化垂直式的多层次新闻发言人制度形成了有益补充。

（二）当前我国新闻发言人的职别设置

新闻发言人的级别有高有低，在职别设置上各国做法也不一样。目前，我国的新闻发言人多数由中层领导担任。从行政位阶上讲，新闻发言人一般不能参加部委的核心会议，这就导致一个问题，部分新闻发言人对政府的决策过程和决策内容不是非常了解，从而在面对记者的各种提问时，不能应对自如。为了让新闻发言人能更好地回答记者提问，可以让新闻发言人越级列席会议，这样他们才能更加准确地领会政府的决策理由，更加自主地回答记者的问题。

（三）全国各级公安机关已建立健全新闻发言人工作机构

公安部在1990年开展新闻发言人工作之初，就成立了新闻发言人办公室。2003年7月，公安部进一步规范了新闻发言人工作，成立了新闻发言人工作小组，建立了由有关单位人员兼职组成的新闻发言人办公室，并健全了有关工作制度。各省公安厅也普遍成立新闻发言人工作小组，如江苏省公安厅新闻发言人工作小组由厅政治部主任担任组长，厅办公室主任、厅政治部宣传处处长、厅法制处处长为小组成员。工作小组负责研究新闻发布工作的重大事项，决定新闻发布的内容和口径。工作小组下设办公室，对外称省公安厅新闻发言人办公室，负责承办会务工作。各市、区县公安新闻发言人也充分运用新闻发布会、新闻通气会、新闻通稿、舆情动态等加强与媒体的沟通协调和舆论引导，并不断调整市局公安新闻发言人工作机构，宣传公安工作和队伍建设取得的成就，比如龙岩市公安局一改过去由民警兼职新闻发言人的情形，重新成立新闻发言人工作小组，由市委常委、公安局局长担任组长，副局长担任新闻发言人，大大提高了舆情信息发布的权威性与舆情信息公开透明度。

部分省公安厅根据工作实际需要，不断对新闻发言人制度进行改革与完善。2008年底，在公安机关新闻发言人制度建立四年多后，江苏省公安厅党委重新确定了新闻发言人制度的框架，将新闻发言人办公室由厅政治部宣传处调整到了厅指挥中心，确定由副厅长、政治部主任、厅指挥中心主任、厅政治部副主任出任新的新闻发言人。之所以和大多数省份不同，将机构挂靠调整到厅指挥中心，是由于新一届厅党委对新闻发言人工作的更深层认识和工作理念的转变。

（四）新闻发言人应逐步由兼职向专职过渡

目前，新闻发言人工作小组成员由工作内容划分，无固定编制，主要是指该小组中紧密围绕新闻发言人工作的核心人员。其主要职能包括接听媒体记者来电、策划新闻发布会、起草发布稿等日常性工作，收集与待发布新闻相关的舆情信息和新闻发布之后的反馈，进行舆情跟踪分析，对记者可能的提问进行预先准备，对所提到没有准备的问题进行记录和收集，提供给新闻发言人。除此之外，小组成员还要完成新闻发言人委托的事务性工作，对一些具体性事务进行设计，如新闻发言人的仪容仪表、发言时间和摄影记者拍摄角度等具体细节。

对公安机关新闻发言人而言，其主要工作包括定期进行新闻发布，向媒体通报可公开传播的舆情信息，并通过记者招待会、网站等各种形式发布新闻，接受记者采访并深入公众及时掌握民间舆论，向公众解疑释惑、澄清事实，审阅新闻稿件，阅读各种媒体和本机构收集的海量舆情信息，旁听或者参与决策过程，以掌握足够的舆情信息。另外，作为新闻发言人工作小组的负责人，当然还要主管与本部门新闻事务相关的其他工作。

可以看出，新闻发言人工作需要耗费大量的时间和精力，如果新闻发言人还兼任其他职务，很可能两头都无法胜任。因此，公安机关新闻发言人应为专职，如兼职也要以新闻发言人作为主要职务，以保证新闻发言人的职业化程度。

二、公安机关新闻发言人制度的运作机制

运作可以理解为事物周而复始地运转，而机制一般是机体的构造、功能及其相互关系，在任何一个系统中，机制都起着基础性的、根本的作用。在理想状态下，良好的机制，甚至可以使一个社会系统接近于一个自适应系统——在外部条件发生不确定变化时，能自动地迅速作出反应，调整原定的策略和措施，实现优化目标。

因此，运行机制可以认为是指在人类社会有规律的运动中，影响这种运动的各因素的结构、功能及其相互关系，以及这些因素产生影响、发挥功能的作用过程、作用原理及其运行方式，是引导和制约决策并与人、财、物相关的各项活动

的基本准则及相应制度，是决定行为的内外因素及相互关系的总称。新闻发言人制度的运行机制应包含新闻发言人制度发言主体、新闻发布机制、新闻发布配套机制。

（一）新闻发言人制度发言主体

1.新闻发言人性质及其新闻发布内容。对制度的名义主体而言，公安机关新闻发言人包括公安部新闻发言人和省、市、县级公安机关新闻发言人。公安机关新闻发言人代表各级公安部门向媒体发布舆情信息，讲解法律和政策，解疑释惑，澄清事实，加强公安机关与人民群众的联系，为公安工作营造良好的舆论环境。这就是公安机关新闻发言人的主要任务。值得注意的是，新闻发言人是代言人，其个人不可以决定哪些舆情信息公开、哪些舆情信息不公开，只是建议和公布公安部门决定公布的重要舆情信息，代表任命他的公安机关向公众发布舆情信息。为了这一工作职能能够实现，需要有一套制度加以保证。这套制度不是新闻发言人本身能够制定和完全实施的，而是在公安机关的规范和程序下工作的，但他们可以促进公安机关及时发布应当发布的舆情信息，维护公众的知情权。

公安机关新闻发布内容主要是刑事、治安案件的发案、破案情况，重大案件的发生、侦破情况，道路交通事故、火灾及其他治安灾害事故情况，以及与群众生产生活关系密切的重要措施、办事程序和重要治安警示性舆情信息等。在定期举行新闻发布活动的同时，对于即时发生的重要新闻，公安机关将随时予以发布。

2.新闻发言人的素质要求。履行新闻发布的责任，对公安机关新闻发言人的素质提出了一些特殊要求。

首先，要有较高的政策理论水平。因为他的任务是发布和解释政策舆情信息，一些重大的公共政策产生的背景是什么、宗旨是什么、怎么去解读，怎么去引导公众理解和认同相关的公共政策，需要很高的政策理论水平。党的领导是中国特色社会主义法治之魂。做好新时代法治舆论传播工作必须坚持党性原则，必须清醒地认识到，全面依法治国绝不是要削弱党的领导，而是要加强和改善党的领导。作为政法新闻工作者，必须准确认识并自信回答：党的领导是社会主义法治最根本的保证；党的领导是全面依法治国题中应有之义，党领导立法、保证执法、支持司法、带头守法，是新时代全面依法治国的“定海神针”。

其次，要有良好的综合性的专业素质。公安机关发言人不同于一般的新闻发言人，其对公安机关的行政行为和刑事侦查行为以及各警种、各部门综合舆情信息要有宏观把握，要懂得媒体运作技巧和传播的语言艺术，对自身心理素质、口头语言甚至身体语言都有一个综合要求，如此才能达到沟通无障碍的目的。

最后，既是对公安机关新闻发言人的要求，也是公众的期盼，就是要体现人格魅力。目前人们有这样一个印象，政府新闻发言人千人一面，给人的感觉有些呆板、拘谨，人情味不够，个性化不够，所以人们特别是媒体人员希望公安机关新闻发言人具有一定的亲和力，体现一定的人格魅力。可见，公安机关新闻发言人应在尊重原则，保持政策底线的基础上体现个人人格魅力。

（二）新闻发布机制

新闻发布是新闻发言人制度的重要内容与核心环节，是新闻发言人制度的外在表现形态。新闻发布机制设计和实施应该包括新闻发布方式与新闻发布的程序两方面。

1.新闻发布方式。在具体的实践中，我国公安机关新闻发布一般分为两类：一类是公安机关日常的新闻发布，一类是突发事件的新闻发布。日常的新闻发布可以有多种形式，包括新闻发布会、记者招待会、新闻公报和接受集体采访、独家采访、电话采访、书面采访等，有时也可以在一些社交场合或其他非正式场合，通过与记者的交谈有意无意地透露新闻。

公安机关日常的新闻发布工作在我国大致可以分为如下三类：

一是常规性新闻发布会。比如，2022年4月15日，公安部召开新闻发布会，通报了2022年全国社会治安形势暨公安机关践行总体国家安全观的有关情况。又如，2022年7月14日上午，河南省平顶山市公安局召开新闻发布会，通报上半年公安工作和队伍建设情况以及治安形势。再如，2021年11月30日，山东省东营市公安局召开2021年全市治安形势新闻发布会，向社会通报上半年全市治安形势。

二是通报性新闻发布会。比如，2021年11月24日，甘肃省公安厅召开新闻发布会，向社会公布了《甘肃省公安机关违法犯罪记录查询和证明出具工作办法（试行）》。又如，2022年9月14日，公安部召开新闻发布会，通报全国公安机关坚持“百日行动”“清源断流”“禁毒安保”一体推进，严厉打击整治各类毒品违法犯罪活动的举措成效。再如，2021年12月27日，公安部召开新闻发布会，通报深化公安交管改革，发布制定、修订三个部门规章，推出便民措施的有关情况。

三是专题性新闻发布会。比如，2021年11月10日，山东省公安厅联合省政府新闻办举行全省公安机关深化“放管服”改革助力经济社会发展新闻发布会。又如，公安部于2022年9月8日举行例行新闻发布会，通报全国公安机关扎实推进夏季治安打击整治“百日行动”，重拳打击人民群众深恶痛绝的网络违法犯罪取得的成效情况。再如，公安部于2023年3月8日召开“公安心向党　护航新征程”主题线上新闻发布会，通报了公安部党委深入贯彻党的二十大精神，扎实开展学习贯彻习近平新时代中国特色社会主义思想主题教育，着力激发广大公安民警奋进新征程建功新时代使命担当的有关情况。

公安机关基于其特殊性质与任务，时常处于处置突发事件的第一线，因此突发事件新闻发布会也比较多见。比如，2008年7月7日，上海市公安局针对“闸北袭警案”召开新闻发布会，公布权威的侦查结果。又如，2019年1月8日晚8点，就某小学校内人员伤害儿童事件，北京市西城区政府、北京市教委、西城公安分局、相关小学和医院联合召开新闻发布会。

2.新闻发布的程序。新闻发布必须通过一定的程序才能达到预期的目的。新闻发布程序实质上体现了一个组织在合法环境下对新闻发布权限的合理运用，它是由内容和形式构成的。对新闻发布程序可以这样理解：新闻发布主体依职权实施影响新闻舆情信息接受人权利和义务的行为时应当遵守的方式、步骤、空间和时限等。现阶段，对新闻发布程序尚没有统一明确的规定。一般来说，新闻发布主要包括以下程序：

（1）调查研究。只有做了充分的调查研究，新闻发言人活动才能有效充分。公安机关新闻发言人制度是公安机关通过媒体发布舆情信息，从而确保社会整体公共舆情信息自由流动。首先，应在公安机关内部建立合理有效的舆情信息沟通机制，确保传递舆情信息的通畅性，针对舆情信息突发事件建立多元的舆情信息收集系统，确保舆情信息发布的常规运作。其次，对外建立舆情监测机制。要广泛收集一定时期内的舆论情况，对一段时期内的关键问题有所了解和掌握。通过各种渠道收集公众对公安工作的反映，包括网络、报纸、电视、杂志等，以便在新闻发布时有的放矢。

（2）策划设计。策划新闻发布会带有非常明确的公共关系目标，新闻发言人必须事先做好相应的准备。在充分考虑舆情的基础上，确定新闻发布会主题，正确选择新闻发布会时间、地点以及新闻发布的形式，合理确定公安机关邀请人员范围。

（3）传播执行。在新闻发布会进行中，新闻发言人的个人因素对新闻发布的成败起着决定性的作用。新闻发言人要有敏锐的洞察力，能识别记者话语中的陷阱和态度的变化，说话讲究策略，要具有坚定的政治素养，在发布会中更多表现出的是政策议程对传媒议程、公众议程的引导，维护公安机关的立场。

（4）评估反馈。评估反馈是最后一环，是对新闻发布活动的总结和评价，在总结经验的基础上，为组织提供舆情信息的反馈和咨询，对以后的新闻发布活动有着极强的指导作用。对新闻发言人制度而言，为实现公众与政府的双向沟通，新闻发布会的评估及反馈机制应得到充分重视。否则，舆情信息的传递往往就是单向的，缺乏公安机关与公众的互动，不利于公安机关公共关系的有效建立。舆情信息反馈主要表现为新闻发布会上记者代表公众的提问，这些往往都是民众所关心的问题。可以将新闻发布会的文字资料登载在公安机关官方网站，建立舆情信息反馈渠道，直接了解民情民意，也可以通过问卷调查等方式了解民意。通过这些途径，新闻发言人可以及时整理舆情信息，并分门别类将其反馈至相应的部门与警种。

（三）新闻发布配套机制

这里所讲的配套机制主要指新闻发布现场之外，但对于新闻发布又是必不可少的环节和部分。它大体包括：新闻发言人的培训机制、部门联动机制、新闻发布究责机制。

1.新闻发言人的培训机制。新闻发言人的培训机制指的是当新闻发布成为一项专业活动时，操控这项活动的也应该是一个专业团队，必须熟知其中的种种技能。作为公安机关与公众之间的一座桥梁，新闻发言人在全国各地各级公安机关登台亮相。新闻发言人代表着公安机关的形象，要有广博的知识储备和丰富的工作经验，要不断通过培训提升素养，具备透彻了解事件现场情况的能力和较强的分析判断能力，掌握与媒体沟通的艺术，发挥好发言人的应有作用。

2.部门联动机制。部门联动机制强调各级部门要建立不同层次的舆情通报机制，实现舆情信息的资源共享。在现代科学技术高度发达的今天，时效性往往决定导向性，与其事后做大量解疑释惑、澄清的工作，不如事先主动去做舆情信息发布工作，主动引导舆论。要主动引导舆论，必须随时掌控舆情信息，跟踪网络和媒体的关注热点，了解人们的舆情信息需求，以便有针对性地策划新闻发布会。

3.新闻发布究责机制。新闻发布究责机制指的是各级新闻发言人要明确自己的发布职责和权限，对自己发布的内容负责。当前存在两种倾向：一是有些新闻发言人面对媒体惜字如金，虽不说“无可奉告”，但在一些本来可以直接回答的问题上面对记者发问用“太极推手”来搪塞，所发布的舆情信息如同“隔靴搔痒”，无关痛痒；二是一些发言人在台上高谈阔论，真假无忌。其中的症结所在就是缺乏对新闻发言人的责任追查机制，既然没有责任负担，那么多一事不如少一事，抑或信口开河也没有什么关系。新闻发布制度要求规范化、透明化。政府部门应该在了解公众需求的前提下，进行针对性的舆情信息发布。只有双向的沟通才能真正消除偏见和隔阂，避免误解和谣传。单向的新闻吹风不能起到有效沟通的作用。媒介不应该只是政府发布舆情信息的工具，政府还应该充分利用媒介等渠道明确公众到底需要了解哪些舆情信息。

第三节　公安机关新闻发言人制度的完善

虽然现在公安部和各省、地市、区县级公安机关大多已建立了新闻发言人制度，而且其在公开警务舆情信息、满足公民知情权、强化公众参与政务的意识、保障社会稳定方面发挥了应有的作用，但毕竟新闻发言人制度在公安机关建立较晚，难免在运行过程中存在问题，因此需要不断完善。完善新闻发言人制度不能照搬照抄西方国家的制度模式，必须结合中国的国情和现行的法律法规。

一、加快新闻发言人制度的法律法规建设

新闻发言人制度的建立和完善离不开法律的保障。法律是公平正义的象征，也是政府治理的必要手段，依法治国成为现代法治国家的普遍要求。从某种意义上说，法律是利益相关者多次博弈的结果。具体到政府和媒体的关系上，应该有对等的法律规范对双方权利义务进行规定。

（一）制定统一的舆情信息公开法

舆情信息公开立法既保护公民知情权，也保护媒体舆情信息传播权。因此，舆情信息公开法同时对政府、媒体和公众的权利义务加以规定，任何违反该法的一方都将承担法律责任。从世界上其他国家的实践来看，除美国有《情报自由法》《阳光下的政府法》外，其他如法国、澳大利亚、意大利、加拿大、韩国、日本等也有专门的舆情信息公开法，甚至像立陶宛、冰岛以及非洲的加纳这些小国都设有专门的舆情信息公开法。舆情信息公开法的实施，一是从法律上确认了公众和媒体的知情权、采集权和传播权；二是从法律上确认了不属于公众知情权的例外，以使政府和媒体的各自活动边界得到法律的明确界定。在我国，舆情信息公开立法的学理研究早已起步，学界的呼声并不少，最终出台了《中华人民共和国政府信息公开条例》，这部条例无疑是一种零的突破，应尽快通过人大立法上升为法律。

在《关于在全国公安机关普遍实行警务公开制度的通知》中，警务公开既涉

及户籍管理、治安管理、消防管理、出入境管理等公安行政执法活动，又涉及立案、侦查、羁押等刑事执法活动；既公开办事制度、办事程序和执法依据，又公开法定的职责权限、勤政廉政建设规定以及公民享有的合法权利和应当履行的义务等。此通知下发后，各省、市也分别制定了相应的警务公开制度贯彻落实办法，为新闻发言人制度在公安机关的实施与完善提供了重要的制度支撑。但是，从总体上缺少一部统一的法律对公开问题加以规范，各部门间缺乏相互协调与配合，法律仅对舆情信息公开作出原则性的规定，怎么公开、向谁公开、什么时间公开、公开什么内容、不公开将导致什么法律后果等方面的内容不具体、任意性较强。对什么内容公开、公开到什么程度、何时公开等都由各地公安机关自己决定。同时，缺乏法律约束和保障，舆情信息公开的持续性较差，难免流于形式，有些地方公安机关对待舆情信息公开，上级要求时搞，上级强调时严，突击检查时间一过，就不再公开。

（二）加强新闻立法

任何法律都是权利和义务统一的结果，但是立法者往往各有其立法重点。如果说舆情信息公开立法是从政府的角度对保护公众和媒体的舆情信息权利加以规定，那么新闻立法则更多从媒体角度对媒体的权利义务加以规定。新闻立法既是对公安机关的保护，也是对公安机关的规范。新闻立法的依据来源于《中华人民共和国宪法》第35条对公民言论、出版自由的规定。新闻立法应与舆情信息公开法相结合，并以后者的出台为立法前提。一方面，新闻立法保障新闻自由；另一方面，没有绝对的自由，因此新闻立法要对新闻从业者作出法律限制。新闻立法将突破公安机关行业自我监督的局限，方便公安机关和公众从法律的角度对媒体进行法律监督。

公安机关新闻发言人制度是一种政策善意，这种政策善意来源于公安机关和媒体的长期博弈，但如果没有法律保障，政策效果将无法长久。因此，加强新闻立法建设是未来的必然趋势。

（三）加快修改现有相关法律的步伐

实施新闻发言人制度，贯彻政府透明度原则，最为重要的是处理好公开与保密的关系。“公开是原则、保密是例外”，这是各国相关法律规范所确立的共通的基本原则。我国于2010年4月29日修订公布了《中华人民共和国保守国家秘密法》，自2010年10月1日起施行。该法兼顾“保密”和“公开”这两种价值。修订后的《中华人民共和国保守国家秘密法》科学设定国家秘密的标准，增加了定密责任人制度，规范了定密层级和定密权限，完善了定密、解密程序等，通过保密制度的科学设置，为便利信息资源合理利用创造了条件。

公安机关是维护国家安全和社会稳定的重要力量，是国家重要的涉密机关，涉密程度高，涉密人员多，使用、存储秘密集中，保密工作任务十分繁重。同时，警务公开也是大势所趋，正确处理好两者之间的矛盾需要依据《中华人民共和国保守国家秘密法》。坚持“公开是原则、不公开是例外”，凡是涉及公民、法人或者其他组织切身利益的警务舆情信息，都应如实公开。要按照自身职责做好舆情信息公开前的保密审查，凡属国家、公安秘密或者公开后可能危及国家安全、公共安全、经济安全和社会稳定的警务舆情信息，不得公开。

在确定公开的范围上，另一个重要的领域是政府舆情信息与档案的相互关系。在我国，根据相关的法律规定，政府舆情信息实际上可以分为档案与非档案文件。档案由档案法调整，非档案文件则尚无任何法律调整。对于政府档案，根据《中华人民共和国档案法》第27条的规定，县级以上各级档案馆的档案，应当自形成之日起满25年向社会开放。经济、教育、科技、文化等类档案，可以少于25年向社会开放；涉及国家安全或者重大利益以及其他到期不宜开放的档案，可以多于25年向社会开放。国家鼓励和支持其他档案馆向社会开放档案。档案开放的具体办法由国家档案主管部门制定，报国务院批准。也就是说，同一个政府舆情信息，一旦归入档案类，则要受25年期限的限制；如果不归档，则因尚无法律调整而有公开的可能。可见，如果制定政府信息公开法，必须解决《中华人民共和国档案法》的这一问题，否则，政府信息公开法就只能适用于非档案文件，其范围将被大大限制。这方面要从我国国情出发，分析我国舆情信息不公开的例外，加快对《中华人民共和国保守国家秘密法》《中华人民共和国档案法》进行修改及完善，为警务舆情信息公开提供强有力的法律支撑。

二、完善新闻发言人制度的监督机制与问责机制

（一）完善新闻发言人制度的监督机制

公平正义是司法的灵魂和生命，法治舆论传播要努力让人民群众在每一个司法案件中感受到公平正义。近年来，司法腐败案件集中暴露出权力制约监督不到位问题。习近平总书记指出，“纵观人类政治文明史，权力是一把“双刃剑”，在法治轨道上行使可以造福人民，在法律之外行使则必然祸害国家和人民”[①]，“要加快构建规范高效的制约监督体系，坚决破除‘关系网’、斩断‘利益链’，让‘猫腻’、‘暗门’无处遁形”[②]。舆论监督是法治舆论传播的重要内容，是保证“把权力关进制度的笼子里”的重要一环。

新闻发言人作为党和政府的代言人，人民对其有相应的监督权利，也就是对新闻发言人进行新闻发布的这种社会公共权力的行使过程有权予以监督和制约。对新闻发言人活动进行监督的不仅仅是专门的监督机构，还包括社会组织、新闻舆论、广大民众。而对新闻发言人行使权力的监督，当然也包括对其提供支撑的舆情信息提供者、舆情信息收集者、参与发布工作的讨论者以及最终决策者的监督。

在这里特别要强调的是新闻记者对新闻发言人的监督。新闻记者作为新闻发言人的直接对话者，其有优先对新闻发言人发言的真实与否进行质疑的优势，或者说是直接代表广大民众对新闻发言人进行监督，所以应该充分调动新闻记者通过亲身的采访实践来对新闻发言人发言的真实性进行监督。为了保障新闻记者的报道权和监督权，就必须让新闻记者在法律的框架里组织自己的报道，政府需要重新认识新闻媒介的职能，允许媒介独立地开展工作，使其不受各种政府组织的随意干涉。公安机关在主动接受媒体舆论监督的同时，也要妥善处理好公安机关

---

① 习近平：《在省部级主要领导干部学习贯彻党的十八届四中全会精神全面推进依法治国专题研讨班上的讲话》（2015年2月2日）。

② 习近平：《坚定不移走中国特色社会主义法治道路　为全面建设社会主义现代化国家提供有力法治保障》，载《求是》2021年第5期。

与传媒、公安工作与舆论监督的关系，既要避免对新闻监督的不当限制，也要防止舆论对治安侦查工作的不当干预。

舆论监督并非特指对权力的监督。全面依法治国，要坚持全面推进科学立法、严格执法、公正司法、全民守法。法治舆论传播就要针对立法、执法、司法、守法领域人民群众反映强烈的突出问题，从满足人民诉求的角度开展舆论监督，科学引导舆论，推动问题解决，用法治保障人民群众的获得感、幸福感、安全感。

（二）完善新闻发言人制度的问责机制

完善新闻发言人制度的问责机制是公安机关强化党建引领、狠抓从严治警，实现公安队伍革命化、正规化、专业化、职业化建设稳步推进的生动实践。锚定"四个铁一般"标准要求，结合开展党的群众路线教育实践活动、"三严三实"专题教育、"两学一做"学习教育、"不忘初心、牢记使命"主题教育、党史学习教育和习近平新时代中国特色社会主义思想主题教育，纵深推进全面从严管党治警，着力锻造高素质过硬公安铁军。

落实对新闻发言人制度的监督权，需要逐步完善新闻发言人制度中的问责制度。具体来说，包括两个方面：一是明确有关组织及其成员应承担的职责和义务；二是通过有效途径和手段对新闻发言人予以问责，并给予相应的处理。新闻发言人制度作为政府部门的一种制度，其最终目的是为社会广大民众服务，向人民负责。人民群众可通过问责追究各级政府的责任，各级政府追究各级官员的责任，责任具体落实到官员身上，这样就可避免责任体系中缺失环节，避免陷入各级政府或官员互相推诿的怪圈。

深圳市政府新闻办于2009年9月15日举行新闻发布会，公布新出台的《深圳市人民政府新闻发布工作办法》。该办法将行政问责机制引入了新闻发布工作。该办法规定，有下列情形的将追究行政责任：依法应当发布新闻而不发布，或未在有效时间内发布，造成不良社会影响和后果的；涉及公众利益的重大政策、重要工作而无故拒绝记者合法采访，引起不良后果的；对于重大自然灾害、重大事故、重大突发卫生事件、重大社会安全事件等，不及时发布新闻，或故意发布虚假新闻的；违反程序规定擅自发布新闻，造成不良社会影响和后果的；拒绝执行上级主管部门的新闻发布指令，或延误时机，执行不力，造成不良社会影响和后果的；未履行保密审查程序，致使国家秘密泄露或公开不应公开的政府舆情信息的。[①]

公安机关也应将问责机制引进新闻发言人制度，它能显示公安机关正确对待舆论监督的自信。真正践行“执政为民”理念的公安机关，以接受舆论监督为当然，不会害怕舆论监督。公安机关拟建立的新闻发言人问责机制，重在促使公安机关和官员更加自觉地接受舆论监督，消除畸形的政绩观，努力建设人民满意的法治公安机关，体现了强化自身建设、敬畏舆论力量的自知、自律和自信，也有利于与媒体建立良性互动关系，增加媒体公信力。

三、正确处理好新闻发言人与媒体之间的关系

对于公安机关来说，新闻发言人如何与媒体打交道无成熟经验可循。就新闻发言人与媒体的关系来说，新闻发言人就像是架在政府和群众之间的一座桥梁。架桥需要靠媒体。媒体起到了很好的监督作用、“啄木鸟”的作用、阳光的作用。政府发言人应该是和媒体共同生产优质新闻产品的伙伴，尽管分工不同，但都是为了一个共同的目标，都是为了社会稳定，都是为了关注民生，都是为了社会更加和谐。新闻发言人发好言就能达到三点一线：公安中心工作是“准星”，中间是媒体，然后是老百姓的期待，三点连成一线，一下就能打中“靶心”。

明确关系后还要积极促进互动，维持关系的良性发展。一方面，新闻发言人要主动考虑传媒的需要，遵循新闻规律，多发布具有新闻性和新意的舆情信息，少发布程式化、教条化的内容。另一方面，公安机关既是受传者又是传播者，不能被动接受新闻发布，而要积极主动地与新闻发言人交流问题，激发新闻发言人盘活舆情信息资源，深化新闻发布内容的动力。

---

① 《深圳市人民政府将行政问责机制引入新闻发布工作》，载中国政府网 http://www.gov.cn/jrzg/2009-09/15/content_1418099.htm，最后访问日期：2023年6月20日。

第一，可利用公安机关收集、获取舆情信息的天然优势，扩展舆情信息获取渠道，尽早得到相关舆情信息，增强公安机关新闻发布的时效性和针对性。第二，有效地引导和控制媒体，最大限度地统一舆论，积极表达观点，回应失实报道和谣言，使有利于公安机关的新闻舆情信息传播范围最大化。第三，通过媒体引导公众并与之沟通，密切关注社情民意，了解公众对公安机关某些决策的支持度和各种意见、建议，展现公安工作取得的成果与正面形象。第四，充分利用媒体“无冕之王”的积极影响，对公安机关新闻发言人制度中的发布内容、制度规范和运行过程等进行监督，制止违规事件，促进公安机关新闻发言人制度的健康发展。

四、健全新闻发言人教育培训机制

拥有一批高素质的新闻发言人和新闻发布工作人员，是公安机关新闻发言人制度得以顺利实施并不断完善的重要条件。要实现此目标，就必须健全新闻发言人制度的教育培训机制，使新闻发言人熟悉新闻发布事务、掌握工作技能，从而正确地履行职能，进一步推动新闻发言人工作的规范化、制度化建设。

目前，公安部和各地公安机关不断推进新闻发言人培训制度化和常态化。但是由于公安机关新闻发言人制度历时还不长，教育培训的方式与内容还比较单一，因此需要不断加大培训力度，改革培训方式，丰富培训内容，真正实现两个目标：第一，改变传统新闻传播观念，强化新闻发言人的角色认知。通过培训让新闻发言人学会以言简意赅、通俗易懂的形式传递舆情信息，进一步了解媒体的“游戏规则”，以更具建设性的态度来面对媒体，树立公安机关“以民为本”的良好形象。第二，了解公安机关新闻发言人如何进行新闻舆论战，掌握用新闻发布等方式进行舆论战的技巧和策略。

今后，在公安机关新闻发言人培训内容的安排上，可以包括新闻传播及新闻发言人的基础理论，新闻发言人的传播策略和语言技巧，公安机关新闻发言人的职业要求，国外警察新闻发言人制度介绍，公安机关新闻发布工作的运作规范和具体要求，新型的新闻宣传思想观念，舆论战、心理战和法律战理论及其在新闻发布中的具体运用，紧急情况下的新闻处置，各类案例与经验教训等。

另外，随着舆情信息技术的迅猛发展，“虚拟社会”与现实社会的联系越来越紧密，新时期的公安新闻发言人教育培训应该认真研究舆情信息化条件下舆论引导和媒体传播的规律与特点，加强机制建设，加强组织领导，全面提升网络时代维护稳定的能力和社会管理的水平；强调新闻发言人要树立现代传播意识，加强与社会、与公众的沟通，增进人民群众对公安机关的理解与认知；抢抓机遇，积极探索新的服务方式，在互联网等新兴媒体开辟新的服务场所，在虚拟社会中为广大人民群众提供优质高效的现实服务。

习近平总书记指出，“新中国成立70多年来，我国之所以创造出经济快速发展、社会长期稳定‘两大奇迹’，同我们不断推进社会主义法治建设有着十分紧密的关系”[①]。立足当前，我们要运用法治思维和法治方式解决经济社会发展面临的深层次问题，要坚持在法治轨道上推进国家治理体系和治理能力现代化。法治舆论传播是推进全面依法治国的一项重要工作，必须始终坚持法治思维，在相关法律法规的约束下开展舆论传播工作。随着新技术的发展，舆论传播格局发生重大变化，自媒体、社交媒体成为舆论传播的重要主体，法治舆论传播过程中违反相关法律法规的新问题也不断出现。尤其是在重大突发事件中，人民群众多元的价值观和各自切身利益纠缠其中，极易发出不同的声音甚至发生激烈的争论，引发重大的舆情风险。习近平总书记强调：“坚持依法应对重大挑战、抵御重大风险、克服重大阻力、解决重大矛盾。”[②]法治是化解重大矛盾、处理重大突发事件的最重要手段。只有全面依法治国，才能最大限度地凝聚社会共识。在这方面，政法新闻媒体职责重大、使命光荣，要抓紧培养一支德才兼备的高素质法治新闻工作者队伍。

---

① 习近平：《坚定不移走中国特色社会主义法治道路　为全面建设社会主义现代化国家提供有力法治保障》，载《求是》2021年第5期。

② 习近平：《坚定不移走中国特色社会主义法治道路　为全面建设社会主义现代化国家提供有力法治保障》，载《求是》2021年第5期。

思考与练习

1.新闻发言人制度的概念是什么?

2.公安机关新闻发言人制度的发展历程是什么?

3.公安机关建立新闻发言人制度的意义是什么?

4.当前公安机关新闻发言人制度还存在哪些问题?

5.如何完善公安机关新闻发言人制度?

第十一章　公安机关新闻信息发布与新闻发布会的组织

学习要点：公安机关有责任向媒体及公众发布涉及公共利益的信息，尤其是有关公共安全的警务新闻信息、执法信息、队伍管理信息。通过本章的学习，可了解公安机关正式对外发布新闻信息的各种形式；熟悉常规新闻发布会与突发事件现场的新闻发布组织过程；掌握新闻发布稿的撰写方法。

公安机关需要主动向新闻媒体及社会公众传递某些新闻信息，如事（案）件信息、安全防范信息、公共政策信息、队伍管理信息等。通过信息主动公开，可以提升工作透明度，接受媒体、公众的监督，提升执法公信力。新闻媒体是公安机关与社会公众的重要沟通桥梁，公安机关需要借助媒体将新闻信息及时、准确、权威地传递出去。

媒体可以通过多种渠道获得公安机关的新闻信息，有正式的渠道，也有非正式的渠道。新闻媒体要想获得公安工作的第一手信息，主要有两个正式渠道：一是记者到公安机关采写的、具有独家报道性质的警方新闻；二是参加公安机关正式对媒体进行的信息发布活动。作为公安机关，不能被动等待媒体的采访和咨询，常常需要主动向新闻媒体提供信息。提供信息的方式有召开新闻发布会、组织记者招待会、邀请记者采访、向媒体提供新闻稿件等。

第一节　新闻发布的主要形式

要建设服务型的公安机关，提高公安工作透明度，就必须加强公安机关与公众的信息沟通。公安机关必须及时向社会公众提供公共安全的重要信息。除了需要借助报纸、杂志、广播、电视等传统新闻媒体，随着互联网的迅速普及，借助公安机关自己的网络媒体平台进行信息发布已成为重要的新闻发布渠道。

一、新闻发布会

新闻发布会是组织方正式向新闻媒体传递重要信息的基本形式，通过新闻发布会发布的信息应该是权威的、准确的、有重大价值的。因此，媒体记者一般比较重视公安机关的新闻发布会，公安机关应充分利用这一传统的、正式的信息发布渠道。

所谓新闻发布会，就是在预定的时间和地点，组织方邀请新闻媒体记者现场听取信息发布并接受记者提问的信息发布组织形式。随着信息通信技术和互联网的发展，采用异地视频连线和网络直播的形式进行新闻发布会也越来越常见，使得发布会受到的地理、空间局限被打破。新闻发布会可以集中在某个时间点，请诸多媒体同时关注和报道组织方的信息发布，会产生较强的集中传播效应；同时新闻记者一般可以通过面对面地与新闻发布方进行沟通，获得较为全面、可靠的新闻信息。

常规的（非突发事件的）新闻发布通常是由组织方主动设置议程，发布方掌握较大的主动权。常规的新闻发布可以提前准备发布的新闻内容，确定发布的具体形式、时间、地点和是否接受现场新闻记者的提问。但是，也有些特殊情况下，比如遇到突发的紧急事件，组织方没有多少时间准备，需要在事件现场直接接受媒体的咨询和提问。无论何种形式，新闻发布会为组织方和媒体记者提供了一个面对面直接交流的机会，相对于记者通过第三方收集信息来讲，新闻发布会是组织方与媒体之间直接、有效的沟通形式。

新闻发布会的基本组织程序是：组织方确定召开新闻发布会的发布主题，确定新闻发言人、发布会主持人、发布时间和地点、邀请记者，发布现场由主持人掌控秩序和发布程序、由发言人发布信息并回答记者提问，发布会之后组织方需要评估发布效果、追踪媒体报道。

新闻发布会有定期的、不定期的和临时的之分。一般政府组织常常会针对一段时间以来的政府工作进行定期新闻发布，这样可以在约定的时间进行长期的、定时的新闻发布，不必每次都另行通知媒体记者。如国务院新闻办公室、外交部在不作特别通知的情况下，都会在固定时间和地点发布新闻。不定期的新闻发布是根据具体的需要作出新闻发布的决定，确定专门的发布主题，专门邀请记者前来参与。临时的新闻发布会专门指突发、重大事件之后，组织方几乎没有时间准备、可能在事件现场进行的新闻发布。表面看，这只是发布准备时间方面的问题，实质上定期、不定期、临时的新闻发布会在发布主题和内容、对发言人的要求、发布会的组织方面都有很大差别。

公安机关通常借助新闻发布会向媒体提供重要的公共安全方面的信息，如重大案件的发生、侦破情况，道路交通事故、火灾及其他灾害事故情况，以及与群众生产生活关系密切的重要措施、办事程序和重要治安警示性信息等。2003年12月17日，公安部召开电视电话会议，部署在公安部和省、自治区、直辖市公安厅、局及省会市、副省级市公安局进一步健全新闻发布制度，实行定期新闻发布。“自2004年起，在全国公安机关实行定期新闻发布制度，及时主动地向媒体和公众发布重要信息。原则上，公安部和省、自治区公安厅每一个月举行一次新闻发布活动；直辖市、省会市、副省级市公安局每半个月举行一次，也可以根据需要每周举行一次。”[①]

---

① 《全国公安机关实行定期新闻发布制度》，载中国政府网http://www.gov.cn/test/2005-06/28/content_10518.htm，最后访问日期：2023年6月28日。

二、记者招待会

事实上记者招待会和新闻发布会常常互换使用，它们在形式上有时没有太大差别。相比而言，记者招待会是一种更正式、规模更大、范围更广的新闻发布方式。记者招待会的提法常见于重要领导人在重大会议之后举行的记者见面会等场合。

记者招待会与一般的新闻发布会也有所区别。首先，新闻发布会主要是发布新闻信息，而记者招待会则着眼于重点回答记者的提问。其次，记者招待会一般规格较高，适用于较高层的领导，如总理记者招待会、部长记者招待会；新闻发布会则可以适用于各个层级。最后，规格的差异，造成二者在规模、持续时间、组织形式上也有些区别。记者招待会一般会有更多的记者参加，因为记者招待会的组织方常常层级比较高，发布的信息更加具有权威性，留给记者提问的时间比较长。新闻发布会可以设专门的主持人，也可以由发言人自己主持，自己发布新闻、回答提问，但记者招待会一般设专门的主持人，负责依照事先确定的会议程序，保证记者招待会有秩序地进行下去。记者招待会时间一般较长，回答问题的范围更广泛，而新闻发布会相对来说主题更集中。新闻发布会的主题具有特定性、单一性，是针对某个具体的主题进行的信息发布，而记者招待会涉及的话题范围较广，不必围绕某个单一的主题进行。

三、背景吹风会

背景吹风会也是组织方与新闻记者面对面直接交流的形式，它是一种非正式的新闻发布渠道，记者可以将信息作为新闻报道，也可以不报道，有时甚至只需了解而不能进行报道。在背景吹风会中，组织方可以对某项重大决策、重要问题进行解释说明，与记者交换意见。例如，公安机关准备出台一项新的政策，在政策出台之前可以邀请小范围的记者参加背景吹风会，对政策进行解释说明，了解媒体的看法和反应，避免政策仓促出台后，在记者对政策了解不全面、不清楚的情况下报道不准确，引发争议。

背景吹风会一般在组织方不希望事情过早地成为报道热点，但又需要在一定范围内，尤其是需要记者对问题有所了解的情况下召开。背景吹风会由于是非正式的形式，可以不像新闻发布会那样措辞准确、字斟句酌。可邀请为数不多的记者，在一个小会议室或发言人办公室举行。邀请的记者范围完全由主办方来确定，可以选择少量媒体或与组织方保持良好关系的媒体参加，而不是公开面向所有新闻媒体。

四、网络新闻发布与在线交流

网络新闻发布和在线交流是在互联网迅速发展的情况下出现的。

早期的网络新闻发布主要有两种形式。一种形式是对常规的新闻发布现场进行网络直播，同时也可以在网络社区与网民进行在线沟通，不仅可以接受现场记者的提问，也可以回答网民提出的问题。另一种形式是设立网络新闻发言人，通过在线沟通软件与记者和网民进行交流、回答提问。早在2009年，南京市政府就推出了网络新闻发言人制度，政府在官方网站设立“南京网络发言人论坛”，“在市委、市人大常委会、市政府、市政协、市纪委及市级机关各部门、各区县设立新闻发言人、联络员各1名”[①]。

在线交流是出现较早的一种网络沟通形式，也可以用作组织方向公众发布消息的方式，它是组织方成员通过网络媒体与广大网民进行网上实时交流、回答提问的沟通形式。

网络新闻发布与在线交流的最大特点就是将组织方与社会公众直接联系起来，借助互联网这一便捷的传播形式，将信息快速直接地传递给公众。互联网成为最重要的舆论表达、互动平台，政府部门越来越重视通过互联网发布权威信息，与网民沟通。

舆情事件往往成为影响社会生活和政府决策的重要事件，互联网成了政府工

① 《南京设立网络新闻发言人　网上意见24小时内答复》，载中国新闻网 https://www.chinanews.com/gn/news/2009/11-19/1972379.shtml，最后访问日期：2023年6月28日。

作的重要传播渠道，网络新闻发布和在线交流拉近了组织方与公众的距离，顺应了网民的需要和社会民主化的潮流。网络新闻发布和在线交流的具体形式随着互联网各种应用功能的增强，也在不断地丰富，如网络社区、即时聊天、网络直播等多样的形式。组织方需要特别关注互联网沟通形式的发展变化，及时运用新的互联网沟通功能来实现组织方信息的发布和传播。

与早期的网络新闻发布形式不同，今天的网络新闻发布主要以政府网站、政务自媒体平台，如政务微博、政务微信公众号、政务短视频平台等互联网应用作为发布渠道，组织方与网民直接联系，传统的新闻发布会形式和传统的新闻媒体受到冲击，媒体的中间媒介作用受到削弱。其中，政务微博以其开放性高、传播力强、互动性强的特点，成为政府部门发布突发事件信息、影响舆论传播的重要新闻发布形式。

五、公开场合非正式谈话

组织方重要成员或新闻发言人在公开场合对记者谈话是一种非正式的新闻信息发布形式。比如应邀参加某次会议，出席某个集会场合，现场常常有记者参加。这时记者可能对感兴趣的话题提出采访要求，或请发言人简单提供某些信息、发表关于某事的看法。

虽然是一种非正式的信息发布，但只要是在公开场合接受采访，都需要注意谈话内容的准确性和措辞的严谨性。由于现场手头没有详尽的资料，对重大问题不要轻易表态，除非组织方已经有正式而明确的立场和态度。新闻发言人在此类场合也可以不接受采访或不发表言论，但完全拒绝记者的采访要求也不是适当的做法。应该利用各种可能的机会与记者进行有效的沟通，提供适当的信息。需要注意的是，在非正式场合的谈话很可能被其他事情打断，影响观点的准确表达。

六、提供新闻稿

这里不是指新闻发布会上向媒体提供的新闻发布稿，而是指平时由组织方主动向新闻机构提供的宣传性的新闻稿。这种信息发布方式不需要与记者面对面交流，只要组织方将有关的信息写成新闻稿件的形式传递给新闻媒体机构，由新闻媒体决定是否采用稿件。公安机关要提升工作透明度，赢得公众的理解和信任，只靠新闻发布会提供的信息远远不够，必须在平时多向媒体提供新闻稿。日常新闻稿的内容可能不如发布会上发布的信息那样重大，但长期坚持，也能起到不可替代的传播效果。

撰写新闻稿一般需要由具备新闻专业素养的人员完成，把具有新闻价值的信息写成新闻稿，以传真、电子邮件等方式传送给新闻媒体。撰写新闻稿需注意几个基本要求：（1）内容要有新闻价值，而不是泛泛的宣传资料。发放新闻稿的目的虽然是宣传自己，但稿件宜尽量减少或避免宣传味。要尽量寻找适当的新闻点，运用现代传播语言写出吸引人阅读的新闻稿。（2）要符合新闻的基本写作要求，交代清楚时间、地点、人物、起因、经过、结果等一些基本要素。（3）要力求简洁明了，直切主题，减少套话和空话，控制篇幅不要过长。（4）新闻稿内容要准确无误。

新闻稿的发送对象可以由发布方自行选择，可以给每一家新闻机构，也可以有选择地发送给特定的新闻媒体。如果媒体的记者、编辑对该新闻内容感兴趣，常常会进一步咨询详细情况，作深入报道，这样就可以进一步向记者、编辑提供有关的背景资料和观点，或接受记者专访。

七、接受记者专访

《国务院办公厅关于进一步加强政府信息公开回应社会关切提升政府公信力的意见》明确要求："各地区各部门要建立健全舆情收集、研判和回应机制，密切关注重要政务相关舆情，及时敏锐捕捉外界对政府工作的疑虑、误解，甚至歪曲和谣言，加强分析研判，通过网上发布消息、组织专家解读、召开新闻发布会、接受媒体专访等形式及时予以回应，解疑释惑，澄清事实，消除谣言。"其中，"接受媒体专访"仍是十分必要的解疑释惑、引导舆论的重要形式。

接受记者专访是重要的信息发布形式。面对面接受记者的专访，双方可以针对特定话题展开较深入的交流，能够进行较全面的、有深度的沟通。公安机关可以选择有较高信任关系的媒体或层次高的媒体，针对既有新闻价值又有重大宣传价值的主题邀请记者进行专访。例如，公安机关重要行政管理举措的出台，可以通过接受专访的形式进行深入解读。

面对面接受记者专访也有不同的具体形式，如一家媒体的专访和多家媒体的联合专访，可录音录像的专访和不可录音录像的专访，网络连线专访和线下专访等。

对于重大的新闻信息，接受记者专访和召开新闻发布会常常同时采用，互为补充。一般是在新闻发布会之后，但特别情况下也可以在新闻发布会之前接受记者专访。接受记者的专门采访，可以有更充裕的时间同记者进行更充分的交流，记者可以进行更深入的报道。接受专访是为了深入解释重要信息，扩大影响。

接受记者专访特指通过双方正式沟通，经组织方同意进行的采访，是一种正式的沟通形式。组织方具有一定的主动权，可以决定接受哪些媒体的访问，可以提前约定采访的主要内容和要提的关键问题。作为一种正式沟通，接受采访者仍需提高警惕，注意表达的准确性和严肃性，防止由于表述不严谨造成媒体误解。

第二节　新闻发布会的组织流程

新闻发布会作为重要的正式发布新闻信息的形式，在2004年公安部要求公安机关实行定期新闻发布制度以后已逐渐被各级各地公安机关所采用。但一些地方由于经验不足，在组织新闻发布会的时候常常会遇到问题。比如，记者对发布的主题不感兴趣，参加发布会的记者少；发布会事先准备不够充分，在发布现场出现尴尬场面；发言人无法应对记者的提问，说出不准确的信息；等等。针对这些问题，有必要对发布会组织的基本流程和需要注意的关键问题加以说明。

虽然召开新闻发布会并没有严格统一的规程，发布方完全可以根据发布的主题和其他实际情况采取相应的权变措施，但发布会的基本流程是一致的。举行新闻发布会都是为了向新闻媒体提供准确可靠、有新闻价值的组织方信息，与新闻媒体记者进行平等、坦诚的沟通交流，借助媒体记者的报道向公众传递必要的信息。

在举办新闻发布会之前，需要回答几个问题：举办这次新闻发布会是否有必要？通过其他方式发布信息是否可能更有效？组织方是否有人员、制度的充分条件来保障新闻发布会的顺利实施？新闻媒体是否对本次新闻发布会的主题感兴趣？发布会是否有时间做充分的准备？如何应对记者可能提出的尖锐问题或其他突发情况？虽然新闻发布会一般持续时间不过一小时，但事先需要做大量的准备工作，才能保证发布会的顺利进行。下文分别介绍常规的和突发事件现场的新闻发布会的基本流程和需要注意的关键问题。

一、常规新闻发布会的组织

所谓常规新闻发布会，是指有充分的时间进行策划、准备，在固定的时间和场所，按照既定的程序逐步进行的新闻发布会。有时在一些突发事件的现场，需要紧急向前来的媒体记者进行新闻信息的通报，没有充分的时间准备，时间、地点、参与的人员无法预计，这与常规的新闻发布会有着明显区别和不同的要求。

常规新闻发布会在电视媒体上经常可以见到，一般是在室内场所，发言人在主席台上发布信息，记者倾听、记录、提问，基本场景就是发言人代表组织方与记者进行面对面交流。其实这只是组织新闻发布的一个环节——现场环节，大量的组织工作是在现场以外进行的。

常规新闻发布会的组织流程，主要环节有四个：主题策划、会前准备、现场组织和会后评估。有些环节的具体内容根据实际情况可作出调整。比如，在现场组织过程中，有的会取消记者提问时间，有的会增加记者参观、到某些现场拍照等内容。

（一）主题策划

要举行常规的新闻发布会首先需要回答的问题是：举办一个什么主题的新闻发布会？召开新闻发布会有时是为了应对外界对某些信息的迫切需求，有时是组织方自身需要向外界传递某些信息，前者带有被动性，后者更具主动性。比如，媒体和公众对公安机关工作提出疑问，或者想深入了解某个重大案件的情况，公安机关面对这些急切的信息需求需要作出澄清或解释说明，此时应召开新闻发布会回应媒体和公众的信息需求。而有时公安机关出台某项重大的、会影响公众日常生活的举措，如公布汽车限行的管理措施，或宣传公安机关的典型人物，此时需要策划、组织新闻发布会，借助媒体扩大宣传效应。

无论是较为主动的新闻发布会还是较为被动的新闻发布会，都需要经过调查分析，即分析举办新闻发布会的必要性，分析向媒体提供的信息的新闻价值，调查公众的舆论动向，了解媒体的报道倾向。对与发布主题有关的国内外媒体报道，应该做详尽的调研分析，区分哪些信息是积极的、哪些是消极的，哪些需要澄清、哪些需要解释。在调查分析的基础上，决定是否举行新闻发布会（因为除了新闻发布会还有其他的发布新闻的方式）。如果确定召开新闻发布会，就要明确主题和发布目的，围绕主题收集、整理舆情信息材料，进入发布会的准备阶段。对于公安机关来讲，各个不同层级召开新闻发布会的原因和主题可能有很大差别，比如公安部可能会针对某项重大决策、政策的出台，重大行动的部署，具有全国性影响的重大案件、事件召开新闻发布会；地方公安机关主要针对当地重大案件、事件，当地公共安全方面的重要信息举行新闻发布会。总结起来，公安机关新闻发布的主题主要有以下几种：

1.解释新出台的重要政策。公安机关的重要政策一般都会对公众生活产生一定的影响，需要绝大多数公众知晓、理解和支持，政策的内容需作广泛的宣传。虽然政策的内容会有正式的文件公布，并在主要新闻媒体事先公布，但仍有必要在文件刊登后通过新闻发布会作出详尽的解释，扩大影响力，提高公众的认知度。

地方公安机关出台针对本地问题的新政策时，可以直接在新闻发布会上作正式首次公布。各个参加发布会的媒体拿到的都是第一手资料，让本地外地、境内境外、主流非主流的媒体感觉受到平等的待遇，信息能够在一段时间内集中在媒体上出现，传播效果更好。

2.说明重大案件、事件情况。出现重大的案件、事件，公安机关应该及时向媒体介绍基本情况，减少因为信息不明造成的谣言传播，有时错过了时机可能会导致难以挽回的舆论局面。在公众对一些大案、要案已经有传闻的时候，在基本事实清楚的情况下，应该举行新闻发布会对事件查明的情况作出说明。但一定要注意信息的准确，发言慎重，除了事实之外，尽量少做主观判断。按照国务院办公厅2016年发布的《关于在政务公开工作中进一步做好政务舆情回应的通知》要求，对涉及特别重大、重大突发事件的政务舆情，要快速反应、及时发声，最迟应在24小时内举行新闻发布会，对其他政务舆情应在48小时内予以回应，并根据工作进展情况，持续发布权威信息。

3.澄清谣言或回应质疑。当监测到网络上或社会上出现与公安机关有关的明显不实的传闻时，应及时作出澄清和解释，以公开的正式的信息阻止谣言的传播。如果事项重大、谣言传播广影响大，则应考虑通过组织新闻发布会的形式公开澄清。

4.提供重要的公共安全信息。如治安形势方面的重要数据、重要公安会议的新精神，都可以通过新闻发布会的形式向社会依法公开。对于一段时间的公安重要信息，可以采用定期发布的形式，在固定的地点举行发布会。

举行新闻发布会一定要有充分的理由，向媒体和公众提供有价值的警方信息。如果过于频繁地发布一些不十分重要的信息，可能会降低媒体对发布会的重视程度。

（二）会前准备

1.确定发言人和主持人。公安机关已经普遍建立新闻发言人制度，常规的新闻发布会一般有固定的新闻发言人，但有时也要根据发布内容选定其他人做发言人。发言人应该熟悉发言的主题，具备新闻发言人应有的知识、水平和素质。

有时不需要专门的会议主持人，由发言人自己主持发布会。如果发言内容多、主题复杂，则应考虑设置专门的发布会主持人，承担让发布会按照议程顺利进行的责任。

2.发布内容的准备。

（1）主发言稿。主发言稿是发言人在现场读出的内容，其既要能准确反映发布会的主题，又要有一定的口语表达的灵活性。不要写成讲话稿，要适于与记者面对面沟通的情境。

（2）备答口径。就是要预测记者可能会关注的问题，提前准备可能的回答内容。对记者可能的提问，发言人一定要有所准备，对最可能被问到的问题，要知晓相关的法律法规，熟悉常用的表达方式，做到准确从容地应对。有些备答口径是“以不变应万变”，但如果作出更有针对性的应答，则更能显出发言人的水平。比如国内记者与国外记者看问题的角度常常不同，要分析不同性质、不同地方媒体的关注点，拟定相应的备答口径。对于重大问题的回答口径，需要请示上级审定；跨部门问题的回答口径一般需要与有关部门协调确定或向上级请示。

（3）新闻背景材料。由于时间的限制，发言人在发布会上不可能把所有想讲的话都讲完，尤其是一些解释性的背景材料，并不是记者最感兴趣的，却是记者需要的。常规的新闻发布会常常为记者准备一个新闻资料袋，把需要提供给记者的资料一并提供，供记者写稿时参考。除了文字新闻信息，也可以提供多媒体资料，如照片、视频、图表等形式的信息。

3.发布场所的准备。发布地点要尽量便于记者抵达，以提高记者的出席率。现场要准备必要的设备设施，如录音录像设备、扩音器、照明、多媒体播放器等，主席台、座椅、摄影记者席的场地布置和安排要考虑周全，尽量多为记者的写稿、发稿、拍照、摄影提供便利条件。

4.时间的安排。例行的新闻发布会有基本固定的时间，如外交部新闻发布会、国台办新闻发布会，如果不是例行的新闻发布会，为了吸引更多的记者参加，提高记者的出席率，时间上应精心选择。如果在上午举行，开始的时间不要太早，考虑到记者夜里写稿的工作习惯，一般在上午10点钟为宜，要避免在周末或假日举行。新闻发布会持续的时间不宜过长，根据实际需要，一般在半小时到两小时之间。

5.对处置意外情况的准备。对于发布会现场可能出现的意外情况，尽量有所准备，如停电、设备失灵、人员（特别是发言人、记者）的特殊状况、恶劣天气状况等。

6.彩排。在条件允许的情况下，要对发布会进行彩排。尤其是发布内容复杂或发言人初次上台的情况，一定要进行发布的模拟，从现场环境的适应，到模仿记者的提问，以便发现准备工作中存在的问题。

7.通知记者。常规的新闻发布会有足够的时间提前通知记者，在举行发布会的前一天尽量再次给予提醒。虽然通知的范围由组织方确定，但常规的新闻发布会原则上欢迎所有正规新闻媒体参与。

（三）现场组织

发布会的大量工作是在准备阶段完成的。只要准备充分、考虑周全，现场组织就能顺利进行。

1.记者签到。便于掌握有哪些媒体参加了新闻发布会，利于发布会后的媒体统计和报道情况分析。

2.信息发布。要严格按照既定的发布程序进行，不要随意改变议程。有时临时改变议程，因为事先没有相应的准备，容易出现意料不到的情况。

3.现场秩序管理。尽量为记者提供采访的便利，对于各种干扰发布会正常进行的情况作出及时处理。

（四）会后评估

发布会后要对媒体的报道进行追踪调查。对哪些媒体做了什么报道，要做“质”和“量”的统计和分析。对公众的反响如何，发布会是否达到了预期的目的，都要进行分析和总结，从中找出不足和问题，有助于提高下次发布会的水平。

二、突发事件现场新闻发布会的组织

当突发重大交通事故、劫持人质事件、群体性事件等情况时，媒体记者很可能会迅速赶到现场进行采访，公安机关如果不考虑在现场提供信息，记者很可能根据自己的判断作出一些猜测性报道，对于事件、案件的后期处理带来意料不到的影响。因此，应考虑在此类突发事件的现场召开临时的新闻发布会。

突发事件现场的临时新闻发布会没有时间准备，现场情况复杂，因此需要特别注意以下事项：

1.应在可能的情况下，在现场周围设置简易发布场所。突发事件的现场常常比较混乱，为了使公安机关执法行动不受干扰，也为了记者的人身安全，需要在现场周围适当的地方设置临时的简易发布场所。如果现场周围有合适的室内场所，则可以考虑在室内进行。如果在室外，应该设置明确的记者采访区，可以用警戒线设置隔离采访区。根据事件的性质确定采访区的位置，比如重大交通事故，可以设置在安全而又便于记者现场拍照的地方，而劫持人质事件，则应尽量避免靠近现场。

2.现场记者的召集。记者在突发事件的现场并不一定会完全依照公安机关的安排听取警方的信息发布，因此要通过适当的方式召集现场记者，毕竟公安机关提供的信息是现场采访不一定能得到的。

3.提供有限但可靠的信息。如果公安机关提供的信息在现场都能看到、了解到，记者可能会直接到现场采访，而不会一直守在发布会上。因此，公安机关应迅速收集可靠的信息，虽然现场不可能马上得到大量翔实的信息，但对已经确定的可靠信息、事件的基本情况可以在发布会上提供。要确保信息的真实性，信息少而精。

4.对记者的采访提供适当的帮助。公安机关常常把突发事件现场的记者当成执法的干扰因素，警方与媒体发生冲突的事件也屡见不鲜。其实，除非明显干扰执法的行为需要制止外，警方大部分时候应尽可能与媒体合作，为记者的采访提供必要的帮助。在现场条件允许的情况下，给记者提供拍摄的便利位置，保护记者的安全，协助记者的采访工作。

5.处理记者对警方行动的可能干扰。记者出于“抢”新闻的需要，有时没有考虑到自己的采访行为可能已经影响警方的行动。比如，记者的拍照、摄像有可能影响现场某些人员的情绪，或干扰公安机关的执法行动。此时应判断记者的行为是否会对公安执法或事件现场产生明显的干扰或影响，如果有，则应劝阻或制止其干扰行为。在劝阻或制止时应该说明理由，告知警方的行动依据，不可简单粗暴。是否构成对执法行为的干扰，常常缺乏明确的标准和制度规定，要根据现场事件的性质和多种现场因素判断，需要在保障记者的采访权和警方执法行动不受干扰之间慎重作出权衡。

第三节　新闻发布文稿的准备

新闻发布文稿是召开新闻发布会过程中所使用的文字材料，一场新闻发布会需要准备的文字材料主要包括主持人致词、新闻发言稿和新闻通稿。新闻发布文稿是新闻发布会所要发布的核心舆情信息的主要载体，是传播给记者的第一手资料。新闻发布文稿的准备，是召开新闻发布会过程中的重要环节。

一、主持人致词的准备

主持人致词即新闻发布会主持人在新闻发布会上的开场白，这是新闻发布方与记者沟通的开始，对于一场新闻发布会而言，主持人致词至关重要，它的效果将直接决定新闻发布会的总体效果。

（一）主持人致词的基本要求

一般来说，主持人致词类似于一则新闻的导语。主持人致词要宣布新闻发布会的开始，营造出与发布会内容相协调的会场氛围，要提炼新闻事实、点出发布会主题，吸引记者注意。

主持人致词应起到以下几方面的作用，也需要符合相应的要求：

1.抛砖引玉。主持人致词的作用只是点出新闻发布会的主题，或者透露少部分舆情信息，调动起记者的兴趣，发布会的主要内容应留待其他发言人来发布。所以主持人致词内容上要切忌长篇累牍、喧宾夺主。

2.背景介绍。在主题式新闻发布会上，或者是对某项新出台政策、举措的发布，或者是对某项专项行动阶段性成果的发布等，往往有必要向公众说明其来龙去脉和重大社会、政治意义，这就需要在主持人致词中作出重点介绍，以引起记者的重视和关注。要言之成理，切忌空洞无物。

3.穿针引线。在新闻发布会上，主持人致词主要起到的是烘托气氛、介绍出席人员和会议的程序安排的作用，所以主持人的致词要尽量简化，注意语言表达的生动性，切忌枯燥死板。

（二）主持人致词的主要构成部分

新闻发布会上的主持人致词一般由标题、称呼、欢迎词、新闻发布的主题、出席新闻发布会人员的介绍、新闻发布的背景介绍、结束语等组成，如下所示：

1.标题

××新闻发布会主持词

主持人：×××

（××××年××月××日）

2.称呼

女士们、先生们、记者朋友们。

3.欢迎词

上午（下午、晚上）好。非常欢迎大家出席××新闻发布会。

4.新闻发布的主题

今天发布会的主题是××。

5.出席新闻发布会人员的介绍

我先向大家介绍一下出席今天新闻发布会的同志，他们是×××（单位）的×××（姓名）×××（职务）……

6.新闻发布的背景介绍

（具体内容略。）

7.结束语

下面（现在），请×××（单位）的×××（姓名）×××（职务）向大家通报有关××的情况。

例如：

公安部通报组织召开第11届中国国际警用装备博览会有关情况，介绍警博会整体安排、场馆设置等情况新闻发布会主持词[①]

主持人：×××

（2023年5月11日）

各位新闻界的朋友：

大家上午好！欢迎参加公安部“公安心向党　护航新征程”系列主题新闻发布会。

今天发布会的主要内容是，通报公安部党委坚持以习近平新时代中国特色社会主义思想为指导，深入学习贯彻落实党的二十大精神，组织召开第11届中国国际警用装备博览会有关情况，介绍警博会整体安排、场馆设置等情况。为此，我们专门邀请到公安部装备财务局副局长×××女士，公安部第一研究所副所长××先生，向大家介绍情况并回答提问。

党的十八大以来，习近平总书记高度重视公安事业发展，在会见全国公安系统英雄模范立功集体表彰大会代表时发表重要讲话，提出“四句话、十六字”总要求，出席全国公安工作会议并作重要讲话，向中国人民警察队伍授旗并致训词，为新时代公安机关更好履行党和人民赋予的职责使命、不断开创公安工作新局面指明了前进方向、提供了根本遵循。公安部党委深入学习贯彻习近平总书记系列重要讲话批示指示精神，坚持大抓基层、大抓基础导向，坚持向科技、向装备、向管理要战斗力，大力推进公安装备现代化建设，大批新型装备建成投入使

① 《公安部新闻发布会：通报组织召开第11届中国国际警用装备博览会有关情况，介绍警博会整体安排、场馆设置等情况》，载中华人民共和国公安部网站https://www.mps.gov.cn/n2254536/n2254544/n2254552/n9039154/index.html，最后访问日期：2023年6月19日。

用，有效提升了公安机关维护安全稳定的能力水平，有力推进了公安工作现代化进程。今天将要正式开幕的第11届中国国际警用装备博览会，是中国最权威的警用装备盛会，也是在亚太地区乃至世界具有广泛影响力的警用装备展会。展会汇聚世界先进警用装备及技术，是我国警用装备行业对外交流的重要窗口、国际警用装备交流的重要平台。

下面，请公安部装备财务局副局长×××女士通报有关情况。

二、新闻发言稿的准备

（一）新闻发言稿的基本要求

新闻发言稿即新闻发布稿，是新闻发言人在新闻发布会上就新闻事件向媒体和公众说明情况所用的发言材料。一篇规范的新闻发言稿应符合以下几个方面的要求。

1. 具备新闻写作的基本要素。新闻写作的基本要素，是5个“W”（who、when、where、what、why）和1个H（how），即什么人、什么时间、什么地点、发生了什么事、原因是什么和怎样发生的。除此之外，还包括已经采取了什么措施，政府对此态度如何，如何避免类似事件的再次发生，等等。这些都是记者和公众最关心的。这些要素都必须在新闻发言稿中作出明确交代。

2. 叙事清楚，表达严谨。新闻发言稿的功能在于告知，叙事清楚是对一篇发言稿的基本要求，要注意表述的逻辑性，对所需发布的舆情信息作出清晰完整的叙述，注意详略得当，突出重点，表述要严谨准确，尤其是对于敏感性话题，涉及对问题的定性等问题时，一定要严谨缜密。撰写完成之后，要对发言稿进行重新审阅，对用语反复推敲斟酌，看是否有语病，对其中涉及的所有数字进行认真核对。

3. 文字简明扼要。在新闻发布会上，新闻发言稿只需要用最短的时间把涉及发布内容的核心舆情信息说清楚即可，不必事无巨细面面俱到。语言上要做到通俗易懂，用语简洁，避免使用过长的复杂句式和晦涩的隐喻，对所涉及的专业术语应有必要的解释。从近年来召开新闻发布会的惯例来看，新闻发言稿一般要求不超过1500字，5至10分钟的时间宣读完毕，以便把更多时间留给记者提问。

（二）新闻发言稿的主要构成部分

新闻发言稿一般由标题、称呼、欢迎词、新闻发布的主题、新闻发布的内容、结束语等组成，如下所示：

1.标题

××新闻发布会新闻发言稿

发言人：×××

（××××年××月××日）

2.称呼

女士们、先生们、记者朋友们。

3.欢迎词

上午（下午、晚上）好。非常欢迎大家出席××新闻发布会。

（注：在一些新闻发布会上，新闻发言人兼主持人，此时发言稿中需要致欢迎词。如果已有专门的主持人致词，则发言稿可直奔主题，不再重复致欢迎词。）

4.新闻发布的主题

今天发布会的主题是××。

（注：在一些新闻发布会上，新闻发言人兼主持人，此时发言稿中需要说明新闻发布的主题。如果已有专门的主持人致词，则发言稿不必重复，可表述为：下面由我向大家通报××情况。）

5.新闻发布的内容

（具体内容略。）

6.结束语

我就通报到这里，谢谢。下面（现在），我愿意回答大家的提问。

（注：在有专门的主持人的新闻发布会上，发言人发言完毕后，将由主持人宣布：刚才，×××向大家通报了××情况，下面请各位记者朋友提问。）

例如：

公安部通报全国公安机关严厉打击整治各类毒品违法犯罪活动的
举措成效新闻发布会新闻发言稿[①]

发言人：××

（2022年9月14日）

女士们、先生们、媒体界的朋友们：

大家上午好。

全国公安机关夏季治安打击整治“百日行动”开展以来，各级禁毒部门认真贯彻落实公安部党委部署要求，将“百日行动”作为当前公安禁毒工作的总抓手、总牵引，迅速组织专门力量，精心组织，周密部署，以“双挂两统一”为引领，结合“清源断流”行动，形成了严厉打击整治毒品违法犯罪的凌厉攻势和高压态势。两个月来，全国共破获毒品犯罪案件8657起，抓获毒品犯罪嫌疑人12655名，缴获各类毒品5.19吨，查处吸毒人员3.8万人次，进一步巩固拓展了我国毒品治理的良好态势。主要体现在以下八个方面：

一是严厉打击贩毒团伙网络。坚持打击零包贩毒和摧毁贩毒团伙并重，采取统一收网集群战役、挂牌督办案件等多种形式，打掉制贩毒团伙556个。指挥上海、江苏、浙江、江西、河南、山东、湖南、广东、四川、陕西等十省（市）先后对21起部级毒品目标案件发起两波次集群战役，抓获吸贩毒人员2313名，缴获各类毒品568.9公斤。实施重大案件挂牌督办，推进18起重大贩毒团伙案件侦办工作，抓获吸贩毒人员781名，缴获各类毒品528.3公斤。

二是严密堵截毒品渗透。坚持把堵截毒品入境作为减少毒品来源的治本之策，持续深化“净边”行动，加强边境管理，完善查缉网络，健全堵截体系，构筑抵御境外毒品渗透的铜墙铁壁。云南发挥第一屏障、第一主力作用，依托边

① 《公安部新闻发布会：通报全国公安机关严厉打击整治各类毒品违法犯罪活动的举措成效》，载中华人民共和国公安部网站https://www.mps.gov.cn/n2254536/n2254544/n2254552/n8692013/index.html，最后访问日期：2023年6月19日。

境立体化智慧防控体系，结合边境疫情封控防控，严密毒品查缉网络，缴获毒品1.85吨。广西封堵中越边境毒品走私通道，破获千克以上大案9起。针对潜藏境外、负案在逃的毒枭毒贩，推进“拔钉追逃”，实行以案定“钉”、以案拔“钉”，明确抓捕责任，组织精兵强将，与有关国家禁毒部门开展执法合作，抓获涉毒“钉子”逃犯15名。

三是严防国内规模性制毒。坚持把防范国内制毒问题反弹作为重要任务，深入开展“除冰肃毒”，加强要素管控、人员盯控、场所清查、案件督办，全链条打击制毒犯罪，坚决遏制国内规模性制毒活动回潮，共破获制毒案件14起，缴获冰毒、氯胺酮、卡西酮、咖啡因等毒品447公斤。江苏联合柬埔寨警方在柬成功摧毁大型制毒工厂1个，缴获羟亚胺1.8吨，制毒物品170吨。

四是严格管控制毒物品。坚持把防范制毒物品走私流失作为毒品治理的源头举措，结合重点物品“见底行动”，持续推进“除根”行动，强化源头省份管控、环滇省份查缉、边境地区堵截“三道防线”。河北、江苏、浙江、山东、广东等地强化监管核查，督促企业落实主体责任，深入排查化工园区、物流园区和重点企业，集中整治“黑仓库”“黑窝点”，取得明显实效。

五是严防毒品流通渠道。（略）

六是严查严控吸毒人员。（略）

七是严管重点场所部位。（略）

八是严肃整治突出毒品问题。（略）

三、新闻通稿的准备

（一）新闻通稿的基本要求

新闻通稿一般是指一些新闻通讯社在采访到重要新闻后发给全国需要稿件的媒体的统一稿件。新闻发布会上使用的新闻通稿是新闻发布方就所发布的新闻事件向记者提供的文字材料，它用于帮助记者提炼发布会主题、总结发布内容、掌握所需舆情信息、确定报道口径。为了使记者了解新闻发布会的主题，新闻通稿在新闻发布会召开之前就已经准备好并分发给记者，其质量直接影响新闻发布会的效果和质量。

1.注重新闻价值。新闻通稿不同于机关应用文、宣传材料，它要符合新闻写作规范，属于新闻体裁。在撰写中注意内容要有新闻价值，尽量减少或避免宣传的味道。用语要力求平实客观，以客观叙事为基本特征，要抛弃机关公文的模式，按新闻的写法，用新闻的语言，突出表现舆情信息的新闻点和新闻价值。

2.突出重点，言简意赅。新闻通稿主要采用消息体裁，即对有新闻价值和社会意义的事实进行及时、简明扼要的报道，它字数较少，一般在1000字以内。在新闻通稿中，要交代清楚时间、地点、人物、起因、经过、结果等基本要素，用语要力求简洁，直达主题，与主题无关的事项不要写，多余的修饰词语不要写，避免套话、空话。结构上一般采用倒金字塔结构，将最富有吸引力的、记者最关心的材料置于篇首，呈现为“重要”“次重要”“次要”“更次要”“补充”“进一步交代性材料”的顺序。

3.内容准确。新闻通稿的作用在于通报新闻事实，其内容的真实性和准确性要经得起检验。这就要求撰写新闻通稿时要准确把握一手资料，反映客观事实，不能弄虚作假。

（二）新闻通稿的主要构成部分

新闻通稿主要由标题、导语、主体三个部分构成。

1.标题。它有两个方面的作用：一是导读。即让记者在最短的时间里获取所需的舆情信息。二是导向。标题往往要选择事实、提示和评价事实，寓有发布方的态度和观点。标题要直接有力，用简洁的文字概括出主题。

2.导语。是新闻通稿的开头部分，有三大使命：一是公布最重要的事实；二是提示发布主题；三是引起阅读兴趣。

3.主体。是新闻通稿的核心部分，应紧扣导语中所确立的主题选用材料，与主题无关的或无太大关系的材料均应割舍。新闻通稿的主体应尽量写得通俗易懂，确保每一个接触到新闻稿的人都能读懂。

例如：

牢记重要训词　努力开创公安工作新局面

公安部举行新闻发布会通报公安机关践行重要训词精神情况①

对党忠诚、服务人民、执法公正、纪律严明。

2020年8月26日，中国人民警察警旗授旗仪式举行。习近平总书记向中国人民警察队伍授旗并致重要训词，为新时代人民警察队伍建设和发展指明了前进方向、提供了根本遵循。

一年来，全国公安机关深入践行习近平总书记重要训词精神成效如何？防风险、保安全、护稳定各项措施落实情况怎样？下一步，在深入学习贯彻习近平总书记重要训词精神方面还有什么安排？公安部26日举行新闻发布会对此进行了通报。

以实际行动忠实践行对党忠诚、服务人民、执法公正、纪律严明的总要求——

一年来，全国公安机关深入学习贯彻重要训词精神，以实际行动忠实践行对党忠诚、服务人民、执法公正、纪律严明的总要求，为维护经济发展和社会大局稳定、确保建党100周年庆祝活动圆满成功作出了重要贡献。

一年来，公安部党委多次就学习宣传贯彻重要训词精神召开党委专题会议研究，召开全国公安机关视频会议进行部署，并通过多种途径、多种载体，让专题学习入脑入心，让教育培训走深走实，切实增强了全国公安机关广大公安民警践行“两个维护”的高度政治自觉。

对党忠诚——全国公安机关牢牢把握对党忠诚这一建警之魂，大力加强公安机关党的政治建设，健全完善政治巡视巡察和督促检查、问责问效等制度机制，严格执行重大事项请示报告制度，扎实开展党史学习教育，坚持学史明理、学史增信、学史崇德、学史力行，大力加强干部队伍建设，切实强化党对公安工作绝

① 《［人民公安报］牢记重要训词　努力开创公安工作新局面　公安部举行新闻发布会通报公安机关践行重要训词精神情况》，载中华人民共和国公安部网站https://www.mps.gov.cn/n2254536/n2254544/n2254552/n8080766/n8080800/c8086720/content.html，最后访问日期：2023年6月19日。

对领导的组织保障，极大激发了全警守初心担使命的奋进动力。

服务人民——全国公安机关牢牢把握服务人民这一立警之本，推动更高水平平安中国建设取得新成绩。今年上半年，全国公安派出所共化解矛盾纠纷311万起，清除安全隐患174万个；2020年全国现行命案破案率达99.8%，命案积案攻坚行动共破获命案积案6270起，抓获命案在逃人员5381名；深入开展“团圆”行动，目前全国共找回历年失踪被拐儿童3480名……国家统计局调查显示，在2020年主要民生领域现状满意度调查中，群众对社会治安的满意度位列第一。

此外，全国在机动车增加到3.9亿辆、驾驶人增加到4.7亿人的情况下，较大交通事故数环比下降14.8%。全国公安机关设立2.6万个居民身份证异地受理点，累计为群众异地办理居民身份证5300万余张，公安交管窗口改革累计惠及9亿多人次，互联网服务惠及近29亿人次，为企业群众减少办事成本700多亿元。

执法公正——全国公安机关牢牢把握执法公正这一从警之基，不断加强执法教育培训，切实提高广大公安民警运用法治思维和法治方式打击犯罪、维护稳定、治理社会的能力水平，不断健全执法制度体系，推动完善相关法律规范，健全执法标准、执法细则和实战指引，深化执法监督管理机制改革，深入推进执法办案中心建设，不断规范执法权力运行，有效提升了公安机关的执法公信力。

纪律严明——全国公安机关牢牢把握纪律严明这一治警之要，通过扎实开展公安队伍教育整顿，打好铁腕治警、正风肃纪攻坚战，着力构建全面从严管党治警的常态长效机制，并通过全面深化公安改革、深入开展实战练兵、激励约束并重、典型引领示范等措施，推动实现了队伍纪律作风的重大转变。

履行好党和人民赋予的新时代使命任务关键是要做到“六个必须坚持”——

一年来的公安工作实践充分证明，习近平总书记重要训词精神是统领新时代公安工作的根本指南，是激励公安队伍奋勇前进的光辉旗帜，是推动人民公安事业发展的力量源泉。

理论指导实践，实践丰富理论。一年来的学习实践进一步深化了全国公安机关广大公安民警对公安工作规律性的认识和把握。

履行好党和人民赋予公安队伍的新时代使命任务，关键是要做到“六个必须坚持”：必须坚持习近平总书记领航掌舵；必须坚持以习近平新时代中国特色社会主义思想为指导；必须坚持党的领导和中国特色社会主义制度；必须坚持以人民为中心的发展思想；必须坚持严格规范公正文明执法；必须坚持锻造“四个铁一般”公安铁军。

学习贯彻习近平总书记重要训词精神是一项持之以恒的长期战略任务——

领袖训词，字字千钧。学习贯彻习近平总书记重要训词精神，既是当前和今后一个时期的首要政治任务，也是一项持之以恒的长期战略任务。

组织全警持续深入学习——公安部下发通知，对全国公安机关抓好深入学习贯彻提出具体要求。公安部召开全国公安机关电视电话会议，就不断把学习贯彻向纵深推进进行再部署。全国公安机关将充分运用多种载体，不断掀起学习热潮。

深入开展政治轮训——将习近平总书记重要讲话和重要训词精神作为全国公安机关各级党委会“第一议题”、公安民警培训“首课”和公安院校教学“必修课”，持续强化忠诚教育，教育引导广大公安民警不断增强忠诚核心、拥护核心、跟随核心、捍卫核心的高度自觉。

用实绩检验学习成果——全国公安机关将紧扣经济社会发展各项任务目标，聚焦党和国家重点工作，积极依托“情报、指挥、勤务、舆情”一体化实战化运行机制，扎实抓好维护安全稳定各项工作措施落实，用社会大局持续安全稳定，用人民群众的获得感成色更足、幸福感更可持续、安全感更有保障检验践行重要训词精神的成果。

全国公安机关将继续深入学习贯彻习近平总书记重要训词精神，切实把对党忠诚、服务人民、执法公正、纪律严明的总要求铭记于心、熔铸于魂、付诸于行，以维护安全稳定的新担当、新作为，以党和人民满意的新业绩、新形象，为第二个百年奋斗目标开好局起好步，不断开创公安工作新局面。

思考与练习

1.组织正式对外发布的新闻信息有哪些形式?

2.突发事件现场的新闻发布需要注意哪些问题?

3.确定新闻发布内容应注意哪些问题?

第十二章　涉警突发事件的舆论引导

学习要点： 学习本章，应重点掌握涉警突发事件的特征；涉警突发事件舆论引导的含义；涉警突发事件舆论引导工作的原则、职责和分析规程；建立和完善监测、分析、响应和协作等涉警突发事件舆论引导工作机制。

2016年2月19日，习近平总书记在北京主持召开党的新闻舆论工作座谈会时强调："党的新闻舆论工作是党的一项重要工作，是治国理政、定国安邦的大事，要适应国内外形势发展，从党的工作全局出发把握定位，坚持党的领导，坚持正确政治方向，坚持以人民为中心的工作导向，尊重新闻传播规律，创新方法手段，切实提高党的新闻舆论传播力、引导力、影响力、公信力。"这为我们做好涉警舆论引导工作指明了方向。

随着舆情信息化、网络化的快速发展，涉警舆情传播越来越迅速，舆论引导的作用越来越突出。涉警舆论直接而广泛地影响着人们的思想和行为，影响着经济、政治、文化和社会的运行，对社会稳定和群众情绪的影响越来越大。由于公安工作的特殊性，涉警话题历来是媒体关注和炒作的重点。公安机关执法活动更是社会各界和媒体关注的"焦点"和"热点"，公安工作稍有不慎就有可能被媒体关注和炒作为社会热点问题。如何提高公安机关舆情应对与舆论引导能力成为当前一个迫切需要解决的新课题。

传播舆情信息的媒体具有受众面广、传播速度快、易使人信服和社会影响大的特征。舆论是一把"双刃剑"，可以把好事放大，也可以把坏事放大。媒体可以对警察形象的正面树立起到重要的作用，也能通过其强大舆论的社会导向性产生对警察形象的负面效应。公安机关如果导向正确，可以弘扬正气、震慑犯罪，凝聚警心、振奋精神，提高公安机关的公信力，为公安工作创造良好的社会舆论环境。反之，则可能误导群众，混淆视听，损坏公安队伍形象，降低公安队伍威信，涣散民警斗志，影响公安工作和队伍建设，甚至直接影响社会稳定的大局。涉警突发事件的舆论引导工作在整个公安应急管理中处于十分重要的地位，其发挥积极的作用将对整个公安应急管理活动产生重大的正面影响。我们在依照法律、法规、政策加强舆论引导的同时，要讲究舆论引导策略和艺术，切实维护稳定大局和公安形象。

第一节　涉警突发事件舆论引导概述

为了预防和减少涉警突发事件的发生，控制、减轻和消除涉警突发事件引起的社会危害，最大限度地减少社会不和谐因素，保障和促进社会稳定，维护公安机关形象，我们必须根据《中共中央办公厅、国务院办公厅关于进一步改进和加强国内突发事件新闻报道工作的通知》《中华人民共和国突发事件应对法》《中华人民共和国网络安全法》《中华人民共和国政府信息公开条例》《国家突发公共事件总体应急预案》等有关规定，规范涉警突发事件的应急管理，切实做好涉警突发事件舆论引导工作。

一、主要概念界定

对主要概念进行界定的目的在于确定本章的研究范畴，从本章研究的主题来看，涉及“涉警突发事件”“舆论引导”“涉警突发事件舆论引导”等概念。

1. 涉警突发事件。涉警突发事件主要包括重大群体性事件、涉外突发事件，以及可能造成严重社会影响的重大刑事案件、敏感治安案件、危害国家安全的暴力骚乱事件、公安民警违法违纪案件和其他突然发生、被舆论关注、涉及公安机关及公安民警的有损警察形象、危害公安机关的声誉甚至造成社会危害、危及公共安全的紧急事（案）件。

涉警突发事件一般具有四个特征：一是突发性。突然发生，难以预料。二是关注性。受到社会的极大关注，成为一个时期内社会舆论的焦点和热点。三是紧急性。必须马上处理，减少损失，恢复常态。四是危害性。对公安形象产生负面影响，危害公安机关的声誉，甚至造成社会危害，危及公共安全。

2.舆论引导。本书第六章中已对“舆论引导”的概念和内涵进行了深入分析。简言之，舆论引导就是舆论引导主体通过对事实的报道、对政策的宣传、对社会现象的评说，表现出是非评判的倾向。公众的社会态度是社会舆论的心理基础，舆论引导的重点在于影响公众的社会态度，其本质可以说是一种社会控制行为。

3.涉警突发事件舆论引导。涉警突发事件舆论引导就是公安机关通过及时、主动、准确的对事实的报道、对政策的宣传、对社会现象的评说、发布权威舆情信息，抢占舆论先机和制高点，把握正确导向，影响公众的社会态度，争取积极效果，最大程度地减少社会不和谐因素，保障和促进社会稳定，维护公安队伍整体执法形象的公安管理活动，从而实现新闻舆论对社会舆论的有效引导。

二、涉警突发事件舆论引导工作中的主要问题

近年来，新闻传播方式的迅猛发展，特别是互联网、手机等新型通信工具、方式的出现，在极大方便人们联络沟通的同时，也为社会舆论提供了新的平台，其开放性、便捷性、互动性的特点吸引了广大受众群体，使得网络舆论对社会治安影响越来越大，给公安机关维护国家安全和社会稳定工作，以及各项社会治理提出了新要求、带来了新挑战。如何做好新形势下的公安新闻舆论引导工作已经成为摆在各级公安机关面前的一个重要课题。我们要切实提高公安机关应对涉警突发事件的能力和舆论引导水平，重点解决新传媒时代，公安机关在应对媒体时存在的观念落后、方法陈旧、机制体制不完善等问题。当前，公安机关舆论引导工作中主要存在以下八个方面的问题。

1.观念上不适应。部分公安机关在应对媒体时，要么重做轻说，要么多做少说，要么只做不说，怕言多必失。认为“只要工作做好了，形象自然而然就好

了”，使公安机关在维护社会安定、保护人民生命财产安全等方面所付出的艰辛乃至流血牺牲不为公众所了解，造成舆论资源的流失。特别是在突发事（案）件发生后，应对媒体舆论的思想准备不够，习惯于封堵、拒绝、拖延，甚至隐瞒、遮盖，不能及时、准确、全面地表明公安机关的立场和态度，而让媒体抢先报道，造成被动。面对现在以互联网为代表的多样新型媒体，观念上不适应，缺乏正确认识和应对措施，以致有时一遇到突发涉警舆情就变得手足无措。

2.思想上不重视。公安机关仍然有一些领导干部对舆论引导工作不重视或一般化对待，认为与媒体打交道是宣传部门的事，破案才是硬道理，应对媒体只要几个宣传干事就行了，我们行得正、走得端，任凭他人说。一些公安领导干部和民警缺乏对舆论引导工作重要性的认识，没有看到虚拟网络与现实社会治安之间的内在联系，认为部分群众在网络发表言论、表达自己的意见无关紧要，不会引发社会治安问题。也有部分民警将网上舆论看作群众对公安机关的监督，认为网上言论是吹毛求疵，往往存在抵触心理。思想认识上不到位必然导致工作上的缺失，部分公安机关缺乏对舆情特别是网上舆情的分析，没有将舆论引导工作纳入工作议事日程，一旦面对网络风暴，手忙脚乱，力不从心，不知该如何应对。

3.组织上不健全。部分基层公安机关舆论引导工作没有一个具体负责单位。从表面上看，宣传、网监等警种都承担部分职能，但都不全面。宣传部门往往偏重报纸、电视等传统媒体，对网络等新型媒体舆论引导不够；网监部门只局限于网上有害舆情信息的巡查，缺乏引导手段。一旦遇到涉及本地、本单位的负面舆情信息，往往是被动删除，不但起不到预期效果，反而可能火上浇油。我们要根据公安部的要求，明确舆论引导工作的主管负责人，指定新闻发言人，成立舆论引导专职工作机构承担具体工作任务。基层公安机关应明确一名负责人，协调舆论引导工作，承担涉警突发事件新闻发布职责。

4.机制上不完善。部分基层公安机关尚未建立健全由主管负责人为第一责任人，由指挥中心（办公室）、舆论引导专职工作机构、网络安全保卫及负责现场处置的业务部门分工合作的舆论引导工作机制。部分公安机关缺乏有效的应对涉警突发事件特别是民警违法违纪案件等负面报道的工作机制，对新型媒体特别是网络的负面炒作应对乏力，导致公安机关整体形象遭到损害，影响公安机关中心工作的顺利开展。遇重大敏感事件往往是层层请示汇报，等有关单位调查后，统一口径，才进行回应。战机稍纵即逝，网上舆情从初始阶段到高潮阶段往往只有一两天时间，甚至仅是几分钟的时间。当涉警舆情造成严重后果时，公安机关往往尚未开始行动，很可能错失把握舆论引导的良机。再就是舆情收集、分析零散，部门协同形不成合力，失职责任得不到有效追究，民警对舆论引导相关知识缺少培训。另外，对可能引发严重影响党和政府形象的非涉警舆情，公安机关还没有建立完善的与相关部门的协作机制，缺乏行之有效的可操作规程。

5. 舆论引导手段单一。当前，面对公安机关的负面、片面、恶意报道舆情信息，部分公安机关往往仅采取删除、封堵等措施，不仅不能降低舆论热度，消除负面影响，甚至可能进一步激发人们的好奇心，引发媒体炒作事件。舆论引导对外发布形式也比较单一，通常情况下，主要采用新闻发布会形式对外发布相关情况，很少去研究使用何种形式发布效果更佳，如提供新闻稿、在网上发布新闻和在线交流等。相当一部分公安机关对网络等新型媒体缺乏足够认识，重传统传媒，轻新型媒体，习惯于报刊方面的文字宣传，而能够通过图片、视频资料引导舆论的人员不多；另外，一些民警怕出问题，在接受媒体记者采访时，显得手足无措，禁不住采访提问，不能做到平心静气、以礼相待，说不出工作的亮点和特色。

6. 反应迟缓，被动应对。部分公安机关缺乏危机公关意识，对社会舆情反应时间与舆情传播速度极不相称。在涉警舆情的初期阶段，一些公安机关缺乏足够的敏感性，不愿、不敢、不会表态，处于犹豫观望状态，没有及时跟进，丧失了将矛盾消除在萌芽阶段的主动权和处置先机。公安机关有时会低估媒体舆论监督的作用和群众的理解承受能力，对已经形成公众舆论热点、焦点的问题、事件，应该解释的不去解释；对于经调查属实的报道，不能及时通过媒体公开报道处理结果，消除不良影响；对经调查存在不实之处的报道，也不能及时地向媒体通报事实真相，还原事实本来面目，导致小事炒大、大事炒炸。另外，在发生涉警突发事件初始，许多公安机关主动介入不够，不能在第一时间介入，不能迅速统一口径，不能及时表明公安机关对问题处理的立场和态度，而任由媒体抢先采访报道，造成被动局面。

7.缺乏必要的法定依据。面对媒体对涉警突发事件的炒作行为，公安机关在处理新闻危机时缺乏法定依据，除一些法定的情形外，既无更多的理由拒绝媒体采访，更无权阻止媒体报道。多年来，公安机关对部分刑事案件侦查及治安案件的报道有明确的限制，但这不足以成为拒绝采访及彻底限制媒体报道的法定理由。当公安机关形象危机发生时，因缺乏法规依据，公安宣传部门处理危机通常能做的只是事后进行沟通协调，造成舆论引导工作的被动。建议立法机关尽早制定出台新闻舆论监督等相关法律规则，使传媒监督法律化，规范公安新闻舆论监督制度。通过立法明确媒体报道的内容、报道的界限以及越权报道应当承担的法律责任。

8.民警素质有待提高。公安机关部分领导干部和民警缺乏应对媒体的基本常识和经验，在涉警舆论引导工作方面缺乏系统的教育和培训，缺少必要的新闻敏感性和加强涉警舆论引导的意识。面对媒体时，或者束手无策，反应迟钝，被动应付；或者口无遮拦，私自接受媒体的采访，极易形成被动局面。此外，有的民警保密意识和纪律观念不强，在提供和审查新闻稿件中不能严格把关，导致泄露公安机密，造成不良的影响和后果。民警的综合素质亟待提高，以适应涉警舆论引导工作的要求。

第二节　涉警突发事件舆论引导工作的原则、职责和分析规程

涉警突发事件舆论引导工作要遵循有利于党和国家工作大局、有利于维护人民群众切身利益、有利于维护国家形象、有利于社会稳定和人心安定、有利于涉警事件妥善处置的总要求，及时、主动、准确、统筹实施，各级公安机关要用好话语权，掌握舆论主导权，通过及时发布权威舆情信息，公布涉警事件真相和处

置工作进展情况，把社会舆论引导到健康、理性的轨道上来。

一、涉警突发事件舆论引导的原则

为推进各级公安机关涉警突发事件舆论引导工作的规范化、制度化建设，迅速、及时、准确地发布舆情信息，澄清事实，解疑释惑，主动正确引导舆论，维护社会稳定，动员社会力量，最大程度地避免、缩小和消除因涉警突发事件造成的各种负面影响，为公安机关营造良好的舆论环境，涉警突发事件舆论引导工作应按照属地管理、分级负责的原则，在当地党委、政府公安领导和上级公安机关指导下进行。对于跨国、跨省以及在全国范围内产生重大影响的涉警突发事件，由公安部负责统筹、协调、指导舆论引导工作；地方各级公安机关负责组织、指导在本地区产生的涉警突发事件的舆论引导工作。加强公安机关涉警突发事件舆论引导工作应坚持以下六条原则。

1.及时主动、准确把握的原则。在日常工作中，公安机关要时刻保持高度警惕，对负面舆情信息，反应要迅速，出手要快，将舆情解决在萌芽阶段。“谣言止于公开”，涉警突发事件发生后，力争在第一时间发布准确、权威的舆情信息，稳定公众情绪，最大程度地避免或减少公众猜测和不准确报道，掌握新闻舆论的主动权。同时要综合考虑各类媒体、网上网下、国际国内的舆论反应，兼顾法律效果和社会效果。

2.区分情况、分类施策的原则。在舆论引导工作中要根据涉警突发事件的不同性质、规模和发展趋势采取不同方式。对涉及公安工作、公安机关并可能造成重大社会影响的事（案）件，要尽快发布准确的舆情信息，边处理、边公布；对于情况复杂、正在处置调查过程中的事（案）件，发布舆情信息可先简后繁，逐步披露；对各类矛盾交织，易引起社会连锁反应的事（案）件，要把握时机，视情适时开展舆论引导工作。

3.依法规范、综合施治的原则。在舆论引导工作中要坚持部门协同、条块结合、整体联动，依法综合使用正面引导、行政管理、教育疏导、封堵删除和打击处置等措施，促进舆论引导工作的规范化、制度化、法治化。

4.实事求是、严谨慎重的原则。在舆论引导工作中要做到事实清楚，证据确凿，表达准确，用语严谨。要认真调查事实真相，做到公正、全面，不遮盖，不掩藏，及时将有关情况公布于众，并根据有关法律规定做好事件处理；对公安机关自身存在问题的，要闻错即改，切实进行责任追究，用行动赢得群众的理解和支持；同时，公安机关要始终保持中立，不偏不倚，不能具有倾向性，必要时可邀请检察机关、专家学者、群众等第三方参与到调查中来，树立起客观公正的形象，增强公信力。

5.讲究方法、提高效能的原则。在舆论引导工作中要坚持涉警突发事件的处置与新闻发布同时布置、同时落实；坚持涉警突发事件新闻发布依托主流强势媒体，积极引导，并运用好外来媒体；坚持处置涉警突发事件的各级各部门密切配合新闻发布工作等行之有效的做法，确保以最短的时间、最快的速度，发布最新消息，主动引导舆论，正确引导舆论。

6.立足实战、加强建设的原则。各级公安机关要将舆论引导能力作为公安机关能力建设的重要内容，进一步加大政务公开力度，加强公安机关政府网站建设和新闻发言人工作，定期开展培训活动，建立和培养舆论引导工作专业队伍，不断提高舆论引导工作能力和水平。

二、涉警突发事件舆论引导工作的职责

依据《中华人民共和国突发事件应对法》《中华人民共和国政府信息公开条例》等的要求，涉警突发事件舆论引导工作的主要职责任务有以下十二个方面的内容。

1.收集、跟踪本地区内外涉警舆情动态信息。负责对区内外媒体有关事件报道的收集、整理和分析工作，掌握媒体关注的问题，重要舆情信息及时上报，并向有关部门或机构通报情况。

2.分析舆情发展走向。准确把握媒体需要和受众心理，及时制定对策。

3.负责互联网的监控、管理及网上舆论引导工作。监测主流媒体，特别是网络上的涉警报道和评论；迅速开展有效的网上舆论管理和引导工作，及时封

堵和删除网上有害舆情信息。组织对互联网的舆论引导和舆情信息安全管理工作。

4.制订新闻发布方案。决定新闻发布的口径、原则和内容，确定负责新闻发布、审定新闻发布稿和接受记者采访的公安领导及相关部门负责人。拟定新闻发布内容的初稿，并审核向公安机关提供的新闻稿。

5.组织新闻发布。开展新闻发布并回答记者提问、接受采访。

6.通过各种方式，组织舆论引导。有针对性地解疑释惑、澄清事实、批驳谣言、引导舆论。

7.争取上级新闻主管部门和中央、省市级主流媒体的支持。

8.主动配合新闻宣传部门的工作，及时提供涉警突发事件有关舆情信息。

9.管理采访事件的区内外记者。登记、审核来采访的记者证件，收集事件有关情况，介绍本部门的工作开展情况。严防别有用心之人假冒记者之名，混淆是非，误导舆论，给事件的处理造成不利影响。

10.负责协调媒体派记者赶赴事件处置各环节场所采访。

11.协调解决新闻发布、报道中出现的问题。负责协调各部门、各环节支持新闻报道工作，负责与新闻发布公安领导小组和有关部门沟通协调。

12.落实应急指挥机构交办的其他事项。

三、涉警突发事件舆论引导工作分析规程

针对媒体特别是网络上涉警舆情较多的现状，各级公安机关要正确把握舆论导向，强化舆情控制，防止不良涉警舆情事件的传播或蔓延，以妥善应对涉警舆情。涉警突发事件舆论引导工作的分析规程一般有如下十四个主要环节。

1.加强组织建设。成立舆论引导公安领导小组，确定舆论引导员专人管理，建立完善的涉警舆情管理体制，健全专职人员负责机制。

2.制定《涉警突发事件舆论引导应急预案》。根据党中央、国务院和公安部关于突发事件新闻报道的系列规定，依据《国家突发公共事件总体应急预案》制定本地区、本部门的《涉警突发事件舆论引导应急预案》。

3.建立舆情信息收集机制。做好网上巡查，对有关网站、论坛、抖音号、微信群、博客和微博等实时监控，尤其是要对本地重点网站实行勤浏览、勤跟踪，一旦发现涉警舆情，应迅速上报并跟踪了解，及早应对。

4.定期分析舆情。列出隐患，避免工作落后造成舆情失控或不良舆情信息的蔓延和无度传播，分析舆情发展走向。

5.对涉警舆情问题做好评估。对一定时期内公安工作和队伍建设容易引起媒体或网络关注的问题做好评估，做到冷静分析，理性对待，并提出建议，防止引发炒作。

6.及时请示、汇报涉警舆情。遇有重大复杂舆情应及时汇报，并视情向当地党委、政府汇报，加强与有关职能部门联动沟通，以共同应对、妥善处置涉警舆情。

7.启动《涉警突发事件舆论引导应急预案》。涉警突发事件发生后，负责处置的公安机关应根据分类处置的要求，立即报告当地党委、政府和上级公安机关，并迅速启动《涉警突发事件舆论引导应急预案》。根据舆情进展和工作需要，召开应急联席会议，统一协调涉警突发事件的舆论引导工作。

8.提出舆论引导的具体方案。根据舆情的发展变化，舆论引导工作的相关部门应不间断地开展舆情分析，并根据业务部门核查的事实，提出舆论引导的具体方案，拟定相关口径，报上级公安机关备案或审核后实施。

9.组织新闻发布。启动舆论引导应急预案的公安机关，要根据涉警事件处置进展，视情组织新闻发布。发布新闻可采取举行新闻发布会、组织媒体报道、接受记者采访、提供新闻稿、授权新闻单位发布等灵活多样的方式。新闻发言人要列席有关处置工作会议，全面了解涉警突发事件的真实情况，必要时应深入一线现场，视情组织现场新闻发布。对现场采访活动要进行有效管控，引导记者有序采访。现场执勤民警要理性、平和、文明、规范执法，配合有关部门做好相关工作。

10.加强网络舆论引导。对涉警舆情的网络舆论引导，应按照密切监控、主动引导、疏堵结合、防止危害的要求，及时通报主管部门，协调主要新闻网站和商业网站引导网民依法、理性表达意见，形成积极健康的网上正面舆论。

11.沟通协调、争取支持。涉警突发事件发生后，公安机关应在当地党委、政府领导下，与宣传、新闻出版、网络新闻管理等相关部门主动联系，密切配合，并及时沟通舆情信息，明确分工，统一动作。对失实报道和恶意炒作，要报请党委宣传部门及时组织干预，迅速开展正面引导。

12.应急保障。重点加强通信与舆情信息保障、资金及人员保障、宣传与培训保障。

13.善后管理。涉警突发事件舆论引导工作结束后，根据需要，保留部分工作人员负责善后工作；地方公安机关应及时进行总结、评估，并向当地党委、政府和上级公安机关报告。

14.奖惩。对作出突出贡献的单位或个人，给予精神和物质奖励；对违反工作纪律的，视情节轻重，依法、依纪追究有关责任人的责任。

有下列情形之一的，应依法依纪追究相关人员的责任：

（1）在涉警突发事件发生后，不按照规范要求进行舆论引导工作，封锁消息，迟报、瞒报、漏报、谎报舆情信息，造成严重后果的；

（2）不执行当地党委、政府或上级公安机关关于舆论引导工作的指示，给工作造成重大损失或带来严重社会影响的；

（3）公安机关各业务部门和民警个人未经本级公安机关主管负责人批准或授权，对外发布或泄露涉警突发事件舆情信息，给工作造成被动或带来严重社会影响的。

第三节　涉警突发事件舆论引导工作机制

2014年2月27日，习近平总书记主持召开中央网络安全和信息化领导小组第一次会议时指出："做好网上舆论工作是一项长期任务，要创新改进网上宣传，运用网络传播规律，弘扬主旋律，激发正能量，大力培育和践行社会主义核心价值观，把握好网上舆论引导的时、度、效，使网络空间清朗起来。”[①]随着互联网的快速发展，网络媒体在成为人们获取舆情信息的重要渠道的同时，也成为党和政府联系群众的重要纽带，网络舆论的影响力正在日益增强。我们必须高度重视网络舆论工作，牢牢把握网络舆论引导的主动权，为建设中国式现代化的社会主义和谐社会提供强有力的思想保证和舆论支持。

在现代舆情信息化与网络社会化条件下，以互联网为代表的新兴媒体呈现五大特点：一是传播速度快，快如闪电，以秒计算；二是覆盖范围广，广如大海，空间无限；三是社会影响大，小事炒大，大事炒炸；四是组织作用强，新闻辅政，载舟覆舟；五是控制引导难，源头、速度、内容、人头、趋势难控。基于以上特点，我们在享受互联网带来的巨大好处的同时，务必清醒看到它带来的负面影响。公安部门一定要站在全局和战略的高度，充分认识加强舆论引导工作的极端重要性，牢牢掌握话语权。

各级公安部门要在各级公安机关党委的统一领导下，按照公安部有关新闻发布和舆论引导工作的要求，与政府宣传部门密切配合，遵循有利于维护执法相对人的合法权益，有利于事件妥善处置，有利于维护公安机关执法形象和公信力，有利于维护社会和谐稳定的原则，认真做好涉警突发事件的舆论引导工作。要及时、全面、客观、真实、准确地掌握涉警突发事件的各类舆情信息，形成“确认事实、快速反应、积极应对、妥善处理”的应对机制，重点完善涉警突发事件舆论引导的监测、分析、响应、协作四个机制，将舆论引导纳入涉警突发事件处置工作预案，同步开展，贯穿处置工作始终，切实掌握舆论主导权、引导权。

一、涉警突发事件舆论引导的监测预警机制

当前，公安工作面临的舆情环境发生了深刻的变化，特别是在互联网的作用

---

① 《中央网络安全和信息化领导小组第一次会议召开》，载中国政府网 https://www.gov.cn/xinwen/2014-02/27/content_2625112.htm?eqid=9284602800041a7900000003648bb497，最后访问日期：2023年6月19日。

下，涉警负面报道和突发事件极易成为境内外舆论关注的焦点和热点，涉警突发事件的舆论引导工作面临诸多因素的挑战。一是人民群众新的法治需求提出的挑战；二是频发的社会热点问题提出的挑战；三是日益复杂的传播形势引发的挑战。由于公安工作的特殊性，一举一动都可能是媒体关注的热点、报道的重点、炒作的焦点。不同媒体不同的报道角度、不同的关注点、不同的利益目的，造成涉警舆论引导工作面临空前的挑战。

涉警舆情热点的出现往往是有规律的，也是能够预测和把握的。构建科学有效的监测机制就是要增强对有关热点的预见性，及时捕捉涉警舆情热点。我们要善于将小事件放到大背景下观察，提前预测，增强对有关热点的预见性。重要热点的出现，往往有一定的征兆，对涉及警务工作的负面报道做到早发现、早报告，才能早处置。这就要求我们的工作由原来的被动应付转为主动出击，在小热点演变成大热点之前、新热点拖成老热点之前、简单热点演化成复杂热点之前，发现苗头和倾向，做好预测。只有这样，才能使涉警舆情热点的舆论引导工作更加适应形势发展的需要，保证涉警舆论的健康发展。

互联网的基本特点是及时、公开、共享，具有“风向标”“晴雨表”“泄洪闸”“方便箱”“推进器”等功能，是当今社会民众获取舆情信息的主要渠道，也是敌对势力与我争夺民心，对我进行捣乱破坏的重要手段和阵地。公安机关尤其是各级公安机关领导，务必保持清醒的头脑，清醒认识互联网已成为意识形态斗争的主战场，看清我们在涉警舆论引导中遇到的严峻挑战。网络安全保卫部门要负责监测互联网舆情，及时提出舆情预警，并按照确定的舆论引导方案开展网络舆论引导。

我们要像重视侦查破案一样重视公安舆论引导工作，将其纳入重要议事日程，树立舆情就是警情的理念。做好网上巡查与摸底调查，排查一批人气高、诉求多的新媒体。一旦发现涉警舆情，应迅速上报并跟踪了解，及早应对。

现阶段，我们要奋力推进公安工作现代化主题主线，为谱写现代化建设新篇章贡献公安力量，通过召开警民恳谈会、问卷调查、廉政监督员座谈会等形式，广泛征求各方意见、建议，及时把握公众关注角度，及时发现涉警敏感舆情隐患，抢占先机，防微杜渐，防患于未然，进一步建立健全涉警突发事件舆论引导的监测机制，不断增强公安新闻舆论引导工作的主动性。

二、涉警突发事件舆论引导的收集分析机制

目前，涉警舆情信息的收集分析机制还不完善，现存问题主要表现在：涉警舆情信息收集工作时效性差，深层次、超前性的舆论情报不多；涉警舆情分析机构专业水平有待提高，涉警舆情信息报送、分析、通报、应用和评估机制有待完善，涉警舆情信息的预警功能和实战功能较弱；各警种、各部门之间涉警舆情信息共享程度较低，缺乏统一的涉警舆情信息工作标准和平台，使涉警舆情信息的可靠性、完整性和关联性受到影响。

各级公安机关要健全和完善涉警突发事件舆情收集分析机制。要密切跟踪、掌握境内外媒体和互联网关于涉警突发事件的报道和舆论反应，要定期分析舆情，分析、预测舆情走势，对易引发炒作的苗头性、倾向性舆情信息，列出隐患，及时评估影响、制定对策，为适时开展舆论引导工作提供依据，避免工作落后造成舆情失控或不良舆情信息的蔓延和无度传播。

各级公安机关要着力提高舆情分析水平。省、市、县三级公安机关都要组织专门力量，建立专门的舆情分析应对小组，密切关注舆情动态，定期对涉警舆情进行分析，对发现的苗头性、倾向性涉警负面报道舆情信息及时提出预警，为开展及时高效的舆论引导工作赢得先机和主动。同时，要逐步建立对外宣传口径库，统一重大涉警舆情信息的对外发布口径，防止多个口径、多头发布，自乱阵脚。

三、涉警突发事件舆论引导的快速反应机制

进一步完善舆情处置和舆论引导的快速反应机制，就是要在涉警突发事件发生后，第一时间掌握真实情况，在对涉警突发事件造成的社会影响和可能引发的问题进行科学分析的基础上，迅速启动响应预案开展处置，坚决防止事态失控。同时，要根据事件的性质、趋势和媒体的关注点，适时发布权威舆情信息，最大

程度地挤压不实报道、恶意炒作的空间，堵塞小道消息的传播渠道，占据舆论高地。平时应加强实战演练，提高临战处置水平。

先发制人，后发制于人。谣言扩散的过程正是公安机关保持沉默的过程，正面的声音如果跟不上，负面舆情信息就会乘虚而入。在今天多元化的大众传播环境里，舆情信息不透明、不公开在网民心目中极易被认为“有猫腻”，产生不良的心理影响。可见，公开、快速、畅通的舆情信息渠道是引导网络舆论的必要法宝。因此，公安机关要利用网络传播快捷性特点，发挥自身优势，在重大突发事件发生时，及时与相关部门主动沟通，力争第一时间发布权威舆情信息，及时发出正面声音。公安机关要充分运用各种舆论资源，通过电视、网络等融媒体进行滚动式宣传，营造强大的舆论氛围，始终保持对舆论的掌控力，做到关键时候不“失语”，使“谣言止于事实”，稳定民众情绪，避免社会恐慌。同时，在舆论引导工作中要抓住群众关注的细节问题，用事实消除群众的疑问。针对网民最为关心、质疑最多的问题，请专家学者解答，或请相关部门直接与网民对话交流。及时进行后续报道，利用网络的海量性推出专题，通过准确、客观、全面的报道，向社会提供全方位舆情信息，满足不同社会群体不同层次的舆情信息需求，消除可能产生负面舆论热点的舆情信息盲点。

公安机关要建立健全由主管负责人为第一责任人，由指挥中心（办公室）、舆论引导专职工作机构、网络安全保卫及负责现场处置的业务部门分工合作的涉警突发事件舆论引导工作机制。

主管负责人决定启动舆论引导快速反应机制，并全程指导、协调涉警突发事件的舆论引导工作。指挥中心（办公室）负责核实、汇总涉警突发事件现场和处置工作情况，同时通知涉警突发事件舆论引导工作机制成员单位启动应急预案。舆论引导专职工作机构负责研究制定舆论引导工作方案，起草、审核新闻发布材料和对外口径，组织开展新闻发布活动，并积极争取党委宣传部门的工作支持。负责现场处置的业务部门负责通报一线处置情况、事件调查进展等工作舆情信息，并根据实际处置情况，提出舆论引导工作的意见和建议。处置涉警突发事件应重点抓好以下四个方面的工作：

1.及时准确。处置涉警突发事件既要争取快速反应的时效性，又要确保舆情信息的准确性。情况较为复杂的涉警突发事件，在事态尚未清楚，但可能引起公众猜测和恐慌时，应在第一时间发布已认定的简要舆情信息，根据事态发展和处置工作进展情况，再作后续详细发布。

2.把握适度。涉警突发事件舆情信息的发布要适时、适度，要有助于公众对事件的正确了解，争取广大群众的理解和支持，有助于动员和组织广大群众参与事件的处置，消除负面影响，维护社会稳定。

3.突出重点。要坚持团结稳定鼓劲、正面宣传为主的方针，牢牢把握正确的舆论导向，争取先入为主的效果，打好主动仗。除及时发布事件造成的伤亡、损失和影响等舆情信息外，应着重组织报道各级党委、政府妥善处置突发事件的情况，有关部门已采取的应急措施；报道社会公众以健康的心态面对涉警突发事件，宣传有关方面的知识。

4.分类响应。发生重大刑事案件、敏感治安案件后，负责侦办、查处的地方公安机关要视情开展舆论引导工作。对于公安机关尚未发布舆情信息而媒体已经进行报道或者引起社会关注的，要组织发布权威舆情信息，说明案件调查进展情况；对于公安机关已经对外发布的，应根据舆情反应，视情开展后续舆论引导。

发生重大群体性事件后，由参与处置的地市级公安机关在当地党委、政府统一领导下，配合有关主管部门开展舆论引导工作。对于有大量不明真相的非直接利害关系人参与的、以情绪宣泄为主导的群体性事件，要在地方党委、政府领导下，配合有关主管部门，及时公布相关事件真相，澄清不实传言，避免矛盾激化、事态扩大；对于聚众围堵、冲击党政机关等要害部门和单位以及打砸抢烧等严重扰乱社会秩序、危害公共安全的群体性事件，要在地方党委、政府和公安机关的领导下，配合有关主管部门，发布权威舆情信息，澄清事实真相，并适时公布依法打击惩处违法犯罪活动的情况。

发生公安民警违法违纪案件或其他涉警事件后，负责查处的地方公安机关要及时掌握舆情反应。对于已经媒体报道或者引起社会关注的涉警事件，要及时开展舆论引导工作。经查证属实的，要及时表明原则态度，适时公布调查处理进展情况或结果，严肃法纪；经查证属失实报道或者谣言的，要及时公布事件真相，以正视听。必要时依法维权，挽回声誉和影响；经查证民警无重大违法违纪行为，但确实存在执法不规范、工作作风不严谨等不当行为的，要及时公布处理结果和善后措施，表明改进态度。

各级公安机关应根据工作实际，制定有针对性的涉警突发事件舆论引导工作应急预案，并视情进行模拟演练，使涉警突发事件舆论引导快速反应机制能够协调、高效、有序运转。

四、涉警突发事件舆论引导的协作联动机制

建立完善党政有关部门协作联动机制，就是要与党委、政府有关部门联动，采取召开联席会议的形式，加强沟通联系。遇到重大涉警舆情，应及时向党委、政府及上级公安机关请示、报告。主动与主流媒体和网站沟通联系，听取媒体负责人的意见和建议，与网络运营商通力合作，把发现、过滤、删除责任落实到网站和联网单位。

加强内部的协调配合，政工宣传部门拟定宣传引导口径，组织新闻发布；指挥中心（办公室）负责发布指示指令，接受情况汇报并反馈；网安部门负责互联网动态监控与网上舆情处置；法制部门负责舆情处置的法律保障工作；纪检、监察部门负责问题查处、责任追究及整改督促等工作。

公安机关要本着互利互惠、合作双赢的目的，积极促进与媒体的联系与沟通，建立和谐融洽的合作关系，加强交流，增进感情，以赢得媒体的理解和支持。要积极与媒体合作，有效利用新闻单位的设备、资源、力量和本地公安宣传优势。

一要建立长期、稳定的合作关系。保持与媒体的密切沟通，特别要加强与主流媒体和名牌栏目的合作，建立长期的交流协作机制。如近几年一些公安机关主动与部分主流媒体签订互动机制协议等，积极拓展公安对外宣传新阵地。

二要加强日常沟通与联系。加强与宣传部门、媒体机构、新闻从业人员的日常沟通与联系，不断探索协作的新渠道、新形式。逐步建立负责公关宣传工作的民警与专线记者之间的经常“交流通气”制度、负责宣传工作的公安领导与媒体主管之间的定期交流制度、年终或节日与媒体开展联谊活动的制度等。利用警营开放和大走访等“请进来、走出去”的形式，介绍公安工作和队伍建设情况，寻求理解与支持。

三要坚持主动为媒体着想。采取主动、及时、诚实、配合的态度，因势利导，逐步化被动为主动。常备“新闻弹药”，积极结合每个时期业务工作的重点，主动掌握舆情信息材料，提供给媒体报道，在满足媒体发展需求中，进一步加强长期合作伙伴关系。

四要提高与媒体沟通交流水平。树立善待媒体、善用媒体的理念，主动加强与媒体的沟通合作，积极争取媒体的支持，使媒体在涉警事件中成为了解真相的“明白人”和说话公道的“中间人”。要建立与媒体的月碰头、季交流制度，通过召开座谈会、通气会、协调会等增进了解，增强感情，确保一旦发生涉警负面新闻，我们的正面声音能够第一时间通过主流媒体向社会公布，主导舆论，将各种负面炒作消除在萌芽状态。

五要努力塑造公安良好形象。利用媒体大量宣传报道队伍中涌现的好人好事，以及公安工作的成效，以强有力的正面宣传压缩负面报道的空间，努力树立公安良好形象。邀请记者随警作战，增进社会各界和广大群众的了解、支持，着力营造浓厚的社会舆论氛围，进一步夯实公安管理工作的群众基础。

思考与练习

1. 涉警突发事件舆论引导工作的现存问题有哪些？

2. 涉警突发事件舆论引导应坚持哪些原则？

3. 涉警突发事件舆论引导的工作分析规程是什么？

4. 涉警突发事件舆论引导有哪些工作机制？

【延伸阅读】

公安派出所妥善处置涉警矛盾纠纷[①]

苏某夫妇6月来厦门务工，平常在厦门五通社区路边用手推车卖些卤菜。7月2日，一个由社区居民组成的督导组将占道经营的苏某手推车暂扣，并由此引发口角，对峙推拉中苏某左手手臂脱臼。厦门市五通边防派出所民警接到报警后，第一时间赶到事发现场，并建议苏某先到医院接受治疗，再通过合法途径要回自己的手推车。就在边防派出所民警还在积极为苏某争取医药费时，意想不到的事情发生了——苏某的家人在没有完全了解事件真相的情况下，竟将此事发到互联网某论坛上，引发网民大讨论。

在网络媒体巨大压力面前，厦门边防支队迅速启动媒体危机公关应急处理机制，他们一方面组织民警24小时关注论坛上关于此事的讨论情况，以官方名义发布了与之相关的文字、图片资料，澄清事实真相，积极引导网民讨论；另一方面则进一步加大矛盾纠纷协调处理力度，尽最大可能帮助苏某挽回经济损失。7月15日晚，在边防派出所民警的积极调解下，苏某顺利拿到赔偿款3100元。为了表达对边防派出所民警为外来务工人员主持公道的感激之情，苏某主动上网重新发帖澄清事实，并特地定做了一面锦旗送到派出所。

实践证明，客观公正、实事求是的批评报道，有利于改进公安工作；而不负责任、违背良知的不实报道，有损于公安形象。做好网络涉警不实报道处置工作，是新形势下公安机关面临的一个新课题，也是一项重要而紧迫的任务，直接关系公安机关在人民群众心目中的形象。

请结合上述案例，分析涉警突发事件舆论引导应注意的问题。

---

① 本文由作者根据相关材料编辑整理。

第十三章　公安民警应对媒体的艺术

学习要点：通过本章的学习，掌握公安民警应对媒体的一般艺术，学会与媒体打交道的一些方法。

新闻舆论工作是意识形态阵地的最前沿。舆论导向正确与否对能否凝聚人心、能否汇聚力量、能否促进党和人民的事业发展起到重要作用。好的舆论可以成为发展的“推进器”、民意的“晴雨表”、社会的“黏合剂”和道德的“风向标”。①无数事实证明，新闻舆论工作的领导权、管理权、话语权任何时候都不能旁落，否则就要犯无可挽回的历史性错误。②

随着新媒体快速发展，全程媒体、全息媒体、全员媒体、全效媒体等全媒体的出现，国际国内、线上线下、虚拟现实、体制外体制内等界限愈益模糊，构成了越来越复杂的大舆论场，其自发性、突发性、公开性、多元性、冲突性、匿名性、无界性、难控性等特点愈发明显。③一张图、一段视频经由全媒体几小时就能形成爆发式传播，造成极大影响。一旦应对不当，“茶杯里的风波”便可能演变成“社会大风暴”，放大社会风险，影响社会稳定。特别是在我国经济社会多元化发展，各种社会矛盾进入凸显期与多发期，便携式移动终端设备普及所形成

---

① 赵洁：《全媒体时代主流媒体如何做好舆论监督》，载《传媒》2023年第7期，第65—67页。

② 中共中央宣传部编：《习近平新时代中国特色社会主义思想学习问答》，学习出版社、人民出版社2021年版，第313页。

③ 中共中央宣传部编：《习近平新时代中国特色社会主义思想学习问答》，学习出版社、人民出版社2021年版，第325页。

的官方舆论场同民间舆论场并存的二元化格局下，仅仅依靠政府“硬实力”对抗舆情“软实力”的传统做法已经无法阻止热点舆情事件的进一步扩散，暴力、强制等不当处置更是会引发继原发事件后的二次舆情爆发。①

公安机关作为维护国家安全、维护社会治安秩序、保护公民人身安全、人身自由和合法财产，保护公共财产，预防、制止和惩治违法犯罪的重要力量，与人民群众生活的方方面面密切相关，其特殊的工作性质决定了人民群众对涉警事件的高度关注。特别是在传媒业迅速发展、群众知情权呼声日渐高昂、社会舆论对执法部门的监督越发透明的当今时代，民警在执法办案中不可回避地涉及与媒体打交道，在此过程中，由于警察应对媒体能力欠缺所导致的警媒摩擦事件日益普遍，仅仅依靠压制而非引导的处置手段进一步加剧舆情二次爆发风险，为警媒关系恶化埋下隐患。在此背景下，为适应全媒体时代政府与媒体格局的变化，营造良好警媒关系，公安机关及其警务人员应摒除传统的管理者思维，充分认识媒体所起的作用，摆正警察与媒体的关系，在实践中不断提高与媒体打交道的能力。

然而，面对媒体记者不知道该怎么说、说什么，是当前公安民警的普遍现象。由于不懂得也不愿意与媒体打交道，公安工作中许多体现执法为民的感人事迹没有及时得到宣传，一些容易引发群众对公安机关质疑的事件也未能及时化解。和谐警民关系的构建也应该包括警媒间的和谐关系。民警在执法过程中首先要做到“理性、平和、文明、规范”，“法无授权不可为、法定职责必须为，杜绝一切不作为、乱作为”②，注意执法艺术和策略，不要由于言行不当而使当事双方的矛盾转变为某一方或当事双方与警察的矛盾，从而使警察自己成为焦点，变为被炒作的对象。其次，民警也要勤学苦练，提高自己的媒体应对能力，扎扎实实把工作做好，为媒体能够进行全面、客观、公正的报道打下良好基础。

① 王龙天、杨莹：《构建和谐警媒关系之道》，载《北京警察学院学报》2017年第2期，第57—61页。

② 江国华：《习近平法治思想的哲学阐释》，载《中州学刊》2022年第4期，第1—14页。

第一节　知己知彼：媒体、新闻和记者

一、认识媒体

古时，媒指做媒，婚姻介绍的中介。现代人引用过来，指舆情信息传播的载体。英文中这个词的词义更多的是“媒介”的意思。所谓媒体，是指传播舆情信息的介质，通俗地说就是宣传的载体或平台，能为舆情信息的传播提供平台的就可以称为媒体了。[①]传统的四大媒体分别是电视、广播、报纸、网站。此外还有户外媒体，如路牌灯箱的广告位等。随着科学技术的发展，逐渐衍生出新的媒体，例如数字杂志、数字报纸、触摸媒体等，它们在传统媒体的基础上发展起来，但与传统媒体又有着质的区别。

随着社会的发展，媒体发生了很大的变化，短视频、人工智能等新技术进一步推动报刊走上视听轨道，许多主流报刊已发展成为拥有报、刊、网、端、微、屏等10多种载体的新型媒体矩阵，新闻维度得到拓宽。[②]社会和政府的转轨变型更加凸显了媒体在社会管理中的地位和作用，现有文献将媒体的作用总结为声誉机制和市场压力机制[③]。具体来讲，媒体兼具“扩音器”“理论家”“监管者”等责任，在话语体系建构的不同层面发挥着不同的作用。[④]对公安民警而言，媒体既不是敌人，也不是朋友，既不是上级，也不是下级，而是挑战者和合作者，

---

① 李先艳、杨志刚：《新媒体时代传统媒体转型分析》，载《科技信息》2010年第32期，第432页。

② 洪佳婉：《报刊阅读史视域下青年学子的情怀涵育路径研究》，载《新世纪图书馆》2023年第2期，第29—35页。

③ 王轶、孙鲲鹏：《“明星”企业更守规则吗？——互联网关注对企业税收遵从的影响》，载《经济问题探索》2021年第6期，第56—70页。

④ 国家行政学院课题组、焦利、潘墨涛：《论我国媒体对中国特色话语体系的建构功能》，载《上海行政学院学报》2016年第4期，第4—10页。

不要试图用传统的“领导框架”传递信息[①]，导致形成舆论事件。警媒关系处理不好，会直接影响和谐警民关系的构建，进而会为建设和谐社会增添不和谐的音符。

二、理解新闻

正确应对媒体的前提是正确地理解新闻的功能，这样才能在应对媒体时遵循新闻工作的规律，与媒体很好地配合开展工作。

新闻也叫“消息”，是指对国内外新近发生的具有一定社会价值的人和事的简要而迅速的报道。[②]我们可以用一个英文单词来概括新闻的特点，这个单词就是news。为什么英文把新闻称作news？有两种解释：一种解释说这是由北（north）、东（east）、西（west）、南（south）四个单词的第一个字母拼起来的；另一种解释说是由新（new）这个词的意思引申出来的。综合这两种说法，news就是新的、东南西北发生的事情，这就是新闻。

新闻的种类有很多，有时政新闻、经济新闻、社会新闻、文教新闻、体育新闻、娱乐新闻、国际新闻等。尽管新闻的类型有这么多种，但它们都共同具备真实性、时效性和准确性，网络新闻还有全时性。[③]

新闻判断的标准并不是一成不变的，因为我们的社会在变，有新闻价值的热点也在变。即使你对一件事情很感兴趣，也要学会分析一个专业记者是如何看待它的。过去，新闻和宣传是一回事，而现在，新闻所承担的社会功能进一步多元化，包括宣传、传递信息、提供娱乐等[④]，除了作为影响舆论的主渠道之外，新闻也兼具市场和产业特性。因此我们必须深刻理解新闻所担负的新的功能，理解

---

① 杨家宁：《危机传播的话语“切割”》，载《当代传播》2015年第1期，第23—25页。

② 蒋霞玲：《期刊补白文稿的撰写与编辑》，载《长江大学学报（社会科学版）》2012年第7期，第187—188页。

③ 潘可武：《视觉传播中的图片编辑》，载《现代传播（中国传媒大学学报）》2008年第3期，第69—73页。

④ 谢梅：《雅格布森“主导”理论与中国新闻娱乐化》，载《西南民族大学学报（人文社科版）》2008年第4期，第105—109页。

新闻和宣传的差别，认识当代公安机关的特点，在与媒体打交道的过程中认真遵循新闻活动的规律。我们可以通过研究记者报道新闻的手法和筛选信息的标准来提高自己的新闻判断能力。

新闻价值是新闻的起点和终点①，是新闻事实本身所包含的满足社会需求的素质的总和。新闻价值要素包括时效性、真实性、接近性、显著性、趣味性、重要性②，价值要素越丰富，级数越高，新闻价值就越大。一个客观存在或发生的事实，能不能变成新闻被传播是由以下两点决定的：在多大程度上以怎样的方式与公众利益相关联；能否满足人们的感官需要。这里的公众利益不仅是指经济上的利益，还包括社会利益，如安全、公正、道德、荣誉和审美等。这里的满足人们的感官需要则是指通过视觉、听觉等感官满足人们对事物的好奇心的需求。③“政府官员在面对媒体时应该多说贴近百姓利益的话，要和百姓利益一致而不能背离。”④

三、尊重记者

记者是一种职业，就像企业家、医生、教师、法官，都是一种职业上的称谓。国际记者联盟曾于1954年通过一个关于记者行为的宣言，对记者是这样界定的：记者指从事采集、播送，传播和评论描述事件中的新闻及信息的人⑤。记者的任务是最大限度地获取政治经济生活中重大、敏感、变化的信息，并交付受众⑥，“新闻记者不应该仅仅是报道新闻，还应该包括这样一些内容：致力提

---

① 胡蕾、王兴华：《媒体转型发展中新闻记者对职业认同与困惑的调查分析》，载《传媒》2022年第18期，第81—83页。

② 张瑞静：《传统纸媒微信公众平台的现状、问题与对策——以浙江省为例》，载《中国出版》2016年第23期，第42—45页。

③ 谢明：《实现南海Ⅰ号的新闻价值最大化》，载《南方论刊》2011年第7期，第54—55、61页。

④ 吕弘毅：《浅谈危机时期政府对媒体的利用和监管》，载《学术论坛》2012年第10期，第35—39页。

⑤ 方延明：《新闻记者的使命、角色与特点刍议》，载《新闻记者》2010年第2期，第14—17页。

⑥ 王晓晖：《会里有千秋，功夫在诗外：会议报道的多维度探究》，载《新闻与写作》2023年第4期，第106—110页。

高社会公众在获得新闻信息基础上的行动能力，关注公众之间对话和交流的力量，帮助人们积极地寻求解决问题的途径，告诉社会公众如何去应对社会问题而不仅仅是让他们阅读或观看这些问题”[①]。在全媒体时代，记者不再垄断叙事话语权[②]。

优秀职业记者意味着：对新闻媒体充满了激情，具有社会责任感和职业道德，有强烈的好奇心、怀疑精神和批评态度，具有敏锐的观察力和精巧的写作能力。[③]作为专业化的记者，他们需要具备哪些素养和品质呢？首先，丰富的文化底蕴。利昂·纳尔逊·弗林特曾经说过：“做新闻工作者需要接受广博的通才教育……他必须懂得与之谈话的人们所谈论的话题，必须理解他‘报道’的演讲内容。他应该懂一点音乐、艺术、戏剧……社会学、经济学、历史学、自然科学、哲学、文学和艺术……”[④]其次，特有的职业敏感。这是一种快速发现、辨别和判断的能力，要能见人之所未见，言人之所未言[⑤]。记者都有着强烈的好奇心，为了弄清真相，他们喜欢刨根问底，哪里是你的短处，他就会问到哪里，可能会让人很不舒服，但这是记者新闻敏感的来源。再次，怀疑精神。记者虽然会处处发问，但他绝不会轻易相信，他对所有的事情都会有自己的判断。他可能会认真听你说，但对你说的每一句话他会有自己的判断。最后，快捷的写作速度。就是必须快速反应，新闻报道要求时效性，今天是新闻，明天就成为历史了。

仅仅知道记者是一种职业是不够的，还要了解记者的采访方式。采访，就

---

① 张赐琪：《公民新闻的产生与特征》，载《毛泽东邓小平理论研究》2009年第5期，第57—61页。

② 常江、朱思垒：《数字新闻叙事的革新：视觉化、游戏化、剧场化》，载《西北师大学报（社会科学版）》2023年第1期，第51—58页。

③ 李希光：《用新理念打造国际一流新闻人才——新闻采访与写作课介绍》，载《中国大学教学》2003年第10期，第11—13页。

④ ［美］利昂·纳尔逊·弗林特：《报纸的良知——新闻事业的原则和问题案例讲义》，萧严译，中国人民大学出版社2005年版。

⑤ 方延明：《新闻记者的使命、角色与特点刍议》，载《新闻记者》2010年第2期，第14—17页。

是收集寻访，是新闻记者进行专业调查研究了解新闻真相的过程[①]，大部分有关采访的定义都把“交流”列为其核心环节[②]。常规的采访方式包括面对面采访、视频采访、电话采访、电子邮件采访以及短信采访等[③]，记者为取得新闻材料会进行一系列观察、调查、访问、记录、摄影、录音、录像等活动以寻求事件的真相。如果记者没有得到真相，或者他感觉到当事方并没有向他提供真相，就会使用一些特殊的采访方式，如隐性采访、体验式采访、互联网新闻采访等。[④]

我们要知道，尊重记者的报道权就是尊重公众的知情权，尊重记者的工作就是遵循公共管理的规律。[⑤]所以，公安民警在与新闻媒体打交道的过程中，一定要尊重媒体、尊重记者。

第二节　公安民警媒体应对艺术

首先应当澄清“应对”的概念，“应对”不等于“应付”。所谓应对，是指对答、答对；而所谓应付，则是指应酬、将就等。从对这两个词语的解释来看，“应对”的主观立场是实事求是，而“应付”的主观立场则是“敷衍”“将就”等非严肃、非负责以及以对抗为潜在目的的权术性态度。主观立场不同，事情的处理性质和结果就大相径庭。因此，我们这里所说的是公安民警媒体应对艺术，而绝不是公安民警应该怎么应付媒体。

---

① 高钢：《记者如何做采访前的准备》，载《新闻与写作》2017年第11期，第97—98页。

② 姜常鹏：《说服与距离：论纪录片的修辞艺术》，载《中国文艺评论》2021年第3期，第54—62页。

③ 李希光：《记者如何来选择采访类型》，载《新闻与写作》2013年第2期，第61—63页。

④ 黄晓溪、李东：《媒介融合环境下高校新闻采访策划实验教学内容的突破——评〈新闻采访与创意策划〉》，载《高教探索》2019年第9期，第129页。

⑤ 叶皓：《应对媒体——政府、媒体、舆论的新视角》，载《南京社会科学》2006年第6期，第1—13页。

一、媒体应对态度

“态度决定一切”，在当前的媒体社会，各种传统媒体和新型媒体的影响极其深远，渗透于社会各个领域。[①]应对媒体时的态度一方面反映了公安民警是否能依法正确履职，另一方面也会直接影响警务公开工作的结果和效果，处理不当，可能会带来不好的影响。[②]

先来看看不可取的态度，有些部门应对媒体是“躲”“吵”“告”“怨”[③]四部曲。一是“躲”。主要表现在两个方面，一方面在应对汹涌的舆论浪潮时，采取“驼鸟战术”，完全不作为，通过放弃自身发言权的方式“一拖到底”，寄希望于下一个“丑闻”的出现，从而使得公众注意力转移；另一方面则表现为在关键性信息上遮遮掩掩或选择性公开，认为舆论就是和政府部门对着干，导致记者只能通过其他非正式渠道对关键信息进行推测，而这些信息可能对公安机关更加不利。二是“吵”。使用“这个不报那个不报”“明令禁止”“无可奉告”之类的语言[④]，面对媒体的负面炒作，组织人员上门同记者争吵，同编辑争吵，同媒体领导争吵。三是“告”。当“躲”和“吵”都不能达到自己的目的后，直接找到上级新闻主管部门要求制止报道[⑤]或者干脆到法院去告。这些做法不仅不能化解矛盾，消除负面影响，而且会使矛盾越来越复杂，负面影响越来越大。四是“怨”。当然，也怨不上，而且怨来怨去，非但解决不了问题，还徒增烦恼。

那么正确的媒体应对态度是什么呢？首先，要虚心。尽管媒体与公安机关在

---

① 裴志林、张传香：《政府的媒介素养与重大突发事件的处理》，载《学习与探索》2012年第6期，第53—55页。

② 刘博、宁容：《公安民警媒体应对能力培养研究》，载《辽宁警察学院学报》2019年第3期，第89—92页。

③ 叶皓：《试论公共行政中的媒体应对》，载《南京大学学报（哲学·人文科学·社会科学版）》2006年第5期，第116—125页。

④ 官盱玲：《领导干部与媒体打交道研究综述》，载《求实》2009年第12期，第22—24页。

⑤ 官盱玲：《领导干部与媒体打交道研究综述》，载《求实》2009年第12期，第22—24页。

价值立场、利益目标和工作方式上都存在着天然的差异①，但二者在本质上都是为人民服务的，有着共同的目标，完全可以通过资源互通的方式取长补短。“面对媒体依然不敢说、不会说、不能说，宣传通报工作回避民众关注热点，信息发布缺乏应有的透明度，不但无法应对复杂的舆论态势，甚至容易被人恶意利用，制造舆论攻击政府。”②只有我们虚心向媒体学习，掌握各种现代的传播理念和传播技巧，才能切实提高公安工作的宣传能力和水平③。其次，要耐心。随着一线记者的不断青年化，来采访的大多数记者思维较为活跃，采访方式不拘一格，部分公安民警便可能产生不耐烦的情绪，表现出敷衍、随意的态度，从而忽视记者背后大量的读者、观众和听众。最后，要坦诚。由于思维惯性，特权思想对部分公安民警仍具有一定影响，部分采访经过全媒体传播成为二次舆论的导火索。鉴于此，为了引导舆论的正确走向，公安民警应牢记，记者的背后就是舆论，及时坦诚地公布可公开信息是我们赢得群众信任的根本基础，也是我们公安民警面对媒体最重要的财富。“在重大突发事件发生后，政府在面对媒体时态度要诚恳，说话要真诚，少套话、不撒谎，树立正面形象，给人民展现出合格负责任的形象，提升民众信任度。”④我们要把自己摆在与媒体合作、和记者平等的位置上，要充分尊重媒体，坦诚对待记者，以对媒体和记者的尊重和坦诚赢得对方对我们工作的理解和支持。遇到媒体批评，不要一触即跳，而是要认真寻找差距、改进工作，要使媒体感觉到你的真诚。一定不能发怒，要采取合作而不是对抗的态度。对记者的问题，应当进行合作性的发言，而非对抗性的发言。对待谣言，绝对不能保持沉默。遇到公共危机事件，也不要妄想依靠“欺上瞒下、封锁信息或者采

---

① 姜燕：《警媒关系危机形成的原因与解决》，载《中国人民公安大学学报（社会科学版）》2012年第5期，第21—25页。

② 王路坦：《全媒体时代意识形态管理供给侧改革探析》，载《当代传播》2017年第1期，第47—50、91页。

③ 姜燕：《警媒关系危机形成的原因与解决》，载《中国人民公安大学学报（社会科学版）》2012年第5期，第21—25页。

④ 吴布林、刘昱琪、李光：《重大突发事件政府新媒体舆论场谣言的传播、扩散与消减模型》，载《情报科学》2022年第11期，第33—39页。

用拖的办法解决”[①]。在当前的舆情信息化社会，在舆论上的滞后往往就意味着把事件的描述权、评论权拱手让人，而放弃舆论主导权。

二、媒体应对语言

跟媒体、记者打交道，最重要的是沟通。因此，媒体应对语言就显得格外重要。

（一）语言要有新闻性

面对媒体讲的话一定要有新闻性，无论是在内容上还是在表述方式上。具体来讲，给媒体提供的内容要有一定的新闻价值，同时还要注意用新闻语言去表述。

沟通经验丰富的人会事先对议题进行精心策划，做好议题管理，其目标在于引导舆论，创造有利的舆论环境。具体来讲，就是在事前监测、分析可能会遭遇的风险议题，做好应对预案；事中确认、评估各类议题，确定优先级，集中力量逐个突破；事后迅速传播全新议题，再造组织形象[②]。对议题的重点、核心内容、切入角度等都反复斟酌，运用新闻语言表达出来，提供给媒体。采用新闻性语言与记者沟通，有利于记者对我们工作重点的把握，避免在报道时报偏、报错。

如何才能做到有新意，有新闻性？“新的事实、新的信息和普遍兴趣构成新闻价值的三个基本要素，缺乏其中一个，便不足以形成新闻价值。”[③]有了新的事实和信息之后，就要注意“普遍兴趣”，这是大众传媒衡量新闻价值的重要尺度[④]。你做的事大家为什么感兴趣？那个点在什么地方？这就是新闻价值，感兴趣的人越多，关注度越高，新闻价值就越高。所以我们要从很多事中提炼出哪些

---

① 谢金林：《网络时代政府形象管理：目标、难题与对策》，载《社会科学》2010年第11期，第52—60页。

② 胡百精：《危机状态下的议题管理》，载《国际新闻界》2006年第3期，第31—35页。

③ 廖永亮：《关于舆论调控的理论思考》，载《中国广播电视学刊》2014年第2期，第95—98页。

④ 赵振祥、魏武：《网络与社交媒体：时尚传播的新载体》，载《新闻春秋》2021年第1期，第59—66页。

是新闻。要不断自问：哪一个会引起社会的关心？关心的广度和深度如何？要说出对公众有益的东西，因为我们的目的是让公众更好地了解我们的工作，过多的专业术语和公文用词容易让公众产生距离感。

（二）把握回答问题的艺术

公安民警应提高面对媒体的语言表达能力，站在政治的高度来表达适宜的思想和观点①。一是要注意“说”的态度，二是要讲究“说”的艺术。同样的意思，用不同的态度和不同的艺术表达出来，效果大不相同。要追求良好的话语效果，就要注意以下四点。

第一，语言要朴实。多讲细节、数据，用事实说服人、感染人。细节形象生动，吸引人，让人印象深刻，具体数字有说服力，比概括性抽象语言的说服效果要强很多。对公安工作中涉及的有表现力的关键数字要烂熟于心，能拿出数字和对比，用事实、数据来说话，说服力会大大增强。

第二，语言要简洁。注意语言简洁、通俗易懂。在回答问题时要抓住重点，内容要简明扼要，句子要简短。记者关心的是具有新闻价值的内容，不必进行过多的解释。解释性语言过多一方面容易被误认为是强词夺理，另一方面在解释中也容易出现漏洞而被追问。

第三，语言要幽默。要善于运用幽默与诙谐，给严肃的气氛注入一些轻松愉快的元素②。幽默能拉近双方的距离，增强语言的感染力。有些提问比较敏感或者可能会让我们难堪，如果以幽默的方式去应答往往能取得很好的效果，避免尴尬的被动场面。

第四，语言要严谨。尽量不要谈还不成熟的看法和模糊不清的提法，要多谈那些已经成熟的形成共识的意见，不谈或少谈存在争议的很难形成共识的问题③。不要使用模棱两可的语言，如大概、好像、差不多等，过多的不肯定语言

① 宋传颖、秦启文：《领导干部如何变突发“危机”为“契机”》，载《人民论坛》2018年第11期，第52—53页。

② 殷献茹：《提高领导干部媒体应对能力探析》，载《长春教育学院学报》2011年第8期，第47—48页。

③ 樊金山：《领导干部要注重提高自身媒体执政力》，载《攀登》2010年第6期，第67—73页。

会让公众觉得不严肃、不严谨从而失去信任，宣传效果会大打折扣。

（三）善于利用肢体语言

人与人交流过程中，身体起着信息传递的作用（肢体语言）[①]。充分利用肢体语言，不仅能对所说的话起到强调作用，还能将语言不能表达的微妙的细节表达出来，提高交流的效率。

1.眼神。眼神要镇定，不要到处乱看，否则会让人感觉心里不安和不可信。

2.表情。要面带微笑，表情不能太丰富、夸张，不能摇头晃脑，手舞足蹈；应该表现出足够的诚恳和耐心。

3.坐姿。座位要尽量设在和对方刚好一臂距离的地方，要坐稳当，不要晃来晃去，坐下后不要再整理服装，任何一种整理，都显得不自信。

4.声音。声音不要太激昂，讲到重要的内容时声音要强一些，讲到不重要的内容时音调可以弱一些；要适时改变音调和语速。

三、媒体应对形象

形象对所传递内容的真实性和重要性有着不可低估的作用，整洁得体的着装、适当的举止，不仅可以反映出个人的修养和气质，而且在一定程度上体现着公安机关的整体精神风貌，对公信力的提升也有着一定的促进作用。公安民警在面对媒体时，发型一定要简洁大方，如果着警服，一定要注意警容风纪；如果不着警服，在着装上应当选择简单、得体、端庄、大方的服装，切记不能标新立异、奇装异服。男性一般选择深色西装，大气而庄重，给人以可信赖的感觉。女性着装风格应体现端庄，化妆要淡雅。首饰和其他配饰也应当遵循越少越好的原则。

四、成功打造一次采访

不论是谁，一旦接受记者采访，他的身份就是一个舆情信息传播者。因此，

---

① 杨超、董之婕、闻浩言、周一舟、王艳丽、袁方舟：《积极身体意象的前因后果及其提升策略》，载《心理科学进展》2023年第5期，第815—826页。

一定要精心准备，认真对待每一次采访。

（一）接受采访前

首先应该了解采访的目的是什么，采访内容包括哪些，最后会通过什么方式发稿。只有弄清了这些基本情况，才能决定是否接受采访和有针对性地进行准备，不然则会陷入被动，为后续工作埋下隐患。事前可以与记者沟通，了解此次报道的主题，还有哪些采访对象等，表明对这次采访的重视。接受采访前，阅读一些该记者之前所写的报道，了解他的写作风格以及在采访中可能采取的角度，尤其应该调查和了解有关媒体或记者是否对本部门进行过报道，报道是否客观公正，有无偏见。如果他对本部门成见较深，就要慎重。

还有一点需要注意，要核实前来采访记者的身份真假，注重防范不良记者和假记者的借机敲诈。在发生突发事件后，某些缺乏职业规范和行业约束的记者，出于私人目的和猎奇心理，以片段剪辑等手段，恶意抹黑公安机关，进而造成舆论点的爆发，导致舆论引导的失控。因此，当现场发现暗访暗拍的记者时，切不可盲目干涉，更不可不管不问，要冷静对待，有理有节，并迅速与宣传部门联系核实其身份。

除此之外，还要考虑自己是否为被采访的最佳人选，对采访的专题是否有足够的了解。如果回答为否，或许本单位的其他人更适合成为被采访的人。

经过上述准备，足可以在面对媒体时，做到心中有数，言之有物。

（二）接受采访中

采访是一个中间环节，接受媒体的采访本质上是一种供求关系[①]，要想保持供需平衡，需记者和被采访者供求双方都顾及对方的想法，不能只考虑自己的意图。如果仅从自身立场出发，采访效果就无法达到最佳。在广播和电视采访中，采访内容更多通过画面展现出来，被采访者说话的语气和风度与所讲的内容同等重要。除非是接受专业杂志的采访，否则应尽量避免专业术语的提及，可以通过简单举例、案件重述等民众乐于接受的方式接受采访。

在回答问题时，要详略得当、不偏不倚、收放自如、恰到好处。最重要的是

① 杨肥生：《论采访风险》，载《情报资料工作》1999年第3期，第36—37页。

知道要讲什么和怎么样讲，而不是讲自己所知道的，要口中有度。在积极回应记者提问的同时还要不失时机地推销自己的观点，将你认为最重要的内容、最想表达的内容先说出来或突出出来，然后再说次要的内容。这样能让记者准确地理解你的意思，避免出现误报或漏报。尽可能不要过度承诺，也不要用“无可奉告”之类的话语作为答复①，即使确实涉及需要保守的秘密，也要用恰当的方式来解释，告诉记者为什么要这么做。首先，要熟知与自己的职责密切相关的各种政策法规，不越位，不缺位，保持与党的路线方针政策的高度一致性；其次，要内敛低调，不事张扬，不刻意炫耀自己的身份和才华②；最后，要能够驾驭复杂局面，不被环境和氛围所左右，始终保持清醒的政治头脑③，谋定而动。

如果能够选择受访地点，就要设法挑选自己握有掌控权的地方，如自己的办公室，以求心理上的优势。有的记者习惯单独采访，因此可能需要被采访者把同一个故事重复多遍讲述给多个不同的记者，次数多了难免会清淡无味，无法保证每一次讲述都能饱含激情。我们要尽力克服这一点，不要对大量的重复感到困惑。要知道，虽然自己已经重复多遍，但是对于每个采访者或者观众来说，所讲的内容都是新鲜的，是他们第一次听到的。可以尝试着对一些表述进行改变，避免过于呆板、乏味，但还是要尽量按照事先深思熟虑准备好的提纲走——只要它还未过时，依然管用。

即便采访过程一切按预先准备的进行，并未说错什么话，也并不意味着这次采访就一定能取得最佳效果。有的受访者在接受采访中虽然未出错，但也没有向读者或听众传达出任何有效的信息，这无疑是对宝贵被采访机会的浪费。因此，在接受媒体采访时必须意识到：这不是一个测试你能回答多少问题的问答游戏，重要的是你能成功传达多少有关你所在部门的愿意让公众知道的舆情信息④。

对记者提出的有些问题，即使并不知道答案，也要有所回应。永远不要回答

① 胡百精：《公共关系的“元理由”与对话范式》，载《国际新闻界》2007年第12期，第11—16页。
② 牛廷伟：《领导干部的媒体应对能力及培养途径》，载《领导科学》2009年第20期，第35—36页。
③ 牛廷伟：《领导干部的媒体应对能力及培养途径》，载《领导科学》2009年第20期，第35—36页。
④ 魏鸣：《如何成为出色的企业发言人》，载《国际公关》2006年第2期，第38—39页。

“没意见”或“没看法”，这种答案往往代表着默认，或者想要隐瞒事实。建议回答“我目前真的没有足够的信息，能立刻给你一个圆满的答案”，这样至少没有拒绝回答。或者是回答“我真的不了解这个内容，但是我所知道的是……”，把访问拉回到你想要的方向。

此外，需要强调的是，接受访问的专业态度，自始至终都应该一样。即使访问结束后，和记者一起走出办公室，也还是访问的一部分，记者同样在进行观察和谈话，不要松懈下来。

当记者想表示采访即将结束时，经常会提出这样的问题：“你还想说些什么吗？”这时一定要抓住这个机会再次强调一下主要观点。不必在意是否听起来有些重复。这是最后的机会，必须让某些事情在记者的脑海里留下较为深刻的印象，这将影响到文章的写作。

有时候，在采访稿刊登之前可以先征得记者同意看下稿件，以此来确保稿件对自己所回答的问题的真实意图没有误解或曲解。此外，还要注意电话采访。一般我们不提倡电话采访，因为采访人的身份不能确定。而且，电话采访会有录音，万一不慎说错了则很难更改。

思考与练习

1.做一次模拟采访，用摄像机记录下模拟时的情况。模拟结束后，大家一起观看这些记录材料，研究哪些是不该做的，哪些是应该做的，探讨还有哪些需要改进的地方。

2.在不穿警服的情况下，面对媒体时应怎样搭配你的服装？

【延伸阅读】

如何提升新闻媒体引导能力

1.公安部原宣传局局长、新闻发言人武和平认为：①

互联网正在深刻改变着社会政治生态，它已经成为一个“个人编发、公众阅

① 本部分根据《中国青年报》2012年4月15日03版刊载的对武和平的采访报道编辑整理。

听、大众评论、集体交流”的舆论广场。面对网络上变幻莫测的舆论环境，面对复杂的国内、国际形势，我们需要更清醒的头脑和理智的判断，我们要敢于面对、善于倾听、真诚回答。“在网民的骂声中听取诤言，在咒语中体察民情，在板砖中提高公信力，在网民监督下做好工作。”

我们要利用好网络平台，在第一时间发布信息，使官方声音与民间的舆论衔接。我们不发布信息，网络依然会报道，但是我们却失去了好机会。我们越避而不谈，网友越会认为我们在耍赖、逃避和隐瞒事实。在发布信息的时候，我们应该尽可能避免官话、套话、虚话和永远正确的废话，以及枯燥虚假的数字，而是应该及时发布鲜活的能打动人的信息，应该会讲故事。面对网络说话，不要心存侥幸，也不要怕。

现代社会，只做不说，等于没做；未说未听，没有发生；不说等于有鬼，沉默等于默认坏事就是你干的。因此，要做到善说、早说、真说、主动说，与公众建立一种和谐的关系。实践证明，在社会安全事件发生的第一时间发出声音，会大大减少公众的误读，降低社会风险。

新闻发言人是一个具有挑战性的职业，从事这份工作的人应该不断学习并获得自我提升。如果一个新闻发言人能够成为一个思考者，成为一个行业的专家学者，能够学会良好的表达，我相信这个职业是一个自我展示的舞台。

我曾苦苦思索新闻发言人和媒体之间究竟是什么关系。为何平日里相安无事，一遇事就全不给面子？为什么明明你提供了百分之百的正面信息，他的报道还是会出现负面解读？有时你不经意间释放的信息，他反倒妙笔生花？后来我发现，政府关注的是常态化的正面信息，而媒体关注的却是非常态事件。所以，政府要善待媒体，媒体也要把握好“度”和角度。总的来说，媒体的报道要采取善意的批评、理性的建议，而非愤世嫉俗的丑化与损害，从而与政府共同营造利于政府行政、利于释缓社会情绪的同向效应。另外，政府要坦诚面对媒体，主动接受监督。一个执政为民的政府，没有不可为人言者。让人说话，让媒体说话，天不会塌下来。

2.2016年2月19日，习近平总书记在党的新闻舆论工作座谈会上指出，在新的时代条件下，党的新闻舆论工作的职责和使命是：高举旗帜、引领导向，围绕中心、服务大局，团结人民、鼓舞士气，成风化人、凝心聚力，澄清谬误、明辨是非，联接中外、沟通世界。[①]

3. 列宁说过，每个宣传员和鼓动员的艺术就在于，用最有效的方式影响自己的听众，尽可能使某个真理对他们有更大的说服力，更容易领会，留下更鲜明、更深刻的印象。

4. 马克思和恩格斯认为报刊要“制造社会舆论”，并不是说报刊工作者可以随心所欲、凭空编造。他们在《新莱茵报》创办发起书上曾经谈到报刊如何影响与指导舆论。报刊最适当的使命和方法，就是通过向公众介绍当前局势、研究变革的条件、讨论改良的方法，逐渐地、由少积多地、从分散到集中地、自然而然地形成一种舆论，旨在为共同的意志指出一个正确的方向。

请结合上述材料，体会如何提升舆论引导的艺术水平。

① 《习近平：坚持正确方向创新方法手段　提高新闻舆论传播力引导力》，载中国政府网https://www.gov.cn/xinwen/2016-02/19/content_5043970.htm，最后访问日期：2023年6月19日。

图书在版编目(CIP)数据

公安机关舆情分析与舆论引导 / 魏永忠主编. —2版. —北京：中国法制出版社，2023.7
ISBN 978-7-5216-3656-7

Ⅰ.①公… Ⅱ.①魏… Ⅲ.①公安机关—舆论—研究—中国 Ⅳ.①D631.19 ②C912.63

中国国家版本馆CIP数据核字（2023）第114342号

责任编辑：李连宇 黄丹丹　　　封面设计：周黎明

公安机关舆情分析与舆论引导
GONG'AN JIGUAN YUQING FENXI YU YULUN YINDAO

主编 / 魏永忠
经销 / 新华书店
印刷 / 三河市国英印务有限公司
开本 / 710毫米 × 1000毫米 16开　　　印张 / 19 字数 / 287千
版次 / 2023年7月第2版　　　2023年7月第1次印刷

中国法制出版社出版
书号 ISBN 978-7-5216-3656-7　　　定价：68.00元

北京市西城区西便门西里甲16号西便门办公区
邮政编码：100053　　　传真：010-63141600
网址：http://www.zgfzs.com　　　**编辑部电话：010-63141824**
市场营销部电话：010-63141612　　　**印务部电话：010-63141606**

（如有印装质量问题，请与本社印务部联系。）